Richard Kriese

Okkultismus
im Angriff

Hänssler-Verlag
Neuhausen-Stuttgart

Dieses Buch ist eine Veröffentlichung der
TELOS-Verlagsgruppe.
TELOS-Taschenbücher und TELOS-Paperback-Ausgaben
sind »zielbewußt«, wegweisend und biblisch orientiert.
TELOS-Bücher wurden verantwortlich ausgewählt.

ISBN 3 7751 0222–1

TELOS-Paperback Nr. 1073
© Copyright 1976 Hänssler-Verlag, Neuhausen-Stuttgart
Umschlaggestaltung: Daniel Dolmetsch
Gesamtherstellung: St.-Johannis-Druckerei C. Schweickhardt
7630 Lahr-Dinglingen
Printed in Germany · 14682/1976

Wenn man das Buch gelesen hat, weiß man: die Linie zwischen Leben und Tod verläuft nicht an der Grenze unseres letzten Atemzuges, sondern ist allzeit gegenwärtig.

Schon Mose hat zu dem Volk Israel gesagt:.»Ich lege euch heute vor Fluch und Segen, das Leben und den Tod«, auf daß sie das Leben wählten.

Jesus ist das Licht der Welt. Er nennt sich das Leben, und er gibt das Leben. Wer sich an Jesus Christus wendet, seinen Namen anruft und ihn um Vergebung für alles, was von Gott trennt (= Sünde), bittet, der wird es augenblicklich erfahren, daß Gott vergibt. Wer sich so unter Anrufen des Namens Jesu an den Herrn wendet, der wird versetzt aus dem Reich der Finsternis in das Reich des Lichtes.

Wer nicht in dieses Reich versetzt wurde, gehört noch in das Reich der Finsternis, ob er das bemerkt oder nicht. Aber er wird es spätestens zum Zeitpunkt des letzten Atemzuges bemerken, wo er hingehört hat und wo er hingehören wird.

Die Psychologie hat herausgefunden, daß der Mensch schwer ungeklärte Situationen ertragen kann. Sie haben für ihn etwas Unheimliches. Deshalb versucht er, alles zu klären und/oder zu erklären.

Wer dieses Buch liest, wird auch feststellen, daß er hier einer Wirklichkeit begegnet, der er nur gewachsen ist, wenn er Jesus, den Herrn über alle Mächte, in sein Leben aufnimmt, oder wenn er das nicht will, wird er versuchen, diese Berichte zu verharmlosen, oder er wird versuchen, sie zu erklären, um sich des Unbehagens zu entledigen.

Sicherlich haben wir unseren Verstand, um ihn zu gebrauchen, und man braucht nicht voreilig zu einer emotionalen Leichtgläubigkeit Zuflucht zu nehmen. Man sollte aber andererseits begreifen, daß es Kompetenzgrenzen des Intellekts gibt, und zwar aus sehr einsichtigen Gründen: Der Intellekt läßt sich herleiten aus den Orientierungsfunktionen als einer Orientierung in Raum und Zeit und kann deshalb niemals zuständig sein für eine Beurteilung von Sachverhalten, die sich in der Raum-Zeit-Dimension nicht abbilden lassen; d. h. Geistliches muß geistlich beurteilt werden.

Der Leser hat deshalb nur die Wahl, entweder das, was er nicht begreifen kann, stehenzulassen, es irrtümlich zu beurteilen, die Beurteilung anderen (der »Wissenschaft«) zu überlassen, oder Jesus Christus zu bitten, ihm beim Lesen den Heiligen Geist zu geben.

Prof. Dr. Rudolf Seiß

Inhalt

I. DIE OKKULTE EXPLOSION 13

    Horoskopglaube in der Bundesrepublik – 13
    Die irrationale Welle in Frankreich – 14
    Hexer in England – Wahrsager in Italien – 15
    »The occult Revival« in den USA – 16
    Spiritismus in Brasilien 18
  Die Dämonisierung der Kunst 20
  Okkultbewegungen als Religionsersatz 21
  Wie erklärt sich der Vormarsch okkulter Praktiken? ... 21

II. WISSENSCHAFT CONTRA OKKULTISMUS? ... 27

    1. Einwand: »Übertreibungen« 27
    2. Einwand: »Trickkiste« 27
    3. Einwand: »Kein Platz für den Okkultismus« 28
    4. Einwand: »Engel und Dämonen? – Mythische Vorstellungen!« 30
    5. Einwand: ». . . parapsychologisch erklärbar.« 39

III. DAS EXPERIMENTIERFELD DER PARAPSYCHOLOGIE 42

    Suggestion 42
    Hypnose 43
    Der Psi-Faktor 44
    Telepathie 45
    Hellsehen 46
    Psychometrie 50
    Nekroskopie 50
    Telekinese 50
    Magnetismus 52
    Wünschelrute 53
    Pendeln 54
    Exkursion der Seele 56
    Levitation 58
    Aura 60
    Der Spuk 61
    Apporte 62
    Geistererscheinungen 63

Materialisation 64
Erklärungsversuche 65
Interview mit Prof. Dr. R. Seiß 69
Gibt es eine neutrale Zone? 73
»Höllendrogen« 74
Mediale Fähigkeiten mit okkulten Effekten 76

IV. ABERGLAUBE – »POESIE DES LEBENS«? 79

    Glücks- und Unglückszeichen 80
    Glücks- und Unglückstage 80
    Glücks- und Unglückszahlen 80
    Talisman 82
    Horoskop 83
    Biorhythmen 85
    Chiromantie 86
    Kartenlegen 87
    Spiegelmantik 88
    Bleigießen 89
    Augendiagnose 89
Aberglaube – warum? 91
Das Ende des Aberglaubens 93

V. DIE MAGIE – EXPERIMENT MIT DEM ÜBER-
SINNLICHEN? 95

    6. und 7. Buch Mose 97
    Magie 98
    Fetischismus 99
    Das Amulett 99
    Tätowierungen 100
    Das »Friedenszeichen« 101
    Kettenbriefe 102
    Besprechen 104
    Teufelsanrufung und Blutsverschreibung 105
    Liebeszauber 106
    Abwehrzauber 107
    Bildzauber 108
    Todeszauber 108
    Das Bannen 109
    Mental-Suggestion 110
Magie als dämonische Absicherung 110
Der Teufelskreis ist durchbrochen 112

VI. DER SPIRITISMUS – TRIP INS JENSEITS? 116

Die Stimmen Verstorbener 116
Totenbefragung 117
Spiritismus auf dem Vormarsch 118
    Spuk 118
    Tischrücken 121
    Automatisches Schreiben 124
    Geistheilungen 125
    Materialisation der Geister 126
    Erscheinungen Verstorbener 127
    Prof. Dr. Walther Hinz:
    »Moderne Jenseitsforschung« 129
    Der Spiritualismus 131
Was sagt die Bibel? 132
Seele – Tod – Totenreich 134
Statt Jenseitsspektakel – Auferstehungsglaube 138
Darf man für Verstorbene beten? 146
Spiritisten werden Christen 147

VII. BEFREIT AUS TEUFLISCHEN ZWÄNGEN 154

Folgen okkulter Grenzüberschreitungen: 154
    Widerstand gegen alles Göttliche 154
    Heilsungewißheit 155
    Mangelndes geistliches Unterscheidungsvermögen .. 155
    Ichbezogene Frömmigkeit 155
    Angst 156
    Neurotische Erkrankungen 156
    Lästergedanken 156
    Sexuelle Perversionen 156
    Jähzorn 158
    Fluchen 158
    Suchtdisposition 159
    Dämonische Belästigung 160
    Mediale Fähigkeiten 161
    Dämonische Übertragung 162
    Horoskophörigkeit 163
    Spuk 163
    Besessenheit 163
    Selbstmordversuche 167
Gibt es eine Hölle? 168
Der Auftrag Jesu 169

Der Weg in die Freiheit: 169
   Die entscheidende Lebenswende 173
   Verbindliche Nachfolge 174
   Das Blut Jesu 176
   Sachkenntnis 178
   Beter in Aktion 181
   Die charismatische Befähigung 181
   Die Diagnose 183
   Absage an den Teufel 186
   Zuspruch der Vergebung 188
   Vernichtung okkulter Gegenstände 189
   Die geistliche Betreuung 190
   Nachhutgefechte 192
   Befreite berichten 195
Darf man für okkult Belastete beten? 197
Werden bei der Umkehr zu Jesus Christus automatisch alle Grenzüberschreitungen vergeben? 197
Muß man danach fragen, ob Vorfahren okkult praktiziert haben? 198
Können Besessene andere dämonisch infizieren? 198
Kann ein wiedergeborener Mensch von Dämonen besessen sein? 199
Führt Aberglaube in jedem Fall zu okkulter Belastung? 199
Darf jeder die Seelsorge an okkult Belasteten ausüben? 199
Bei Rückfall erneut Lossagegebet? 199
Dürfen sich Christen mit der Parapsychologie beschäftigen? 200
Und wenn man nicht weiterkommt? 201
Bleiben mediale Fähigkeiten auch nach der Befreiung von okkulten Behaftungen erhalten? 201
Können mediale Fähigkeiten als Gnadengaben auftreten? 201

VIII. »...DAS FELD MUSS ER BEHALTEN« 203

»Sollte Gott gesagt haben?« 203
Tarnung 205
Der Zeitpunkt ist berechnet 208
Angriffsziele 209
An vielen Fronten zugleich 209
Das Leistungsprinzip 210
Das Lustprinzip 210

Ablenkungsmanöver 211
Angst 211
Der »Verkläger der Brüder« 212
Isolierung 212
Infiltration 213
Resignation 214
Das geistliche Waffenarsenal 215

I. Die okkulte Explosion

»Die okkulte Explosion ist ausgebrochen«, meldete vor einigen Jahren das amerikanische Magazin »McCalls« und bestätigte damit eine andere Schlagzeile: »Renaissance des Okkultismus«. Der Satz einer deutschen Tageszeitung kommentiert geradezu einen Sachverhalt, den wir je länger, je mehr nicht übersehen dürfen: »Der Aufstand der Magier gegen die Welt der Technik hat begonnen.« Während man noch unlängst fortschrittsgläubig von einer heilen Welt träumte mit künstlich klimatisierten Städten, abgasfreien Autos und todlos glücklichen Menschen, wagen anscheinend immer häufiger einzelne und ganze Gruppen den gefährlichen Trip ins Dunkel okkulter Praktiken. Man läßt sich astrologisch beraten, interessiert sich für magische Experimente und ist nicht abgeneigt, Tote zu befragen. Gewiß, das alles gibt es seit eh und je. Neu ist aber die Tatsache, daß anscheinend eine okkulte Invasion auf uns zukommt mit globalen Abmessungen. Dazu eine knappe Auswahl von Tatbeständen, die sich nicht wegdiskutieren lassen.

In der *Bundesrepublik Deutschland* gibt es 85 000 Wahrsager, Kartenleger und Zauberer, die steuerlich erfaßt sind. Jeder zehnte Deutsche läßt sich durch irgendeine Form der Zukunftsdeutung beeinflussen. 15 Millionen glauben an die Astrologie, und 8 Millionen leben danach. Das Allensbacher Institut für Demoskopie hat bei einer Querschnittsbefragung festgestellt, daß 63 % der Befragten Horoskope lesen und sie auch teilweise beachten. Auf eine Leserzuschrift, in der man gebeten hatte, keine Horoskope mehr zu veröffentlichen, wurde geantwortet: »Leider stehen Sie damit auf der Seite der Minderheit. Die meisten Leser der zahlreichen, von uns redigierten Kundenzeitschriften verlangen nach dem Horoskop. Wir haben gerade jetzt mit einer neuen Zeitschrift den Versuch gemacht, ohne Sternguckerei auszukommen. Prompt kamen stoßweise Briefe an, die dringend nach dem Horoskop verlangten.«

Während uns immer häufiger der Satz begegnet: »Ich glaube nur das, was ich sehe«, machen Hexenbanner glänzende Geschäfte. Sie murmeln Zauberworte, binden kranken Kindern geheimnisvolle Zettel um den Hals, besprechen Pflanzen und Maschinen. Oft werden dabei die Namen der göttlichen Dreieinigkeit angerufen, manchmal aber auch direkt der Teufel. Und das in einer Zeit, die den Spuk in das finstere Mittelalter verweist! Mitten im Zeitalter der

Technik und einer breiten wissenschaftlichen Aufklärung ist mehr als die Hälfte der westdeutschen Bevölkerung bereit, an die Realität von paranormalen Kräften und Erscheinungen zu glauben, und etwa jeder Fünfte kann von eigenen Erfahrungen solcher Art berichten. Demoskopische Untersuchungen haben ergeben, daß 8 % der Befragten mindestens einmal, 11 % mehrmals Begegnungen mit okkulten Erscheinungen gehabt haben wollen. Die Frage, ob sie an das »zweite Gesicht« glauben, wurde von 53 % bejaht. Ähnlich war das Resultat, als man sich nach dem Spuk erkundigte. Beachtenswert ist in diesem Zusammenhang, daß die »Anfälligkeit« für Okkultismus von 40 % der Befragten mit Volksschulabschluß, über 63 % mit Mittlerer Reife, bis zu 70 % mit Abitur oder Universitätsbildung ansteigt. Also: mit zunehmender Bildung wird die Bereitschaft, an okkulte Phänomene zu glauben, nicht schwächer, sondern stärker.

Einer Zeitungsmeldung zufolge hat eine Teufelsaustreiberin aus Vorarlberg in einer Mädchen-Realschule ihre »Künste« vor etwa 100 Schülerinnen und Eltern demonstriert und dabei ein Blatt Papier gezeigt, auf dem angeblich der Teufel seine Fußspur hinterlassen hat.

Während nicht wenige immer noch davon überzeugt sind, daß sich unsere Wirklichkeit nur dreidimensional verstehen läßt, berichtet die Presse von wilden Orgien unter dem Deckmantel der Religiosität. Der Journalist Horst Knaut behauptet: »Nicht weniger als 20 Millionen Europäer huldigen in unseren Tagen dem Okkultismus, mehr als 3 Millionen Bundesbürger sind ihm ergeben, und hinter ihnen stehen nochmals 5 bis 10 Millionen, die mit den Geheimwissenschaften sympathisieren, sich bei ihnen ›rückversichern‹ wollen.«

Die Situation in *Frankreich* ist ähnlich. Eine Pariser Zeitschrift schreibt: »Eine Welle des Irrationalen wogt wieder über unser Land.« Es wird berichtet, daß magische Zirkel wie Pilze aus dem Boden schießen und immer mehr Menschen zum magischen Schmuck greifen. Zu lesen ist:

> »Was um 1900 durch die Lande geisterte und dann endlich überwunden schien, feiert heute wieder fröhliche Auferstehung: Schwarze Messen, Geistererscheinungen, Wahrsagungen beeinflussen heute wieder viele Menschen. Computer und die letzten Techniken des modernen Managements geben der ›schwarzen Kunst‹ den Anstrich von Seriosität.

In Frankreich ist man sicher, daß die Sex-Shops bald veraltet sein werden; daß sie umfunktioniert werden in Magic-Shops, wo man all das erstehen kann, was einen vor den Unbilden des Lebens schützen könnte.

Bücher über Okkultismus, Esoterismus, Magie und Zauberei überschwemmen den Büchermarkt.

In Paris arbeiten 3000 Wahrsager. Sie verdienen jährlich über 60 Millionen Francs. Die Pariser sind bereit, für eine einzige Konsultation zwischen 15 und 250 Francs zu zahlen. In den meisten Fällen also mehr, als der beste Facharzt für eine Untersuchung verlangt.

Besondere Anziehung scheint auf viele Menschen die Verbindung von Sex und Magie auszuüben. Männer, die ihrer Manneskraft nicht mehr sicher sind, glauben nur zu gern an die Kräfte eines Talismans.«

Die Behauptung: »Der erotischen Welle folgt die esoterische Welle. Die Sex-Mode wird von der magischen Mode abgelöst«, scheint also zu stimmen.

England zählt 8000 praktizierende »Hexer« und »Hexen«, die allen Gesellschaftsschichten entstammen und in »Convents« organisiert sind. Satansanbeter brechen in Kirchen ein, stehlen Kruzifixe, Hostien und Kerzenleuchter. Sie schrecken auch vor Grabschändungen nicht zurück: Ein junger Mann stahl im Friedhof der Albany-Abbey die Leiche eines Begrabenen. Nach seiner Festnahme bezeichnete er sich als Hexer. Fachleute meinen, daß die Anhänger des Teufelskults, meist Jugendliche, von den Drogen auf den Satanismus umgestiegen sind.

Beharrlicher als andere Nationen glauben die Briten an Geister. Ein Buch beschreibt 236 Stätten, an denen es spukt. Eine Untersuchung, die von der englischen »Gesellschaft für metaphysische Forschung« durchgeführt wurde, ergab, daß rund 42 000 Personen behaupten, in ständigem Kontakt mit ihren verstorbenen Verwandten zu stehen.

Die englische Staatskirche nimmt diese Entwicklung ernst. Sie beauftragte Wissenschaftler mit einer umfassenden Studie über den neuen Hexenwahn. Auf der anglikanischen Synode von York 1971 stellte ein Geistlicher fest:

»In den letzten 200 Jahren hatte sich die Kirche mit diesem Problem nicht zu beschäftigen. Aber jetzt finden Priester überall im Land, daß sie Teufel und böse Geister auszutreiben haben.«

Einige anglikanische Bischöfe haben »Geisterbeschwörer« eingesetzt, und ein Londoner Pfarrer berichtete von 2000 Exorzismen, die er innerhalb von zwei Jahren an Opfern der Schwarzen Magie vorgenommen habe.

In *Italien* – so berichtet die Presse – gibt es zwischen Turin und Palermo Besessene, Zauberer, Gesundbeter und Wahrsager zu Tausenden. Angeblich arbeiten zwischen Mailand und Rom 10 000 Magier und Wahrsager. Eine Wahrsagerin aus Rom erklärte: »Der größte Teil meiner Kundschaft sind Personen, die Liebeskummer haben, sowie Politiker und Geschäftsleute.« Sie behauptet, daß mitunter Parlamentsabgeordnete kämen, um vom Horoskop die Chancen für Gesetzesvorschriften zu erfahren.

»Hunderttausende, vielleicht sogar Millionen«, meint die Wochenzeitschrift »L' Europeo«, »flüchten im Augenblick der Not in die Welt der Magie, innerhalb oder außerhalb der Religion.« Man stellt fest, daß sich immer mehr Bürger mit ihren Sorgen statt an den Arzt, Sozialfürsorger oder Priester, an den Wunderheiler oder Wahrsager wenden.

Aus den *Vereinigten Staaten* wird gemeldet, daß die Zahl der Amerikaner auf mindestens 10 Millionen geschätzt wird, die sich mit Hexerei, Satanskult und Schwarzer Magie beschäftigen. Die 1966 gegründete »Erste Satanische Kirche« in San Francisco hatte 1969 bereits 6000 Mitglieder; sie veranstaltet in einem schwarz gestrichenen Haus ihre wöchentlichen »Satansdienste« mit einer nackten Priesterin und ernannte ihren Gründer Anton Lavey zum »Ehrendoktor der satanischen Theologie«.

Am 31. Januar 1971 wurde in Baltimore die erste amerikanische Hochschule für esoterische Künste und Wissenschaften gegründet. Auf dem Lehrplan stehen Vorlesungen über »Numerologie, Tarot, Kabbalah, außersinnliche Wahrnehmungen und die ›verlorenen Kontinente‹ von Atlantis und Lemurien.« Yoga und Astrologie sind die am meisten besuchten Kurse.

In den USA glauben heute mehr Menschen an den Teufel, aber weniger an Gott als vor zehn Jahren. Das ist das Ergebnis einer Untersuchung des »Center for Policy Research« in New York. Danach sind 48 Prozent der befragten Amerikaner von der Existenz des Teufels überzeugt, elf Prozent mehr als 1964. Das Interesse an Okkultismus, Aberglauben, Zukunftsdeutungen, magische Praktiken und Teufelskulte nimmt in den Vereinigten Staaten so stark zu, daß sogar das Nachrichtenmagazin »Time« diesem Thema eine Titelgeschichte gewidmet hat mit der Überschrift: »The occult Revival« – (»Die okkulte Erweckung«). Der Autor spricht von einer »Welle der Faszination« durch das Okkulte, die überall im Lande zu spüren sei. Das Buch von William Blatty »Der Exorzist« soll ein Jahr lang auf der Bestsellerliste gestanden haben.

Inzwischen ist der Film »The Exorcist« – in der deutschen Fassung »Der Exorzist«, in dem es um dämonische Besessenheit, Geisterbeschwörung und den Kampf zwischen Gut und Böse geht, zum Kassenschlager geworden. »Höhepunkt der Scheußlichkeiten« – mit diesen Worten faßt eine angesehene deutsche Tageszeitung ihr Urteil über den Film zusammen; »als Gipfel des Wahnsinns und der Blasphemie« wird er von der »Washington Post« bezeichnet. Von einem »pseudoreligiösen Schocker« spricht ein anderes Blatt:

> »Die Handlung des Films »Exorzist« greift in ihren wesentlichen Teilen Zusammenhänge auf, die in unmittelbarer Beziehung zu den zentralen Aussagen des christlichen Glaubens stehen: ein dämonisch besessenes Mädchen soll durch den Dienst von Priestern geheilt werden. Bei dem Versuch der Teufelsaustreibung werden Formeln verwendet, in denen von der Gewalt Jesu Christi über Satan die Rede ist. Wie aber verläuft dieser Versuch? Die beiden Priester können nichts ausrichten. Im Gegenteil, sie werden selbst Opfer des Dämons. Der herzkranke Priester Merrin erleidet im Zusammenhang mit dem Austreibungsversuch einen Herzschlag, sein jüngerer Amtskollege Karras gar fordert den Dämon auf, in ihn zu fahren und das Mädchen frei zu geben. Daraufhin stürzt er sich aus dem Fenster und bleibt zerschmettert am Boden liegen. Regan ist am Schluß frei von ihrer Besessenheit, doch überzeugte diese Wende weder sie noch ihre Mutter von der Wahrheit der Lehre Christi. Nach der Aussage des Films erfährt das Mädchen auch keine Hilfe durch Jesus Christus. Der glaubenslose Karras bietet sich dem Dämon als ›Ersatzmann‹ für Regan an und begeht daraufhin Selbstmord. Karras stirbt – und Regan wird frei. Ein Mensch ohne Gott als Erlöser eines von einem Dämon gequälten Mitmenschen? Es ist eine Verhöhnung des Sieges Jesu Christi, der allein die Macht besitzt, von satanischer Bindung zu befreien. Was hier geboten wird, ist Blasphemie.« (40).

Ein säkulares deutsches Nachrichtenmagazin beantwortet die Frage, warum der Film überhaupt Zuschauer findet, mit der Feststellung: »Den ›Exorzist‹ trägt eine immer höher anschwellende Okkultismus-Welle in den USA.« Fast gleichzeitig mit der Uraufführung des »Exorzisten« erschien in den Vereinigten Staaten die erste Ausgabe einer okkulten Zeitschrift mit dem Titel »Mensch, Mythos und Magie« (»Man, Myth and Magic«). Aus Chicago wird berichtet, daß allein in dieser Stadt 100 000 Exemplare abgesetzt wurden, und ein Kioskhändler in der Nähe eines New Yorker Bahnhofs erklärte, daß er 800 Exemplare pro Stunde verkaufe. Zwar ist etwas Vergleichbares in Europa bisher nicht bekanntgeworden; doch dauert es erfahrungsgemäß immer nur relativ kurze Zeit, bis solche Strömungen, wenn sie erst einmal an einer Stelle aufgebrochen sind, auch die anderen Länder desselben Kulturkreises erreichen.

Millionen von Bürgern in *Brasilien* – so ist in einem deutschen Magazin zu lesen – beten bis heute zu den heidnischen Göttern afrikanischen Ursprungs – zu Xango, der die Gewitter macht, zu Ogum, dem Kriegsgott, zu Yemanja, der Meeresgöttin. Allein in Rio de Janeiro – schätzt der katholische Gelehrte Pater Raimundo Cintra – besuchten 1968 rund 800 000 Menschen regelmäßig die Zeremonien verschiedener heidnischer Götterkulte – und ihre Zahl wächst ständig. Hexenmeister und Magier haben solchen Zulauf, daß inzwischen der Umbanda-Kult, der vorwiegend Weiße Magie praktiziert, offiziell als Religion anerkannt ist. Über Umbanda-Tätigkeiten unterrichten die Zeitungen des Landes in ständigen Rubriken – das Massenblatt »O Dia« täglich auf einer ganzen Seite.

In einem Rundfunkinterview sagte Pastor E. Spieker, ein langjähriger Kenner der brasilianischen Situation:

> »Man behauptete vor kurzem, daß die Zahl der Spiritisten in Brasilien auf 50 Millionen angestiegen ist. Führende Leute in höchsten Regierungskreisen und beim Militär bekennen sich offiziell zum Spiritismus.
>
> Man unterscheidet in Brasilien zwischen dem hohen und dem sogenannten tiefen Spiritismus. Der hohe Spiritismus sucht den Kontakt mit Verstorbenen mittels Medien und vertritt die Reinkarnationslehre. Er zeichnet sich durch einen starken sozialen Einsatz aus. Es gibt spiritistische Hospitäler, Kinderheime, Asyle und Sozialzentren. Der tiefe Spiritismus pflegt ebenso den Kontakt mit Verstorbenen. Die Sitzungen werden zumeist unter Tänzen, wildem Trommelwirbel und Gesang durchgeführt. Das alles steigert sich bis zur Ekstase. Die Beteiligten werden von Geistern besessen und fallen da-

bei in krampfartige Zuckungen und Verrenkungen. Man richtet dann an die Geister jeweils Bitten und empfängt mittels des Mediums Antworten.

Beim tiefen Spiritismus unterscheidet man übrigens zwischen dem Umbanda-Spiritismus, der Gottesnamen nennt, und dem Makumba-Spiritismus, der böse Geister anruft. Der tiefe Spiritismus bringt Opfer, um sich die Geister dienstbar zu machen: zum Beispiel geschlachtete schwarze Hühner, Wein, Zigaretten und Kerzen. Man nennt das dann Despascho.«

Frage: Erklärt sich der Vormarsch des Spiritismus in Brasilien dadurch, daß er Krankenheilungen anbietet?

Antwort: Gewiß. Man hat kein Geld, hat Angst vor dem Arzt, versteht nichts von der Medizin, weiß aber, daß durch den Spiritismus zuweilen außerordentliche Dinge geschehen, etwa Operationen mit dem Küchenmesser oder Operationen, bei denen kein Mensch zugegen war.

Frage: Es wurde behauptet, daß in Brasilien bei Operationen gelegentlich der Geist eines verstorbenen Chirurgen zitiert worden ist.

Antwort: Wenn man Pressemeldungen ernst nimmt, passiert das. Wir haben in Brasilien verschiedene Medien, die zur Operation von einem gewissen Geist besessen werden. Ich denke an den berühmten Dr. Fritz, der mit Hilfe eines Mediums operierte. Wissenschaftler aus aller Welt haben das beobachtet, wußten allerdings für diese Vorgänge keine Erklärung. Wie bereits erwähnt, werden Operationen zuweilen mit dem Küchenmesser durchgeführt oder mit einem anderen Gegenstand, der aber nicht unbedingt benutzt wird, um zu schneiden. Man drückt ihn jeweils nur an eine bestimmte Stelle.

Der Spiritist, der solche Handlungen durchführt und über keinerlei medizinische Kenntnisse verfügt, wird von einem Geist, der sich Arzt nennt, besessen und führt die Operation durch.

Frage: Wie beurteilt man den Spiritismus in wissenschaftlichen Kreisen Brasiliens?

Antwort: Mir ist eine Gruppe von Professoren bekannt, die grundsätzlich das alles für möglich halten und auch unterstützen. Vor einigen Tagen las ich in der Zeitung, daß Studenten der Rechtswissenschaften im Zentrum von Sao Paulo dem Satanskult huldigten.

In *Neuguinea* breitet sich ein neuer Kult aus. Die Kultgläubigen erwarten, daß unmittelbar nach der Opferzeremonie auf dem Karoberg im östlichen Sepik-Gebiet Neuguineas, Reichtümer und Gebrauchsgüter unter einem Grenzstein nahe der Opferstätte gefunden werden, die bis dahin nur den weißen Ausländern vorbehalten gewesen seien.

Das Bild rundet sich ab, wenn man bedenkt, daß eine Milliarde Menschen in *Ostasien* im Ahnenkult leben und 300 Millionen *Afrikaner* von der All-Dämonisierung überzeugt sind. Diese statistische Übersicht zeigt, daß Spiritismus und Okkultismus globale Dimensionen erreicht haben. Während eine entartete Theologie und rationalistisches Denken den Teufel ins Mittelalter verweisen, unterwandern Aberglaube, Magie und Totenbefragung nahezu alle Bereiche des öffentlichen und privaten Lebens. Die Situation ist ähnlich wie am Ende des 19. Jahrhunderts: Als man behauptete, der Teufel sei gestorben und Nietzsche den Tod Gottes verkündete, befiel die westliche Welt die Seuche der Klopfgeister. Noch verschreiben sich Männer auf und unter der Kanzel einer horizontalen Hoffnung. Inzwischen aber hat der seinerzeitige Präsident der »International Spiritualist Federation«, Dr. Karl Müller, auf einem Weltkongreß in London 2000 Delegierten aus 29 Ländern prophezeit: »Wenn alle Dogmen der Welt gestorben sind, wird der Spiritualismus siegen.« Die Statistik scheint ihm recht zu geben, denn die Anhängerzahl des Spiritismus wird auf über 100 Millionen geschätzt (33/4).

Alles das zeigt, daß spiritistische und okkulte Praktiken eine neue offensive Stoßkraft entfalten. Wenn Schätzungen zutreffen, daß ein Drittel der Menschheit die Sterne befragt oder ihren Einfluß auf das Menschenschicksal für möglich hält, dann hat die Astrologie mehr Anhänger und Mitläufer als jede Weltreligion und jede politische Ideologie.

Wir sollten übrigens nicht übersehen, daß der Satanismus den Bereich der Kunst längst unterwandert hat. In seinem Buch »Praktiken des Satanismus« schreibt A. Rosenberg: (20/96 f.)

> »Zahlreiche Maler, Dichter und Musiker wetteifern miteinander, alles mitzuteilen, was überhaupt nur denkbar, fühlbar, gestaltbar ist. Sie grunzen, speien, übergeben sich öffentlich und verschlingen das Ausgespiene wieder wie die Hunde. Alles, alles muß entblößt werden – es gibt keine Schranke mehr. Zur Pflicht ist geworden unbedingte Nacktheit und Schamlosigkeit, Aufdeckung der Kreatürlichkeit des Menschen, der Mensch als Fleisch und Gedärm... Empfohlen wird, sich im

Dreck zu baden, sich mit Kot einzuschmieren und in Mülleimern zu leben... Diese Art von Literatur, Dramatik und Bildnerei scheint eine zeitgenössische Form des Satanismus zu sein... Das Menschenantlitz hat sich in der Lauge dieses Stils zersetzt und hält die zerrinnenden Konturen für das Original... Die Schöpfer dieser Werke dienen dem Satan, ob sie es wissen oder nicht; sie fördern sein Wirken in der Gegenwart... Der Prozeß der Gewöhnung an die Pornographie im Alltag schreitet vor, das Obszöne ist zu einem Bestandteil des heutigen Lebens geworden... Die Aspekte des Chaotischen, des Labilen und Unfesten, des Gestückelten, das Sich-Durchdringen heterogener Kreise des Seins zu hebriden Neubildungen, die Aspekte des Verzerrten, Gequälten, Finsteren, Obszönen, Maschinellen, Morbiden und Entstellten vermischen sich zu einem sumpfigen Brei... Seit dem Ende des letzten Weltkrieges sind sie zum Programm einer Kunsttyrannei geworden, wie sie in diesem Ausmaß auf Erden vielleicht noch nie dagewesen ist... Selbst kirchliche Kunst steht heute – vielfach unter dem Jubel der oft blinden Blindenführer, der auftraggebenden Kirchenamtsleute – im Dienste der säkularisierten Hölle... Satan ist wirksamer als je.«

Zwei Pressemeldungen scheinen das zu bestätigen. Eine statistische Erfassung aller Kunstmaler im englischen Mutterland hat ergeben, daß 57 Künstler »spiritistische Maler« sind, die sich in ihrem Schaffen auf die Wiedergabe von Geistern und Gespenstern in englischen Schlössern spezialisiert haben. Unter der Überschrift: »Teufel schon ausverkauft« wird von einer besonders »originellen Gemäldeausstellung in Tanger« berichtet. Der Veranstalter forderte bekannte Maler aus aller Welt auf, den Satan so zu malen, wie sie ihn sich vorstellen. Eine Kommission würde die fünf besten Bilder hoch prämieren. 86 Teufelsbildnisse sind bereits zur Ausstellung angemeldet, die sämtlich von zahlungskräftigen Interessenten gekauft worden sind.

Bei dieser statistischen Übersicht geht es nicht darum, sensationelle Meldungen aus dem okkulten Bereich weiterzugeben. Die Aufzählungen aller dieser Tatbestände will weder die »Siege des Teufels« in alle Welt hinausposaunen noch falsche Neugier wecken, sondern anzeigen, daß sich die Gemeinde Jesu auf den frontalen Angriff dämonischer Mächte vorbereiten muß.

Dazu gehört, daß wir danach fragen, was den modernen Okkultbewegungen einen so mächtigen Auftrieb gibt. Kurt Hutten gibt darauf eine dreifache Antwort:

1. Das Todesproblem, »die dumpfe Angst vor der Ungewißheit des Kommenden, Selbstanklage über Lebensversäumnisse und Schuld, die Frage nach dem Sinn des Schicksals, nach dem Ziel des Lebens, nach der Möglichkeit der Selbstfindung und Selbstvollendung, nach dem Woher und Wozu des Seins.«

2. Der Glanz der horizontalen Hoffnung beginnt »in unseren Jahrzehnte zu verbleichen. Die Grenzen zeichnen sich ab, hinter denen der ›Fortschritt‹ lebensgefährlich wird. Die Krise der Gesellschaft – der freiheitlich-pluralistischen wie der ideologisch-totalitär regierten – hat sich, aus vielen Quellen gespeist, über die ganze Erde verbreitet. Zukunftshoffnung schlägt in Zukunftsangst um.«

3. Die »Verkümmerung des inneren Lebensraums«. »In den Großstädten und Neusiedlungen mit ihren Wohnsilos schrumpfen und sterben die zwischenmenschlichen Beziehungen. Kontaktlosigkeit führt zur Vereinsamung. Zu ihr gesellen sich Uniformierung und Anonymisierung. ...Über der ›Gesellschaft‹ wird der einzelne nicht mehr gesehen. Er ist nur noch ein Sandkorn, das gewichtslos existiert und spurlos verweht wird« (33/11 f.).

Man könnte meinen, daß der wissensstolze Mensch des ausgehenden 20. Jahrhunderts für alles, was sich nicht messen, wiegen und berechnen läßt, keine Antenne hat. Das Gegenteil ist der Fall. Er ist für Dimensionen aufgeschlossen, die seine meßbare Wirklichkeit »aufstocken«, und zwar deshalb, weil ihn das rationalistische Weltbild je länger, je weniger befriedigt. C. G. Jung hat übrigens gezeigt, daß Rationalismus und Aberglaube komplementär sind, sich also ergänzen. Je mehr man nur zweckgerichtet lebt, um so weniger ist man in der Lage, Lebenskrisen zu meistern und sucht deshalb nach einem stärkeren Halt. Der Aberglaube soll die Lebensangst vertreiben, ein magisches Experiment Schutz bieten (4/13).

Die beiden bekannten Sätze von Emanuel Geibel sind auch heute noch gültig:

> »Glaube, dem die Tür versagt, steigt als Aberglaub' durch's Fenster.
> Wenn die Gottheit ihr verjagt, kommen die Gespenster.«

Eine entartete Theologie hat systematisch so lange entmythologisiert, bis sie zu dem Ergebnis kam: »Gott ist tot.« Dadurch ist ein Vakuum entstanden, das für dämonische Mächte eine stillschweigende Aufforderung zum Angriff bedeutet.

Dieser Angriff – gut getarnt – verläuft entlang jener Linie, »an der die christliche Verkündigung weithin dünn und unzulänglich geworden ist«; dort, wo das Evangelium mitmenschlich umgebogen wird und dabei den Menschen in seiner Existenzangst, Hoffnungslosigkeit und inneren Leere allein läßt, »beantworten die Okkultbewegungen elementare Lehrfragen« und Sehnsüchte, verstehen sich als der »dritte Weg«, der über Christentum und mechanistisch-atheistische Weltanschauungen hinausführt, und »bieten eine nicht zu übersehende Aufwertung des einzelnen an« (31/10). Mit diesen Sturmspitzen bildet der Okkultismus in zunehmendem Maße Brückenköpfe, erweitert sie systematisch und wird dabei je länger je mehr, von fernöstlichen Religionen unterstützt.

Die Okkultströmungen sind in den außerchristlichen Räumen vielfach noch mit den angestammten Religionen verschmolzen. »Als eigenständige Bewegung haben sie sich hauptsächlich in der abendländischen Welt entwickelt. Daß sie aber hier als Früchte des säkularistischen Geistes und zugleich als Protestreaktion auf dessen reine Diesseitigkeit entstanden sind, wird durch ihre Geburtsdaten bestätigt. Sie fallen alle in die Zeit nach 1840. Hier eine kleine Chronik: 1847 war das Geburtsjahr des Spiritismus. 1875 gründete Helene Blavatski die Theosophische Gesellschaft. 1913 entsprang aus ihr die anthroposophische Gesellschaft. Nach 1918 erfolgte die Regeneration und rapide Verbreitung der vor dem Ersten Weltkrieg schier ausgestorbenen Astrologie. 1947 war das Ursprungsjahr der UFO-Bewegung. Im Jahr 1960 begann die LSD-Seuche, und Maharashi Mahesh importierte seine transzendentale Meditation ins Abendland. Und die Beatles stiegen phönixgleich hoch und versetzten die Jugend der Welt in ekstatischen Taumel. Okkulte Vorstellungen unterwandern die Kirchen, sammeln sich konzentriert in den meisten Sekten und den sogenannten ›neuen Religionen‹, füllen die Hohlräume der Entchristlichung und rekrutieren ihre Gläubigen aus den Heeren derer, die an den wissenschaftlich-technischen oder ideologisch-politischen Zukunftsverheißungen irregeworden sind« (31/9).

So wichtig diese bisher genannten Gesichtspunkte auch sein mögen (»Impulse« Nr. 4), der globale Ansturm des Okkultismus ist letztlich nur dann verständlich, wenn wir ihn unter endzeitlichen Aspekten sehen. In seiner Ölbergrede kündigt Jesus als Zeichen seines zweiten Kommens nicht nur Kriege, Verfolgung und Erdbeben an, sondern vor allen diesen Dingen falsche Propheten und Verführer, die von sich behaupten, sie seien Christus. Längst hat eine Entwicklung begonnen, die im Antichristus ihren Abschluß finden wird. Paulus nennt ihn den »Menschen der Sünde, den Sohn des Verderbens, den Widersacher« (2. Thess. 2, 3 u. 4). »Sein Auftreten wird sich in der Kraft Satans vollziehen und mit allerlei Macht und Zeichen und Wundern der Lüge und vielfacher Verführung verbunden sein« (2. Thess. 2, 9). Der letzte Weltdiktator bedient sich aller okkulten Kräfte, die es nur gibt, um der Welt zu beweisen, daß er der eigentliche Messias sei. Die teuflische Vollmacht bekommt er von dem, der als »die alte Schlange, die auch Teufel und Satan heißt, zur Erde hinuntergestürzt wird und die ganze Welt verführt« (Offb. 12, 9).

Auf diesen Punkt endzeitlicher Entwicklung gehen wir mit beschleunigtem Tempo zu. Der Anstatt-Christus wird ein faszinierendes »Evangelium« präsentieren, das sowohl alte Religionen als auch moderne Ideologien vereinigt, den Menschen vergöttert und endlich unserem kriegsmüden Planeten paradiesische Zustände ermöglicht. Zum Beweis dafür, daß seine »Theologie« stimmt, geschehen dämonische Zeichen und Wunder aus einer okkulten Überwelt, die man längst als vorhanden voraussetzt. Die »okkulte Explosion« ist demnach nichts anderes als ein dämonischer Feuerüberfall, der halbverfallene christliche Bastionen sturmreif schießen soll. Eine atheistisch gefärbte Theologie sorgt inzwischen für eine geistlich ausgedünnte Zone, die der Okkultismus mühelos Zug um Zug erobern kann. Das ist unsere Situation.

Wir sind schlecht beraten, wenn wir meinen, die »Renaissance des Okkultismus« sei eine journalistische Übertreibung, bei der man aufpassen muß, daß die Leute nicht hinter jedem Strauch einen Teufel vermuten. Den Dämonen kann es nur recht sein, wenn ihre lautlose Invasion von möglichst wenigen beobachtet und ernst genommen wird. Andererseits ist es auch nicht damit getan, daß wir statistisches Material aus dem okkulten Bereich zwar zur Kenntnis nehmen, letztlich aber daraus keine Konsequenzen ziehen.

Es gilt, okkulte Einbrüche abzuriegeln und zum Gegenangriff überzugehen. In keinem anderen Buch der Bibel wird so oft vom »Überwinden«, wörtlich: »Siegen«, gesprochen wie in der Offenbarung des Johannes. Die endzeitliche Gemeinde kämpft mithin an der gleichen Frontlinie, an der seinerzeit Jesus und die Apostel gekämpft und gesiegt haben. Am Anfang und am Ende des Markus-Evangeliums steht die Auseinandersetzung mit der Dämonie. Im ersten Kapitel wird von der Befreiung eines Besessenen in der Synagoge von Kapernaum berichtet, im Kapitel 16, Vers 15 bis 18, ist zu lesen:

»Geht hin in alle Welt, und predigt das Evangelium aller Kreatur. Wer da glaubt und getauft wird, der wird gerettet werden; wer aber nicht glaubt, der wird verdammt werden. Das aber sind die Zeichen, die die Gläubigen begleiten: In meinem Namen werden sie Dämonen austreiben, in neuen Sprachen reden und Schlangen aufheben, und wenn sie etwas Tödliches trinken, wird es ihnen nicht schaden; sie werden Kranken die Hände auflegen, so wird es ihnen wieder gutgehen.«

Von Anfang an wurden die entscheidenden Durchbrüche des Reiches Gottes an dieser Frontlinie errungen. Das berichtet auch die Apostelgeschichte. Als das Evangelium nach Samaria kam, mußte Philippus dem Zauberer Simon entgegentreten. Als Paulus auf seiner ersten Missionsreise Zypern bereiste, »widerstand ihnen der Zauberer Elymas«. Als er in Philippi das Evangelium zu verkündigen begann, mußte er sich einer stadtbekannten Wahrsagerin erwehren. Bevor sich in Ephesus »das Wort des Herrn ausbreitete und als große Kraft erwies«, verbrannten viele, die sich mit Zauberei abgegeben hatten, öffentlich ihre Zauberbücher (Apg. 19, 19–20). Überall das gleiche Bild: Das Evangelium wird vollmächtig verkündigt, und sofort attackiert die Dämonie. So war es damals, und so ist es in zunehmendem Maße auch heute. Berichte über erweckliche Aufbrüche im Westen und im Osten haben das längst bestätigt.

Wenn es stimmt, daß Anfang und Ende der Kirchengeschichte einander entsprechen werden, dann muß die endzeitliche Gemeinde mit einem massiven Ansturm dämonischer Mächte rechnen, geistlich aufrüsten und der Dämonie in der Kraft ihres auferstandenen Herrn kampfbereit begegnen.

Die »geistliche Waffenrüstung« steht uns zur Verfügung. Wir sollten sie nicht länger bestaunen, sondern mit diesem Kampfanzug an die Front marschieren und solchen, die an den Folgeerscheinungen okkulter Grenzüberschreitungen körperlich und seelisch zugrunde gehen, »die Augen öffnen, damit sie sich bekehren von der Finsternis zum Licht und von der Gewalt des Satans zu Gott« (Apg. 26, 18).

Mehr denn je zuvor kommt es heute entscheidend darauf an, ein unverkürztes Evangelium zu verkündigen mit weiten Horizonten und zugleich konkreten Problemlösungen. Die Schuldfrage, das Todesproblem, die Zukunftsangst, die »Einsamkeit in der Masse« und vieles andere mehr dürfen wir nicht den Okkultbewegungen überlassen, sondern müssen ausgestattet mit dem breiten Spektrum neutestamentlicher Gnadengaben den gekreuzigten, auferstandenen und wiederkommenden Herrn bezeugen. Die Verkündigung des Evangeliums ist allemal mehr als eine »verbale Interpretation«. Gottes Wort ist schöpferisch, wirkt dynamisch, erreicht alle Bewußtseinsschichten. Das Evangelium zielt auf jene Grundbefindlichkeiten des Menschen ab, in denen er sich als einen Gefangenen erfährt; und aus dem Käfig der Sinnwidrigkeiten ausbrechen möchte. Bezeugen wir ausreichend, daß der auferstandene Herr nicht nur Sünde vergibt, sondern ebenso aus dem Teufelskreis okkulter Praktiken herausholt?

Die Seelsorge ihrerseits muß eindeutig damit Ernst machen, daß der gequälte Mensch der Gegenwart in einer dämonisierten Zeit lebt und nicht nur Informationen über Dinge des Glaubens sucht, sondern in zunehmendem Maße auch die Befreiung aus okkulten Belastungen. Dazu ein Beispiel aus der Rundfunkseelsorge. Geschrieben wurde wie folgt:

> »Als Kind wurde ich besprochen. Später ging ich zu jemanden, der Handlinien deutete und Karten legte. Eine Bekannte hat mir das Pendeln gezeigt. Als wir ein Tier vermißten, habe ich auch einen Menschen mit magischen Fähigkeiten um Hilfe gebeten. Das alles läßt mich bis heute nicht zur Ruhe kommen. Auch kann ich nicht von Herzen vergeben.«

Mit psychologischen Erklärungsversuchen bleiben wir in solchen und anderen Fällen im Vorfeld des Problems. Die Rundfunkseelsorge zeigt das in jedem Jahr einige hundert Mal. Menschen, die so oder ähnlich die Dämonie hautnah zu spüren bekommen, möchten endlich aufatmen, frei sein, heil werden an Leib und Seele. Das kann nur geschehen, wenn wir uns mit jener Kraft beschenken lassen, mit der die ersten christlichen Gemeinden an dämonischen Frontlinien gesiegt haben. Der Sohn Gottes ist gekommen, um die Werke des Teufels zu zerstören (1. Joh. 3, 8). Er befreit – auch heute noch! Wenn das okkult Belastete konkret erleben, wird ein Zeichen dafür aufgerichtet, daß die Kräfte der zukünftigen Welt schon jetzt das Gefängnis der Gefangenen aufzubrechen imstande sind. Damit das auf breiter Front geschieht, müssen wir einerseits die »okkulte Explosion« ernst nehmen, andererseits aber damit rechnen: »Daß Jesus siegt, bleibt ewig ausgemacht!«

II. Wissenschaft contra Okkultismus?

Auf fünf Einwände, die man gern geltend macht, wenn es um okkulte Praktiken geht, möchte ich näher eingehen:

1. »Übertreibungen«
2. »Trickkiste«
3. »Die Naturwissenschaft hat für Okkultismus keinen Platz«
4. »Mit dem biblischen Weltbild kann kein Mensch etwas anfangen«
5. »Man unterscheidet zu wenig zwischen Parapsychologie und Okkultismus«

Der *erste Einwand:* Die Tatsache, daß sich viele Intellektuelle, Politiker, Manager, Industrielle und weltbekannte Mitglieder des Show-Busineß astrologisch beraten lassen, in Paris die Astrologie mit 360 IBM-Computern industrialisiert wird, ein »Internationaler Wahrsagerkongreß« 1972 gemeinsame Voraussagen künftiger politischer Ereignisse und Naturkatastrophen erarbeitete, läßt sich nicht mit dem Satz vom Tisch wischen: »Ihr übertreibt.« Der »Aufstand der Magier gegen die Welt der Technik« hat begonnen und signalisiert einen globalen Ansturm okkulter Praktiken. Je eher wir das begreifen, um so besser.

Der *zweite Einwand:* Gewiß kommt manches, was sich als Telepathie, Magie, Tischrücken und Spuk präsentiert, aus der Trickkiste. Aber eben nicht alles. Die parapsychologische Forschung hat das längst nachgewiesen. Zugegeben: Vieles ist an okkulten Berichten nicht wahr, und betrogen wurde bei okkulten Experimenten mehr als einmal. Eine Nebenwirkung aber haben solche angeblich entlarvten Täuschungsmanöver in jedem Fall: Man ist neugierig geworden und wagt nunmehr unbefangen – da ja alles harmlos zu sein scheint – den Trip ins okkulte Halbdunkel, tappt in die Falle und stellt mit Entsetzen fest, daß es eben doch Dinge zwischen Himmel und Erde gibt, von denen sich die Schulweisheit nichts träumen läßt. Ob nicht parapsychologische Fernsehprogramme, die über spiritistische Sitzungen informieren, eine ähnliche Wirkung haben können? Menschen, die sich verbindlich Jesus Christus angeschlossen haben und am Bildschirm aus falscher Neugier magische Experimente mitverfolgen, müssen damit rechnen, daß ihr geistliches

Leben blockiert wird. Die seelsorgerliche Erfahrung hat das mehr als einmal bestätigt.

Der *dritte Einwand:* Mitunter wird behauptet, daß die moderne Naturwissenschaft für den Okkultismus keinen Platz habe. Man geht davon aus, daß der Kosmos einer großen Maschine gleicht, in der alles bis ins Detail nach genau festgelegten Gesetzen funktioniert. Raum, Zeit und Materie werden dabei als absolute Größen verstanden; die Welt als dreidimensionale Wirklichkeit, die sich messen, wägen und berechnen läßt. Was sich nicht in dieses vorgegebene Schema einordnen läßt, existiert auch nicht.

Bereits Karl Friedrich Gauß (1777–1855), der bedeutende Mathematiker und Astronom, sagte:

> »Man wird zu der Ansicht gedrängt, für die ohne eine streng wissenschaftliche Begründung so vieles andere spricht: daß neben dieser materiellen Welt noch eine rein geistige Weltordnung existiert mit ebenso viel Mannigfaltigkeiten als die, in der wir leben« (2/58).

Namhafte Naturwissenschaftler unseres Jahrhunderts könnten diese Sätze mit gutem Gewissen unterschreiben, und zwar deshalb, weil das mechanistische Weltbild in Trümmern liegt. Dazu Professor Hans Rohrbach:

> »Raum und Zeit sind keine selbständigen, unabhängigen Kategorien. Der Raum ist auch nicht notwendig unendlich, wie es im Weltbild der Neuzeit geglaubt wurde. Wir sprechen heute von einem endlichen Weltall, das heißt: von einem Weltall, dem ein endliches Volumen zukommt. . . . Mit neuen Erkenntnissen über Raum, Zeit, Materie hat auch die Naturgesetzlichkeit ihren Absolutheitscharakter verloren. Sie ist nicht mehr so determiniert, daß wir uns noch der Hoffnung hingeben dürfen, einmal alles vorausberechnen zu können. Die Naturgesetze im Großen, der Makrophysik, müssen als Grenzfall der Naturgesetzlichkeit im Kleinen, der Mikrophysik, verstanden werden« (18/119 f).

Man weiß, daß die Wirklichkeit, in der wir leben, doppelbödig ist, gleichsam einen sichtbaren Vordergrund hat, der sich wissenschaftlich beobachten läßt, und einen unsichtbaren Hintergrund, der sich zwar unseren Sinnen und Methoden entzieht, letztlich aber das vordergründige Geschehen beherrscht und steuert. Sichtbar und unsichtbar liegen ineinander, ergänzen sich, sind aufeinander bezogen.

Wer sich gern auf wissenschaftliche Erkenntnisse beruft und damit okkulte Vorgänge wegdiskutieren will, sollte wissen, daß Fichte, Hegel und Schopenhauer mit der Wirklichkeit des Außersinnlichen gerechnet haben. Goethe ebenso, der den Mephisto sagen läßt:

>»Daran erkenn ich den gelehrten Herrn!
> Was Ihr nicht tastet, steht Euch meilenfern;
> was Ihr nicht faßt, das fehlt Euch ganz und gar;
> was Ihr nicht rechnet, glaubt Ihr, sei nicht wahr;
> was Ihr nicht wägt, hat für Euch kein Gewicht;
> was Ihr nicht münzt, das meint Ihr, gelte nicht ...«

Werner Heisenberg, der weltbekannte Physiker, bekennt: »Alle unsere Erkenntnisse schweben über einem Abgrund von Nichtwissen« (4/18). Das klingt sehr viel bescheidener als der zuweilen lauthals vorgetragene Satz: »Das läßt sich naturwissenschaftlich nicht beweisen.« Wissenschaftliche Erkenntnisse werden ergänzt und ändern sich; sie sind immer nur ein vorletztes Wissen und erfassen zudem nur einen Teilbezirk unserer Wirklichkeit, nämlich den sichtbaren. Robert Mayer, der das Gesetz von der Erhaltung der Energie entdeckt hat, schrieb:

>»Wenn aber oberflächliche Köpfe, die sich gern als die Helden des Tages gerieren, außer der materiellen, sinnlich wahrnehmbaren Welt überhaupt nichts Weiteres anerkennen wollen, so kann solch lächerliche Anmaßung einzelner der wahren Wissenschaft nicht zur Last gelegt werden.«

Und Max Planck, der das Fundamentalgesetz fand, kam zu dem Ergebnis:

>»Der Urgrund der Dinge ist ein dem Menschenverstand ewig unerforschliches Wesen, und die Gottheit ist ein allweises, höchstes Wesen, das im Grunde mit dem Logos des Johannes-Evangeliums identisch ist.«

Wer also nur das gelten läßt, was man schauen, zerlegen und berechnen kann, darf sich nicht auf naturwissenschaftliche Erkenntnisse des 20. Jahrhunderts berufen. Es ist längst bekannt, daß unsere sichtbare Wirklichkeit von anderen Dimensionen durchdrungen und beeinflußt wird. Wenn die Quantentheorie Max Plancks stimmt, wird Materie ständig neu gesetzt. Sie ist einem Gitter vergleichbar mit vielen Hohlräumen, das allemal Platz hat für okkulte Ereignisse.

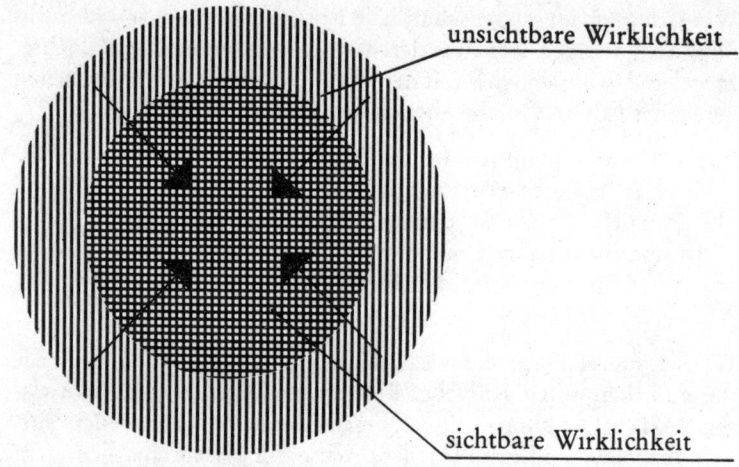

unsichtbare Wirklichkeit

sichtbare Wirklichkeit

Der *vierte Einwand:* Eine bestimmte theologische Richtung behauptet, das biblische Weltbild müsse aufgegeben werden, weil man dem modernen Menschen nicht zumuten könne, solche Denkmuster zu übernehmen. Satan wird als Personifikation moralischer Übel verstanden, und Engel verweist man in den Bereich der Mythen.

Dazu Professor Hans Rohrbach:

> »Die Sicht der Schrift ist nach meiner Überzeugung kein Übereinander und kein Umeinander, sondern ein Ineinander. Beides durchdringt sich, Sichtbares und Unsichtbares. Und wir leben als Glaubende in beiden Bereichen zugleich, im Sichtbaren und im Unsichtbaren. Diese Sicht des paradoxen Ineinanders von Sichtbarem und Unsichtbarem ist das eigentliche Weltbild der Bibel« (18/56).

In 2. Korinther 4,18 ist zu lesen: »Wir sehen nicht auf das Sichtbare, sondern auf das Unsichtbare. Denn was sichtbar ist, das ist zeitlich; was aber unsichtbar ist, das ist ewig.« Aufgeben müssen wir das falsche biblische Weltbild zugunsten des richtigen. Zu diesem Weltbild gehören allerdings sowohl Engel als auch Dämonen.

Im Alten Testament werden über hundertmal Engel erwähnt, im Neuen Testament mehr als hundertfünfzigmal. Der alttestamentliche Gottesname Jahwe-Zebaoth bedeutet: »Herr der Heerscharen« und weist damit auf Engelwesen hin, die Gott dienen. In Hebräer 1, 7 steht: »Er macht seine Engel zu Winden und seine Diener zu Feuerflammen.« Es ist uns mithin verwehrt zu meinen, Engel seien niedliche Engelein mit Flügeln, hübsche Märchengestalten für fromme Kindergemüter, dichterische Schmuckfiguren, phantasievolle Sinnbilder religiöser Ideen. Wenn die Bibel Engel erwähnt, spricht sie von starken Helden, die Gottes Befehle ausrichten (Ps. 103, 20).

Sternenbahnen und Pflanzenwuchs, Naturkräfte und Bewahrung unseres menschlichen Lebens – alles positive Geschehen in der lebendigen Schöpfung – stehen irgendwie mit dem Wirken der Engel im Zusammenhang (3/36). Der Teich von Bethesda hatte eine Heilkraft in sich, wenn ein Engel das Wasser von Zeit zu Zeit bewegte. Sodom und Gomorra wurden durch Vulkanausbrüche und glühende Lavaströme zerstört. Die Heilige Schrift schreibt das einem Engel zu. In der Offenbarung des Johannes werden Engel erwähnt, denen die Gewässer anvertraut sind, die Macht über das Feuer haben und vor verheerenden Winden schützen können. Gottes Schöpfung ist nun einmal keine tote Maschine. Naturkräfte und Naturgesetze »stehen unter der Obhut himmlischer Mächte« (Friedrich Oetinger). Diese himmlischen Mächte nennt die Heilige Schrift »Engel«. Sie waren da, bevor unsere Welt geschaffen wurde, und – so dürfen wir folgern – sie waren am Schöpfungsgeschehen aktiv beteiligt. Seitdem haben sie sich nicht zurückgezogen in Dimensionen, die für uns unerreichbar sind. Nach wie vor verwirklichen sie das Programm Gottes, das sowohl den einzelnen als auch die gesamte Menschheit umspannt.

Wenn in der Bibel Engel erwähnt werden, dann immer dort, wo die Geschichte an Wendepunkte kommt, also bei Übergängen zu einem Neuen, zu dem die Menschen aufgerufen und zugerüstet werden sollen. Bereits auf den ersten Blättern der Bibel werden Cherubim erwähnt, die mit ihrem zuckenden, funkelnden Schwert dem ersten Menschenpaar den Rückweg in das verlorene Paradies versperren. Ein »Würgeengel« geht durch Ägypten und ermöglicht dadurch den Auszug des Volkes Israel. Die Zehn Gebote werden durch Engel vermittelt. Vor der Eroberung Jerichos erscheint dem Josua ein Engel (16/341).

Auch im Neuen Testament werden immer dort Engel erwähnt, wo einschneidende Ereignisse berichtet werden. Ein Engel kündigt dem Zacharias die Geburt eines Sohnes an. Der Engel Gabriel sagt zu der Jungfrau Maria: »Fürchte dich nicht, Maria, denn du hast Gnade bei Gott gefunden. Und siehe, du wirst schwanger werden und einen Sohn gebären; und du sollst ihm den Namen Jesus geben. Dieser wird groß sein und Sohn des Höchsten genannt werden.« Den Hirten auf dem Feld erscheint ein Engel des Herrn. Der Be-

richt von der Versuchung Jesu in der Wüste endet mit dem Satz:
»Da verließ ihn der Teufel, und es traten die Engel zu ihm und dienten ihm.« Als am Morgen des dritten Tages nach dem Tode Jesu die Frauen kamen, um seinen Leichnam zu salben, stand im leeren Grab ein Engel. Bei der Himmelfahrt Jesu sagte der Engel: »Dieser wird kommen, wie ihr ihn gesehen habt zum Himmel fahren.«

Im letzten Buch des Neuen Testaments, der Offenbarung des Johannes, werden mehr als fünfzigmal Engel erwähnt, nicht zuletzt dort, wo sie göttliche Gerichtsurteile vollstrecken. Und wenn Jesus wiederkommt, um seine Gemeinde heimzuholen und zu verwandeln, wird die Stimme eines Erzengels und eine Posaune Gottes zu hören sein. »Engel markieren das Übergreifen des Jenseitigen in das Diesseitige, des Geheimnisses Gottes in den Raum bekannter Möglichkeiten« (Karl Barth).

Können sich Engel sichtbar machen? Sie sind in der Regel für unser menschliches Auge unsichtbar. Sie können sich aber sichtbar machen und menschliche Gestalt annehmen, wenn Gott das anordnet. Sie umhüllen sich dabei gleichsam mit einem Kleid, das sie nach der Erfüllung ihres Erscheinungsdienstes wieder ablegen. Sie können so sehr in Menschengestalt auftreten, daß sie bei einer Begegnung mit Menschen verwechselt werden.

Wie sehen sie aus? Die Bibel ist in der Beschreibung spärlich. Durchweg aber berichtet sie davon, daß Menschen zutiefst erschrecken, wenn sie einen Engel sehen. Wenn der Schleier, der die sichtbare von der unsichtbaren Welt trennt, zerrissen wird; wenn der Mensch die Boten der himmlischen Welt sieht, fürchtet er sich und spürt die Nähe der unsichtbaren Welt Gottes. Die Engel sind personhafte Wesen. Ihre Körper bestehen aus einer Materie, die uns nicht bekannt ist, die aber doch diesen himmlischen Wesen gestattet, unabhängig zu sein von Raum und Zeit. Das Neue Testament sagt uns, daß die Engel unsterblich und ungeschlechtlich sind.

Gibt es in der Engelwelt Rangordnungen? Das Neue Testament spricht von Thronen, Herrschaften, von Fürstentümern und Gewalten. Die Bibel unterscheidet die Seraphim – vor dem Thron und um den Thron Gottes – und die Cherubim – unter dem Thron als Träger der göttlichen Majestät (Jes. 6, 2–3). Daneben werden auch Erzengel genannt, z. B. Michael. Im Buch des Propheten Daniel lesen wir von einem Engelfürsten, der in seinem Kampf gegen Engel, die Persien und Griechenland in ihrer Gewalt hatten, vom Erzengel Michael unterstützt wurde. Es gibt außerdem Engelgruppen, die an dem sichtbaren Geschehen intensiv beteiligt sind. Das läßt sich aus 1. Korinther 11, 10 folgern. An Timotheus schreibt Paulus: »Ich bezeuge vor Gott und dem Herrn Jesus Christus und den auserwählten Engeln« (1. Tim. 5, 21).

Soll man zu Engeln beten? Johannes gibt in seiner Offenbarung eine eindeutige Antwort auf diese Frage, indem er sagt: »Als ich dies gehört und gesehen hatte, fiel ich dem Engel, der mir dies zeigte, zu Füßen, um ihn anzubeten. Er aber sprach: Nicht doch! Ich bin nur ein Mitknecht von dir und deinen Brüdern.« Engel können niemals das Heil vermitteln. Sie stehen zwar der angefochtenen Gemeinde bei und kämpfen mit den Dämonen. Sie können einen Menschen bewahren und ihm dadurch eine Entscheidung für Jesus Christus ermöglichen. Sie freuen sich auch, wenn ein Sünder umkehrt und sich dem auferstandenen Herrn anvertraut. Niemals aber können sie einem Menschen das ewige Leben schenken. Zwischen Gott und den Menschen gibt es nur einen Mittler: Jesus Christus.

Die sichtbare Welt ist von der unsichtbaren Welt nicht getrennt. Engeldienste verbinden den sichtbaren Bereich mit dem unsichtbaren und begleiten die Gemeinde Jesu auf ihrem Weg zur Ewigkeit. »Alle Engel sind dienende Geister, zum Dienst bestellt für die, die das Heil ererben sollen« (Hebr. 1, 14). Sie helfen in Notlagen, kämpfen für unseren Endsieg, wachen über die göttliche Weltordnung und vollstrecken Gerichte. Sie beten die Erlösungstaten an und übermitteln göttliche Befehle. Darum dürfen wir vertrauen, daß es Boten sind, Mächte, die davon zeugen, daß es einen über uns gibt, der immer wacht. Gott selbst befiehlt seinen Engeln über uns, daß sie uns behüten auf allen unseren Wegen.

Corrie ten Boom berichtet von einem Überfall auf ein Internat, in dem etwa 200 Missionarskinder lebten, wie folgt:

> »Die Kinder und ihre Lehrer sollten getötet werden. Sie alle wußten von der Gefahr und waren zusammengekommen, um zu beten. Ihr Schutz bestand in einem Bambuszaun und einer Handvoll Soldaten. Die heranrückenden Rebellen waren eine Gruppe von ein paar hundert Mann. Als sie unmittelbar vor der Schule waren und sie schon umringt hatten, geschah das Sonderbare: Sie kehrten um und verschwanden. Am nächsten Tag kamen sie wieder und auch am dritten Tag. Aber keiner tastete die Schule an. Einer von den Rebellen wurde als Verwundeter in das Missionshospital der gleichen Station gebracht. Als der Arzt seine Wunden behandelte, fragte er: ›Warum seid ihr nicht in die Schule gekommen? Warum habt ihr euren Überfall nicht ausgeführt?‹ Die Antwort: ›Wir fühlten uns nicht stark genug. Das merkten wir erst, als wir vor

der Schule standen. Wir wußten nicht, daß so viele Soldaten dort stationiert waren – die vielen mit den weißen Uniformen.‹« Corrie ten Boom sagt dazu: »In Afrika haben Soldaten nie weiße Uniformen. Es müssen Engel gewesen sein.«

Ein befreundeter Seelsorger berichtete mir, daß ihm während der Autofahrt ein Kind so unverhofft vor den Wagen lief, daß er das Fahrzeug nicht mehr abzustoppen vermochte. Als er schließlich den Wagen zum Stehen brachte, rechnete er damit, ein verletztes, wenn nicht gar totes Kind zu sehen. Zu seiner großen Verwunderung aber stellte er fest, daß dem Kind nichts geschehen war. Es geriet genau in den Achsenabstand der beiden Räder. Der Wagen rollte über das Kind hinweg, ohne es zu berühren. Zufall? Jesus sagte seinen Jüngern: »Achtet darauf, daß ihr niemand von diesen Kleinen geringschätzig behandelt. Ich sage euch: Ihre Engel in den Himmeln sehen allezeit das Angesicht meines Vaters im Himmel« (Matth. 18, 10).

Wir sollten uns bewußt machen, daß überall da, wo in der Bibel Engel erwähnt werden, deutlich wird, daß unsere sichtbare Welt umschlossen und durchzogen ist von einer Wirklichkeit, die sich unseren Sinnen entzieht; eine Wirklichkeit, die weder meßbar noch experimentierbar ist, die aber ununterbrochen in unsere dreidimensionale Welt einwirkt. Es stimmt einfach nicht, daß unsere Welt einer Maschine gleicht, bei der man genau vorausberechnen kann, was geschehen wird. Das sogenannte mechanistische Weltbild ist längst überholt.

Die moderne Naturwissenschaft hat gezeigt, daß sich Ursache und Wirkung nicht mehr ohne weiteres bestimmen lassen. Sie weiß übrigens sehr wohl um eine letzte Grenze des Erkennbaren. Gewiß kann man sagen, daß jenseits dieser Grenze das Nichts anfängt. Nur ist das keine wissenschaftliche Aussage. Die Bibel sagt uns – und die Naturwissenschaft widerspricht ihr darin durchaus nicht –, daß unser Kosmos aus einer sichtbaren und aus einer unsichtbaren Wirklichkeit besteht. Beide Wirklichkeiten durchdringen sich.

Die sichtbare Welt, gebunden an Raum und Zeit, ist eingebettet in die unsichtbare Welt, in eine Wirklichkeit höherer Ordnung, die das Sichtbare beherrscht, durchdringt, umfaßt und gestaltet. Engeldienste beweisen das. »Wenn die Engel nur eine Chiffre für Vorgänge in unserem eigenen Seelenleben wären, dann würden wir mit unserem Interesse an den Engeln uns doch nur an der beliebten Karussellfahrt um das eigene Ich beteiligen, die ein so gefährlicher Sport ist. Engel sind weder Gegenstände noch Begriffe noch psy-

chische Phänomene, sondern eine Wirklichkeit besonderer Art«
(W. Stählin).

In den unsichtbaren Dimensionen gibt es aber nicht nur Engel, sondern auch den Teufel und seine Dämonen. In einem Brief, der mich
in der Rundfunkseelsorge erreichte, war zu lesen:

> »Wir brauchen keinen Teufel mehr, der opponieren muß.
> Der Teufel ist nichts anderes als zwanghaftes Verhalten, dem
> eine psychische Erkrankung zugrunde liegt. Ein Krimineller
> ist z. B. immer ein seelisch Kranker.«

Psychische Erkrankungen sollten wir gewiß nicht unterschätzen.
Sie können bei einem Verbrechen ein entscheidender Faktor sein.
Nur ist damit noch längst nicht alles gesagt. Es gibt dämonische
Hintergründe, die von Verbrechern selbst genannt wurden. Beim
Verhör sagte der Mörder Gurguloff, der den französischen Präsi-
denten Daumer erschossen hatte: »Ich war wie hypnotisiert. Ich
wünschte selbst, mich von dem Gedanken des Mordes zu befreien.
Aber der Teufel kam dazwischen, und ich wurde wie von unsicht-
baren Händen nach dem Palais Rothschild gestoßen.« Der Eisen-
bahn-Attentäter Matuschka erklärte vor Gericht, er habe unter der
Anleitung des »Geistes Leo« gestanden, der ihm alles bis zu den
kleinsten Einzelheiten eingeflüstert habe.

Der Teufel läßt sich nicht psychologisch wegdiskutieren. Er ist weder eine blasse Idee noch ein blutleerer Begriff; weder eine symbolische Figur noch eine mythische Gestalt. Er ist eine Person. Der
Teufel ist nicht ein Es, sondern ein Er, nicht das Böse, sondern der
Böse. Während sich manche den Teufel als Witzfigur mit Hörnern,
Pferdefuß und Mistgabel vorstellen, sagt ein deutscher Schlagersän-
ger in seinem Chanson: »Alle Leute sagen, es gäbe keinen Teufel.
Kannst du mir sagen, wo die Angst herkommt? Ich kann mich nicht
wehren. Ich bin wie gelähmt. Kannst du mir sagen, wo die Sucht
herkommt nach dem Rausch, nach Vergessen, nach Geld? Kannst
du mir sagen, wo die Lust herkommt, wenn das Blut sie wie Feuer
dir erhitzt?« Dieser Schlagertext endet mit den Sätzen: »Ich rechne
mit dem Teufel, denn ich kenne ihn, und er weiß im Blick auf mich
auch, was er tut. Was soll ich tun? Ich weiß es: Ich schreie dann, ich
schrei' um Hilfe, ob mich nicht einer retten kann.«

Retten kann nur Jesus Christus, der gekommen ist, um die Werke
des Teufels zu zerstören. Am Kreuz hat er den entscheidenden Sieg
errungen. Seitdem ist Satan und das Heer seiner Dämonen besiegt.
Im Kolosserbrief steht der Satz: »Er hat alle Mächte und Gewalten

entwaffnet, an den öffentlichen Pranger gestellt und über sie einen Triumph davongetragen« (Kol. 2, 15). Viele Menschen sind durch den auferstandenen Herrn von dämonischen Mächten befreit worden. Sie haben ein neues Leben begonnen. Das konnte freilich nur dadurch geschehen, daß sie ihr Leben Jesus Christus übereignet haben.

Für die Bibel ist Satan nicht die Personifikation moralischer Übel, sondern der Diabolos, der durcheinanderwirft, listige Anschläge macht, verführt und verklagt, verleumdet und betrügt, verwirrt und entzweit. Er ist der Feind und Widersacher, der jede Aktion Gottes mit einer Gegenaktion beantwortet und jeder Position Gottes eine Opposition entgegensetzt. Er will Gottes Pläne vereiteln und kämpft mit einer unheimlichen Wut gegen alle, die sich zu Christus bekennen. Die Bibel nennt den Teufel einen Mörder von Anfang, einen Vater der Lüge. Er ist listig wie eine Schlange, gefährlich wie ein Drache, stark wie ein Löwe und kann sich dabei zugleich tarnen wie ein Engel des Lichts. Er versucht, alles Göttliche nachzuäffen und verzerrt es zugleich dämonisch. Noch einmal: für die Bibel ist der Teufel kein böses Prinzip, psychische Erkrankung oder zwanghaftes Verhalten, sondern eine übermächtige Person.

Er hat nichts dagegen, wenn man ihn leugnet, weil er dann um so wirksamer angreifen kann. Gut getarnt verzaubert er seine Opfer, bevor er sie vernichtet; gaukelt ihnen so lange den Himmel vor, bis sie in die Hölle hinabstürzen. Während er einerseits die Bibel mit Fragezeichen versieht, sorgt er zugleich dafür, daß ungezählte Menschen horoskopgläubig werden, sich die Handlinien deuten lassen, zu Wahrsagern und magischen Besprechern gehen oder in spiritistischen Zirkeln die Toten fragen. Gesteigerte Sexualität und Jähzorn, Lästergedanken und Selbstmordabsichten sind nicht selten die Folge dieser okkulten Praktiken. Der Teufel ist eine entsetzliche Realität, die sich nicht mit psychologischen Kunstgriffen aus der Welt schaffen läßt.

Wir stehen vor einem undurchdringlichen Geheimnis, wenn wir danach fragen, wie der Teufel zum Teufel werden konnte. Darüber schweigt Gottes Wort. Die Bibel läßt uns aber erkennen, daß Satan – ursprünglich ein hohes Engelwesen – stolz wurde und sich gegen Gott empörte. In diesem Augenblick ging ein Riß durch den Kosmos. Seitdem kämpft Satan mit einem Heer von Dämonen gegen Gott und versucht, sein eigenes Reich, seine eigene Autorität, seine eigenen Pläne durchzusetzen. Es gibt Leute, die bei dem Wort »Dämonen« mitleidig lächeln und allen Ernstes meinen, Dämonen,

Spuk, Aberglaube und alles, was damit zusammenhängt, gehöre in die Vorstellungswelt des Mittelalters. Heute könne man bestenfalls von Neurosen sprechen. Vor mir liegt ein Briefauszug, in dem zu lesen ist:

> »Ein Nervenarzt, der kein Christ ist, sagte zu meiner Freundin: ›Da sind wir machtlos. Es sind Mächte am Werk, gegen die Menschen nichts ausrichten können‹.«

Es gibt also einen unerklärbaren, nicht ableitbaren Rest, von dem die medizinische Wissenschaft durchaus weiß und der neuerdings mit parapsychologischen Forschungsmethoden angegangen wird. Neben Leuten, die mit dem Wort »Dämonen« nichts anzufangen wissen, gibt es andere, die alles verteufeln und leider zu oft von dämonischen Einwirkungen reden. Das ist ebenso falsch. Psychische Erkrankungen, die streckenweise einer Besessenheit ähnlich sind, sollte man nicht vorschnell und unqualifiziert als dämonisch bezeichnen.

Dennoch weiß die Bibel um Dämonen. Allein im Neuen Testament werden sie dreiundsechzigmal erwähnt. Auf die Frage, wann die Dämonie begonnen hat, antwortet die Heilige Schrift nicht. In 2. Petrus 2, 4 und Judas 6 wird immerhin erwähnt, daß es Engel gab, die nicht ihrer hohen Stellung entsprechend lebten und gesündigt haben. Zusammen mit Satan, dem »Gott dieser Welt«, kämpfen sie nunmehr gegen das Reich Gottes. Die Bibel beschreibt diesen Kampf zwischen dem Reich der Finsternis und dem Reich Gottes an vielen Stellen und läßt erkennen, daß die Dämonie organisiert ist, die Luftgebiete beherrscht und mit gezielten Methoden der Gemeinde Jesu schaden will.

In Epheser 6, 12 ist zu lesen: »Denn das ist nicht der eigentliche Kampf, wenn wir mit Fleisch und Blut zu tun haben, sondern wir haben zu kämpfen gegen die Übermächte und Gewalten, gegen die Herrscher der Finsternis und die Geister der Bosheit in den Himmeln.« Die Dämonen als satanische Geistwesen beschränken ihre Aktionen nicht nur auf die unsichtbare Welt. Sie wollen sich konkretisieren. Zwar treiben sie ihr Unwesen im Hintergrund des sichtbaren Geschehens, wirken aber ins Detail. Man könnte geradezu sagen: »Der ganze gegenwärtige Weltlauf erhält sein Gepräge durch die Übermacht der Dämonen« (21/23). Ob Kunst oder Wissenschaft, ob Ideologie oder Theologie, ob Politik oder zwischenmenschliche Beziehungen – es gibt keinen Bereich, den Satan nicht dämonisieren möchte und das auch in zunehmendem Maße tut.

Darum warnt sowohl das Alte Testament als auch das Neue Testament vor dem Götzendienst. Dahinter stehen nämlich dämonische Mächte. Paulus läßt die Korinther wissen: »Was die Heiden opfern, das opfern sie den Teufeln und nicht Gott. Nun will ich nicht, daß ihr in der Teufel Gemeinschaft sein sollt.« Daneben gibt es einige Belegstellen, die darauf hinweisen, daß Zauberei einerseits – wir könnten allgemein sagen: Okkultismus – und Dämonie andererseits zusammengehören. Schon allein deshalb sollte es selbstverständlich sein, daß Menschen, die zu Jesus Christus gehören, mit Horoskopen, Wahrsagen, Magie, Tischrücken und anderen okkulten Praktiken nichts zu tun haben. Wer sich in dieses Gebiet hineinwagt, muß damit rechnen, daß sein Verhältnis zu Jesus Christus zerstört wird.

Der Teufel regiert aber nicht nur in den unsichtbaren Bereichen. Jesus nennt ihn den Fürsten dieser Welt. Diese Bezeichnung kann auch wie folgt übersetzt werden: Urheber dieser Weltzustände. Seitdem es dem Satan gelungen ist, im Paradies das erste Menschenpaar zu verführen, kann sich niemand der Sünde in eigener Kraft entziehen. Und doch: wenn das Böse letzten Endes von einer fremden Macht herkommt, sind wir ihm nicht hoffnungslos verfallen. Von einer fremden Macht kann man befreit werden. Am Kreuz hat Jesus den Satan und das Heer der Dämonen besiegt. Er hat gesagt: »Mir ist gegeben alle Gewalt im Himmel und auf Erden« (Matth. 28, 18), und Paulus schreibt den Ephesern: »Er ist aufgefahren zur Höhe, hat seine Feinde gefangengenommen und hat den Menschen Gaben gegeben« (Eph. 4, 8). Noch bevor Jesus nach Golgatha ging, hat er Besessene befreit. Nach seiner Auferstehung hat er diese Vollmacht seiner Gemeinde übertragen. Sie ist angewiesen, Kranke zu heilen und Teufel auszutreiben (21/180). Sie darf gebieten, und Satan muß weichen. Sie soll mit Paulus bekennen: »Aber Gott sei gedankt, der uns allezeit Sieg gibt in Christus.«

Damit wird aber zugleich deutlich, daß noch gekämpft wird. Satan ist zwar besiegt, aber noch nicht vernichtet. Darum sagt Paulus in seinem Brief an die Epheser: »Ziehet die ganze Waffenrüstung Gottes an, damit ihr den listigen Anläufen des Teufels standhalten könnt.«

Wenn Christus kommt, wird Satan gebunden und gefesselt in den Abgrund geworfen. Dann beginnt das tausendjährige Friedensreich. Menschen werden es leichter haben, sich für Christus zu entscheiden und bei ihm zu bleiben. Am Ende des tausendjährigen Reiches wird Satan noch einmal freigelassen, verführt aufs Neue die

Völker und wird nunmehr endgültig in den Feuersee geworfen. Nicht der Teufel spricht das letzte Wort in der Weltgeschichte, sondern Gott. Das Ziel aller Dinge ist der neue Himmel und die neue Erde.

Noch ist es nicht soweit. Satan weiß, daß er nicht mehr viel Zeit hat und setzt alles daran, möglichst viele ins Verderben zu reißen. Ungezählte Menschen geraten in den Okkultismus, lesen Horoskope, lassen sich Handlinien deuten, machen magische Experimente oder fragen in spiritistischen Zirkeln die Toten. Viele werden dabei schwermütig; nicht wenige enden im Selbstmord. Ein negativer Beweis dafür, daß die unsichtbare Wirklichkeit konkret das sichtbare Geschehen beeinflußt.

Menschen, die von der Obrigkeit der Finsternis errettet und in das Reich des Sohnes Gottes versetzt sind (Kol. 1, 13), können in der Kraft des Blutes Jesu nicht nur sieghaft leben, sie sind zugleich gerufen, den Sieg ihres Herrn an der dämonischen Frontlinie aufzurichten, um solchen zu helfen, die in den Zwängen finsterer Mächte zugrunde gehen.

Der *fünfte Einwand:* Mitunter meinen Sachkenner, man unterscheide zu wenig zwischen Parapsychologie einerseits und Okkultismus andererseits. Das eine sei ein wissenschaftlicher Forschungszweig, das andere ein unkontrollierter, wenn nicht gar abergläubischer Bereich.

Das Wort Parapsychologie setzt sich aus drei Wörtern zusammen: para kann mit »daneben, daraus, dabei« übersetzt werden, psyche ist gleichbedeutend mit Seele, und logos meint »das Wort, die Darstellung, die Beschreibung«, also die Lehre. Parapsychologie beschäftigt sich demnach wissenschaftlich mit seelischen Kräften und Ereignissen, die sich psychologisch weder erklären noch einordnen lassen, zumal sie »übersinnlich« und »außersinnlich« geartet sind und einem Bereich angehören, der mitunter außerhalb des normalen Wachbewußtseins liegt. Man hat sie als die Wissenschaft von den okkulten Erscheinungen bezeichnet, die alle paranormalen (nicht auf natürliche Weise erklärbaren) Phänomene (das sich den Sinnen zeigende) wie Telepathie, Hellsehen, Prophetie, Telekinese, Materialisationen und Spukerscheinungen untersucht. Seelische Fähigkeiten, die offensichtlich die Reichweite der Sinnesorgane und des natürlichen Erkenntnisvermögens übersteigen oder gar mechanisch unerklärbare Wirkungen auf die materielle Welt ausüben, sind Gegenstand der parapsychologischen Forschung. In einem Satz zusammengefaßt: Die Parapsychologie ist jener Zweig der Psychologie, der sich mit den über das Normale hinausgehenden psychischen Kräften des Menschen beschäftigt.

Das Wort Okkultismus ist von occultus abgeleitet und heißt genau übersetzt: verborgen, heimlich, geheim. Zum Okkulten gehört alles, was der menschlichen Erkenntnis verhüllt und bis jetzt noch nicht erschlossen ist. Okkultismus – auch »Geheimwissenschaft« genannt – ist die Lehre von vermuteten übersinnlichen, übernatürlichen, rätselhaften Kräften der Natur und der Seele, die wissenschaftlich noch nicht erforscht sind. Dazu gehören auch Magie und Spiritismus. Der Okkultismus wird von der Wissenschaft weitgehend nicht anerkannt.

Parapsychologie und Okkultismus überlappen sich nicht nur begrifflich, sondern auch weithin in der Sache. Vereinfacht könnte man sagen: Während der Okkultismus im übersinnlichen und außersinnlichen Bereich unkontrolliert experimentiert, geschieht das bei der Parapsychologie mit wissenschaftlichen Methoden. Selbstverständlich könnten jetzt sowohl Parapsychologen als auch Okkultisten protestieren. Ob zu Recht, mögen zwei Zitate jeweils aus Nachschlagewerken zeigen:

> »Anstelle von Okkultismus hat sich in der Wissenschaft mehr und mehr der Name Parapsychologie (und Paraphysik) eingebürgert, um die veränderte Arbeitsweise auf diesen Gebieten zu kennzeichnen« (9/531).

> »Parapsychologie ist die Erforschung der okkulten Erscheinungen (Okkultismus) mit kritisch-wissenschaftlichen Methoden« (10/544).

Anders gesagt: »Die wissenschaftliche Aufklärung okkulter Phänomene ist Aufgabe der Parapsychologie.« Alles das zeigt, daß sich die Parapsychologie in weiten Bereichen auf dem gleichen Gelände bewegt, auf dem auch der Okkultismus experimentiert. Bernhard Philbert, Atomphysiker von internationalem Rang, der sich parapsychologisch betätigt hat, sagte mir: »Die Parapsychologie bewegt sich in einem besetzten Gebiet.« Auf diesem Gebiet aber wird auch der gewissenhafteste Parapsychologe nicht nur genarrt, sondern gerät zuweilen selbst in den Bannkreis dunkler Gewalten.

Gewiß untersucht die Parapsychologie unvoreingenommen und mit strenger Gründlichkeit okkulte Phänomene und verursachende Kräfte, um Zusammenhänge einsichtig zu machen. Streckenweise mag das gelingen. Aufs Ganze gesehen aber läßt sich der Teufel seine Geheimnisse weder abtesten noch in der Retorte der Naturwissenschaft abdampfen – so hat man es gelegentlich formuliert. Es bleibt bei aller parapsychologischen Forschung – die durchaus anerkennenswerte Ergebnisse aufzuweisen hat – ein ungeklärter Rest, der auf nicht mehr erforschbare Wirkungszentren hinweist, auf »Intelligenzen«, biblisch gesprochen: auf dämonische Mächte.

Der Begriff Okkultismus sollte nicht dadurch verharmlost werden, daß man damit nur ganz allgemein das bisher noch nicht Erforschte bezeichnet. Er hat in der Sache selbst ein negatives Vorzeichen, weil er Aberglaube, Magie und Spiritismus beinhaltet; zum andern bedeutet parapsychologisch noch lange nicht neutral oder gar in jedem Fall innerweltlich erklärbar. Alles das muß, wenn auch bis ins Letzte nicht abgesichert, so deutlich ausgesprochen werden, damit Menschen, die Jesus Christus gehören, parapsychologischen Forschungsergebnissen gegenüber eine kritische Distanz wahren können.

III. Das Experimentierfeld der Parapsychologie

Nach den »löffelbrechenden« und »uhrenheilenden« Experimenten Uri Gellers »ist die Parapsychologie zum Massenthema geworden«, stellt ein vielgelesenes Magazin fest und meint: »Nie zuvor war das Übersinnliche so im Gerede.«

Es bleibt nicht beim Reden. Auch überzeugte Christen fragen, ob in uns verborgene Kräfte schlummern, die bisher unentdeckt geblieben sind; Fähigkeiten, mit denen sich die Raum-Zeit-Grenze überspringen läßt. Wer konsequent weiterzudenken gewillt ist, endet zwangsläufig bei der Überlegung, ob es nicht nützlich sein könnte, den »Psi-Faktor« bewußt zu mobilisieren. Wenn es eine »neutrale Zone« gibt – manche behaupten das –, warum sollte man sich dann nicht in einen neuen Erfahrungsbereich begeben, auf dem sich zwar die Grenzen zwischen Innenwelt und Außenwelt verwischen, der aber dafür geradezu atemberaubende Möglichkeiten bereithält? Ganz praktisch: Vielleicht kann man seine paranormalen Fähigkeiten bei »löffelkrümmenden« Experimenten entdecken ganz nach dem Muster des sympathischen »Löffelverbiegers« Uri Geller. 7000 Leser der »Bild«-Zeitung haben immerhin »Erfolg« gemeldet.

Damit solche und ähnliche Fragen richtig beantwortet werden, seien zunächst einige Teilbereiche des parapsychologischen Forschungsgebietes genannt, was freilich nicht heißen soll, daß es sich dabei um eine wissenschaftliche Darstellung handelt.

Suggestion. Genau genommen gehört Suggestion zum psychologischen Bereich. Weil aber die Hypnose gleichsam ein Sonderfall der Suggestion ist, soll sie nicht unerwähnt bleiben. Das Wort suggestio könnte man mit Eingebung übersetzen und bedeutet, wenn man den Begriff sachgemäß verdeutscht, einen Akt des Zuwendens. »Ein Mensch wendet sich dem andern zu in der unbewußten, gewollten oder ungewollten Absicht, ihm etwas beizubringen, das der andere sich ganz zu eigen machen soll. Es gibt eine Übertragung von Gefühlen, Urteilen und Willensentschlüssen. Man kann auch von einer geistigen und seelischen Ansteckung sprechen. Ein mitreißender politischer Redner beispielsweise überzeugt die Zuhörer vielleicht gar nicht, aber er begeistert sie so, daß sie seine Ideen, seine Schlagworte zu den ihren machen. Jeder Mensch identifiziert sich also, solange die Suggestion auf ihn wirkt, mit dem Suggestor, sofern er sich nicht von vornherein kritisch ablehnend verhält.

Die suggestive Beeinflußbarkeit, die Suggestibilität, ist nicht bei allen Menschen gleich, sondern abhängig von der besonderen Eigenart der Persönlichkeit und von äußeren Umständen. Im allgemeinen sind Frauen suggestibler als Männer, Kinder suggestibler als Erwachsene. Hochgradig suggestible Menschen nennt man Medien (10/663).

Man unterscheidet zwischen Fremdsuggestion und Autosuggestion. Wer sich zu einem Menschen hingezogen fühlt, der für ihn so etwas wie ein Leitbild ist, öffnet sich für seine Art und übernimmt von ihm unwillkürlich – ohne es selbst zu merken – Redewendungen, Gesten, mitunter selbst den Lebensstil. Daneben gibt es Autosuggestion. Man redet sich etwas ein, glaubt es und erwartet bestimmte Wirkungen. Dazu gehört beispielsweise die Methode Coué, der seinen Patienten empfahl, sich einzureden: »Es geht mir von Tag zu Tag in jeder Beziehung besser und besser.« Ein tragisches Beispiel für Autosuggestion ist folgender Bericht:

> »In einem Kühlwagen der Eisenbahn wurde versehentlich ein Wagenwäscher eingeschlossen und schon nach einer Fahrt von 30 km tot aufgefunden. Mit Kreide hatte er auf den Boden des Wagens geschrieben: »Es wird kälter, wie ich fürchte. Wird mich keiner retten? Ich friere langsam zu Tode! Am äußersten Ende des Wagens fand man die Worte: ›Ich schlafe schon halb – vielleicht sind dies meine letzten Worte‹. Das war alles aber nur Selbsttäuschung und Angst, denn die Kühleinrichtung arbeitete gar nicht, und das Thermometer stand über dem Gefrierpunkt« (2/45).

Hypnose. Der Hypnotisierende kann einen anderen – wenn er damit einverstanden ist – einschläfern und ihm bestimmte Befehle derart einsuggerieren, daß der Betreffende wie unter einem absoluten Zwang die Anweisungen im Wachzustand ausführt, ohne sich dessen bewußt zu sein, daß er gleichsam nur ausführendes Organ ist.

> »Das Wesen der Hypnose beruht darauf, daß ein Mensch einem andern etwas suggeriert, das heißt: einreden kann. Hypnose ist eine Sonderform der Suggestion. Man versetzt denjenigen, dem etwas suggeriert werden soll, in einen Zustand, der für die Aufnahme der Suggestion besonders günstig ist. Welcher Technik man sich dazu bedient, ist ziemlich gleichgültig. Das wissenschaftliche Studium der Hypnose brachte

die Einsicht, daß die Hypnose weder durch physikalische noch durch mystische Kräfte, sondern auf rein seelischem Wege hervorgerufen wird. Voraussetzung für das Gelingen einer Hypnose ist das Einverständnis des zu Hypnotisierenden. Bei besonders veranlagten Personen – Medien – lassen sich in der Hypnose hohe Grade getrübten Bewußtseins erreichen, sogenannte Trancezustände. Nachdem das Wesen der Hypnose als einer verkappten Suggestion erkannt wurde, machen die Ärzte nur noch sparsam von ihr Gebrauch« (10/348).

Man sollte sich genau überlegen, ob man in eine Hypnose einwilligt, denn:

1. Wer sich hypnotisieren läßt, setzt sich einem Eingriff in seine Persönlichkeitsstruktur aus.

2. Hypnose kann auch zu unangenehmen charakterlichen Veränderungen führen.

3. Da die Grenze zum Okkultismus fließend ist, kann es leicht zu einer dämonischen Übertragung kommen, zumal dann, wenn sich der Hypnotisierende okkult betätigt.

In einem seelsorglichen Telefonat wurde mir gesagt: »Nachdem ich in einer Hypnoseklinik war, stellte ich fest, daß ich nicht zur frohen Gewißheit der Sündenvergebung kommen kann.« Man muß also prüfen und Fehlentscheidungen vermeiden.

Der *Psi-Faktor*. Parapsychologen meinen, die »Psi-Aktivität« müsse in ihrer Unabhängigkeit von den Dimensionen Raum und Zeit als gesichert angesehen werden. Prof. J. B. Rhine stellt fest:

»Die Tatsache der Psi-Aktivität . . . ist ausgiebig nachgewiesen worden. Unter Bedingungen, die keinen vernünftigen Zweifel lassen, sind sowohl kognitive (erkennende) als auch kinetische (bewegende) Psi-Effekte (Wirkungen) als tatsächliche Geschehnisse festgestellt worden. Wir haben es nicht mit etwas Anormalem zu tun. . . . Mit anderen Worten: Wir haben nichts mit Geisteskrankheit zu tun. Ich glaube, die meisten Forscher sind mehr und mehr zu der Überzeugung gekommen, daß die Individuen sich zwar sehr stark in ihrer Fähigkeit unterscheiden, daß aber doch die meisten Menschen – wahrscheinlich alle – diese parapsychischen Fähigkeiten bis zu einem gewissen Grade besitzen« (7/87).

Mit dem Psi-Faktor werden Fähigkeiten beschrieben, die »auf einem nichtmechanischen Weg Wirkung auf materielle Vorgänge ausüben«. Obschon damit noch nichts über Wert oder Unwert der Psi-Aktivität gesagt wird, wäre es sicherlich falsch, wollte man folgern, daß es eine neutrale Zone gebe. Professor Dr. Rudolf Seiß sagte in einem Rundfunkinterview:

> »Ich meine, daß unser Leben in keinem Stück neutral ist. Wissenschaftliche Forschung will zwar neutral sein, weil sie sich als Wissenschaft versteht. Aber ob man als Mensch überhaupt neutral sein kann, ist mehr als fraglich. Ob nicht die Neutralität im Blick auf wissenschaftliche Forschung eine Illusion ist, eine Illusion jedenfalls, soweit es sich um zwischenmenschliche Beziehungen handelt?«

Als christusgläubiger Wissenschaftler fügte er hinzu:

> »Die Trennlinie zwischen göttlich und satanisch verläuft nicht zwischen normal und paranormal, sondern zwischen autonomer Selbstherrlichkeit einerseits und göttlicher Liebe andererseits. Es kann ein ganz rational ausgerichteter Mensch, der nichts Außersinnliches anerkennt, vom Teufel beherrscht sein, und es kann sich ein Mensch mit der Fähigkeit zu außersinnlichen Wahrnehmungen – beispielsweise wie das bei der Traumdeutung Daniels der Fall war – ganz Gott unterstellen.«

Telepathie. Professor Dr. Hans Bender schreibt darüber wie folgt:

> »Die Telepathie ist die direkte Übertragung von Gedanken, Eindrücken, Gefühlen und Empfindungen. Sie tritt meist als Krisentelepathie zwischen nah verbundenen Menschen auf, wenn Angst, erregende Situationen – Gefahr für Leib und Leben, Tod, Verluste – im Spiele sind. Meist sind starke Gefühle beteiligt, wenn sich hellseherische Fähigkeiten zeigen. Es bedarf einer besonderen Kunst des Experimentierens, diese außergewöhnlichen Fähigkeiten in der nüchternen Laboratoriumsatmosphäre in den Griff zu bekommen.«

Der Psychologe Professor Konrad Oesterreich hat den Begriff der Telepathie wie folgt definiert: »Erfassung der Bewußtseinsinhalte einer anderen Person auf einem anderen Wege als der Vermittlung durch die gewöhnliche Sinneswahrnehmung, also unter Ausschluß der Sprache, auch des unwillkürlichen Flüsterns oder irgendwelcher sonstiger sinnlich wahrnehmbarer Ausdrucksphänomene des Innenlebens der Person« (7/53).

Der Telepath erfaßt, was ein anderer Mensch denkt oder empfindet.

Parapsychologen sprechen in diesem Zusammenhang vom »Geben« und »Abzapfen« seelischer Vorgänge, wobei unterschieden wird zwischen Gedankenübertragung und Gedankenlesen.

»1959 führten die Amerikaner ein sensationelles Experiment durch, um die Telepathie, die Gedankenübertragung ohne Draht, ohne elektrischen Strom, ohne Sender und Empfänger, ohne jedes technische Hilfsmittel experimentell zu testen. Mitten im Atlantischen Ozean sollte ein Mann von dem 3000 Tonnen großen Atom-U-Boot »Nautilus« zur festgesetzten Zeit die Karten raten, die ein amerikanischer Student von der Duke-Universität in der Hand hielt. Dieser war bei dem Experiment der Sender und lebte 2000 km in einem gesicherten Zimmer des Forschungszentrums vom Atom-U-Boot entfernt. Der Student saß vor einem Tisch, auf dem eine Lostrommel mit 1000 Kärtchen stand, bedeckt mit fünf verschiedenen Mustern, von jeder Sorte 200. Zweimal täglich erfolgte das Experiment. 16 Tage war die »Nautilus« unterwegs, und an 10 Tagen fanden die Experimente statt. Auf dem U-Boot hatte sich der Telepath auf die »ausgestrahlten Gedanken« des Studenten einzustellen. Am 10. August kehrte das Atomboot heim. 100 Antwortkarten wurden vom Kapitän des Bootes im verschlossenen Umschlag der Forschungsabteilung in Maryland geschickt. Siebzigmal hatte der Telepath die ausgestrahlten Gedanken seines Kontaktmannes in Amerika richtig »empfangen«. Die Überlegungen der amerikanischen Militärexperten waren sachlich und einfach. Bei Ausfall aller Funkverbindungen beispielsweise in einem manövrierunfähigen U-Boot auf dem Meeresgrund wäre durch Telepathie noch Möglichkeit zu Ortung und Rettung gegeben. Der Atomphysiker Jacques Bergier: »Zum erstenmal in der Geschichte der Wissenschaft war der unwiderlegbare Beweis erbracht worden, daß eine Fernverbindung zwischen zwei menschlichen Gehirnen möglich ist. Mit diesem Experiment wurde zweifellos eine neue Ära in der Menschheitsgeschichte eröffnet« (5/44).

Hellsehen. J. B. Rhine erklärt diesen Begriff wie folgt:
Hellsehen wird definiert als die außersinnliche Wahrnehmung von Gegenständen oder objektiven Vorgängen unabhängig von psychischen Zuständen oder Gedanken anderer Menschen.

Es werden drei Formen des Hellsehens – auch »zweites Gesicht« genannt – unterschieden:

1. Kryptoskopie.
Kryptos bedeutet verborgen, und skopein könnte man mit spähen, sehen übersetzen. Diese Form des Hellsehens bezieht sich auf Ereignisse der Gegenwart.

2. Retroskopie.
Das Wort retro heißt zurück, rückwärts. Der Parapsychologe Tischner beschreibt diese Fähigkeit als eine Rückschau in die Vergangenheit »von objektiven Tatbeständen, von denen jeweils kein Mensch Kenntnis unter Ausschluß der bekannten Sinne haben kann«.

3. Präkognition.
Prä kann mit vor, vorher, kognition mit erkennen, wissen, vorauserkennen übersetzt werden. Es handelt sich also um ein Hellsehen in die Zukunft (7/33).

Dazu jeweils ein Beispiel. »Der bekannte Assyriologe Professor Dr. Fr. Delitzsch hatte am 19. August 1876 um 6 Uhr abends dies merkwürdige Erlebnis: Er war zu Besuch in London und kam an dem Haus vorbei, in dem sein Freund Georg Smith, der bekannte englische Keilschriftendeuter, seine Wohnung hatte. Da hörte er plötzlich seinen Namen mit einer so durchdringenden Stimme rufen, daß es ihm durch Mark und Bein ging. Später stellte es sich heraus, daß dies gerade zu der Stunde geschah, als Georg Smith, sein guter Freund und Mitarbeiter, in Aleppo in Syrien verstorben war« (1/96).

Retroskopie (Rückschau). »In Basel fuhren drei Kinder an einem sehr kalten Wintertag zum Rodeln, kamen aber abends nicht nach Hause. Eine Suchaktion wurde spätabends ergebnislos abgebrochen. Da besuchte die verzweifelte Mutter unverzüglich Dr. Steiner. Nach einer Stunde stiller Besinnung erklärte Steiner, er habe die Kinder »gefunden«: Sie seien im winterlichen Spiel in einen alten, unbenutzten Möbelwagen, der auf dem Güterbahnhof abgestellt sei, eingestiegen und könnten die Tür von innen nicht mehr öffnen. Tatsächlich fand man die eingesperrten Kinder dort noch spät in der Nacht« (7/36).

Präkognition (Vorausschau). »Einer der bedeutendsten Schweizer Staatsmänner der letzten Jahrzehnte, Edmund Schulthess, etliche Male Bundespräsident, hatte den österreichischen Hellseher Kordon Veri eingeladen, um ihn zu testen. Schulthess zog aus seinem Schreibtisch fünf fest verschlossene Briefumschläge, in denen Aktien für fünf verschiedene Unternehmen steckten. Der Präsident wollte den Hellseher veranlassen, ihm die künftige Kursentwicklung dieser Papiere vorauszusagen. Veri verband sich mit einem schwarzen Tuch die Augen und konzentrierte sich so stark, daß ihm der Schweiß in Strömen über das Gesicht rann. Er erschaute einen Umschlag nach dem andern. Im ersten sah er viel Fett, Massen von Fett. Er sagte zu Schulthess, daß das Papier sehr gut sei. Schulthess öffnete und entnahm eine Aktie eines Schweizer Nährmittelkonzerns, der zu den führenden der Welt gehört. Beim zweiten Umschlag sah der Hellseher Wasser und erklärte, daß er im Wasser ertrinke. Er sehe eine große Zukunft. Es handelte sich um eine Aktie der größten südamerikanischen Wasserwerke. Ähnlich verliefen die übrigen drei Experimente mit den andern Aktien. Es gab nur eine Ausnahme: Kordon Veri warnte vor der Aktie einer bestimmten Firma. Schulthess stieß am nächsten Tage alle Anteile dieses Unternehmens ab. Er bereute es nicht, denn die Gesellschaft ging nach einiger Zeit bankrott. Der Staatsmann bezeichnete diese prophetische Vorausschau als das Erstaunlichste, was ihm je in seinem Leben begegnet sei« (5/47).

Das alles läßt sich nicht mit dem hübschen Sprichwort beiseite schieben: »Was ist ein Hellseher? Einer, der im Trüben fischt!« Es handelt sich bei diesen Beispielen um Tatsachenberichte, die von der Parapsychologie ernst genommen werden; was aber nicht heißen soll, daß man sich für das Hellsehen öffnen darf. Im Gegenteil. Vor dem Hellsehen – gleich welcher Art – muß gewarnt werden.

Vieles ist und bleibt Geheimnis. Das gilt auch für sogenannte Wahrträume. Gewiß mag man das eine oder andere tiefenpsychologisch zu erklären versuchen, dabei zwischen Traumsinn und Traumbild unterscheiden, in der Traumarbeit eine Verdichtung bestimmter Konflikte sehen, die – soweit es sich um unverarbeitete Tagesreste handelt – »träumend bewältigt werden«. Alles das reicht aber nicht aus, um zu erklären, wie es möglich ist, daß Menschen im Wahrtraum zukünftige Ereignisse vorausschauen oder in einer entscheidenden Weise inspiriert werden.

»Als Georg Friedrich Händel sein Oratorium ›Der Messias‹ zu Ende führen wollte, ermattete die Eingebung des Komponisten. In einem Traum aber wurde ihm jener unvergleichliche Schlußchor geschenkt, den er sogleich nach dem Erwachen niederzuschreiben begann und der zu den Höhepunkten der Kirchenmusik zählt« (1/14).

Ein bedeutsames Beispiel für einen Wahrtraum berichtet der Kammerdiener Friedrichs des Großen:

»In einer Nacht, einige Jahre nach dem Siebenjährigen Krieg, hörte ich den König laut schreien: ›Feuer! Feuer!‹ Ich stürzte sofort in sein Schlafzimmer, aber es brannte nirgends. Der König lag auf seinem Lager ächzend, offenbar von schlimmen Träumen geängstigt. Ich erlaubte mir, ihn zu wecken. ›Ach‹, sagte er, ›es ist gut, daß du mich wecktest. Ich hatte einen schlimmen Traum. ... Mir träumte, ich stand auf der Terrasse von Sanssouci, und um mich her sah ich mein Land und alle meine Schlösser, alles ganz dicht beieinander, und dahinter war's, als schaute ich die ganze Welt mit allen Städten und Ländern. Das alles lag da wie ein wunderschönes Bild, und ich freute mich daran. Auf einmal verfinsterte sich der Himmel, schwarze Wolken zogen drüber hin, tiefe Nacht bedeckte die schöne Welt, unheimliches Kreischen und Ächzen ging durch die Luft. Plötzlich leuchtete mitten in den schwarzen Wolken ein glänzender Stern auf, fiel nieder blitzschnell auf die Erde, flammte auf in Feuer und Brand, die Dunkelheit wandelte sich in Tageshelle, das Feuer fraß immer weiter um sich, verbrannte alle meine Schlösser, die krachend zusammenstürzten. Der gefallene Stern hatte sie alle versengt und verbrannte mein ganzes Land, verwandelte die Flüsse in blutrote Ströme und die Kornfelder in Totenäcker. Und weiter sah ich, wie der Stern einer Rakete gleich über alle Länder der Erde dahinfuhr, überall Feuer entzündend bis alle Länder und Städte in Asche zerfielen. Da schrie ich: Feuer, Feuer, und du wecktest mich.‹ Der König sagte noch: ›Dieser Traum hat gewiß etwas zu bedeuten, und gewiß geschieht etwas Merkwürdiges in dieser Nacht. Schreib dir genau auf, was ich sagte, und merke dir das Datum und das Jahr!‹ – Es war der 15. August 1769, nachts 3 Uhr – die Geburtsstunde Napoleons« (1/37).

Zur Parapsychologie gehört auch das Gebiet der Todesahnungen und das Wissen um die Todesstunde.

Dazu ein Beispiel aus dem Leben Ernst Moritz Arndts.

Im Jahre 1856 wurde Arndt aufgefordert, aus früheren Gedichten einen neuen Band zusammenzustellen. Arndt war aber schon 86 Jahre alt. Zu einem Bekannten äußerte er: »Sie werden sich wundern, daß ein Mann meines Alters noch eine mehrjährige Arbeit auf sich nimmt. ... Vor 20 Jahren träumte ich, daß ich auf dem Bonner Gottesacker wandelnd einen Grabstein erblickte, auf dem deutlich mein voller Name, mein Geburtsort nebst Jahr und Tag zu lesen war. Dann kam das Wort ›gestorben‹, dahinter eine verwischte Zeile, und dann wieder deutlich: ›im 91. Jahr‹.« Der Traum erfüllte sich genau. Arndt wurde auf dem Bonner Friedhof begraben (1/29).

Psychometrie. Es gibt vereinzelt Menschen, die in der Lage sind, über Vergangenheit, Gegenwart und Zukunft eines anderen etwas auszusagen, sobald sie mit einem Gegenstand in Berührung kommen, der einer bestimmten Person gehört.

> »Das berühmte französische Hellseh-Medium Michaela Bouissou, das wiederholt von führenden französischen Parapsychologen wie Professor Osty und anderen in Anspruch genommen wurde, benutzte als ›Leitgegenstand‹ die verschiedensten Hilfsmittel. Es vergaß sehr schnell die Gegenwart eines Klienten, wenn es nur die Fotografie, ein Blatt Papier, ein Taschentuch oder ein Band, das der Kranke als letzter berührt hatte, in seine linke Hand nahm. Später konnte es selbst mit Erde, Steinen, Schmuck und Goldstücken arbeiten, die irgendwie mit den Menschen, um die es ging, in Berührung gekommen waren. Um ein unbekanntes Haus zu sehen, genügte es der Hellseherin, ein wenig Erde, die aus unmittelbarer Nähe stammte, mit ihrer linken Hand zu berühren. Nur mußte darauf geachtet werden, daß die Erde mit niemandem mehr in Kontakt kam« (5/46).

Man kann das zwar beschreiben und zu analysieren versuchen; erklären läßt sich das alles letztlich nicht, auch wenn die Parapsychologie mit der einen und anderen Hypothese (unbewiesene Grundlage) arbeitet, um diesen rätselhaften Dingen auf die Spur zu kommen.

Nekroskopie. Die Worte nekros und skopein bedeuten: tot und sehen. Pfarrer S. L. in L. schreibt:

> »Einer meiner Kirchenvorsteher verabschiedete sich von mir vor Antritt einer sommerlichen Urlaubsreise. Während ich dem ganz gesunden Mann die Hand gab, wußte ich spontan, daß ich ihn nie mehr wiedersehen würde. Ich sah ihn tot mit dem inneren Auge. Kaum erreichte er noch seinen Ferienort, da brach er auf den Stufen seines Hotels tot zusammen« (1/21).

Telekinese, auch Psychokinese genannt. Tele heißt fern, bringe ans Ziel, kinein bedeutet bewegen. Telekinese heißt demnach so viel wie: Fernbewegung. Es handelt sich dabei um eine Bewegung von Gegenständen mit psychischen Kräften. Professor Rhine kommt zu dem Ergebnis:

> »Der Geist besitzt die Kraft, die auf Materie einwirken kann. Was Psychokinese auch sein und wie sie auch wirken mag: Sie übt auf die Materie eine statistisch meßbare Einwirkung aus« (7/85).

Professor Hans Bender meint dazu:

> »Die Steuerung muß durch außersinnliche Wahrnehmung erfolgen, die daher ein untrennbarer Bestandteil der Psychokinese ist« (7/86).

J. B. Rhine, der mit Würfeln experimentell nachgewiesen hat, daß es eine Bewegungsbeeinflussung durch psychische Kräfte gibt, stellt fest:

> »Die Tatsache der Psi-Aktivität ... ist ausgiebig nachgewiesen worden. Unter Bedingungen, die keinen vernünftigen Zweifel zulassen, sind sowohl kognitive (erkennende) als kinetische (bewegende) Psi-Effekte (Wirkungen) als tatsächliche Geschehnisse festgestellt worden« (7/87).

Es gibt Berichte, die geradezu beweisen, daß je und dann das Gesetz der Schwerkraft durchbrochen wird. Dazu ein Bericht von dem Geistlichen Rat und Studienprofessor P. G. in G./D.:

> »Mein Neffe hatte als Schreinerlehrling eine Engelfigur, die neben dem Tabernakel auf dem Altar aufgestellt war, in der Werkstätte auszubessern. Die Figur war etwas schadhaft geworden. Im Jahre 1939 aber mußte mein Neffe Josef einrükken. Am 6. September 1943 – dem Tag nach dem Schutzengel-Sonntag – geschah etwas Merkwürdiges. Am Schutzengel-Sonntag hatte ich in jener Kirche den Gottesdienst gehalten und dabei meinen Neffen, wie seine fünf Brüder, die alle im Feld standen, dem Schutz des Engels befohlen. An jenem Montag, also tags darauf, sah der Mesner die Figur jenes von Josef ausgebesserten Engels vor den Kommunion-Schranken auf dem Boden liegen. Die linke Hand war ihr abgeschlagen, und zwar am Gelenk, während an der rechten Hand Daumen und Zeigefinger unverletzt blieben, aber die übrigen drei Finger schwer beschädigt waren. Der Engel mußte von seinem herkömmlichen Standplatz auf dem Altar, über Blumen und Kerzen hinweg, etwa vier Meter von einer geheimnisvollen Kraft getragen worden sein, ohne an Blumen oder Kerzen irgendeine Unordnung hinterlassen zu haben. Der Mesner be-

obachtete weiter, daß die hoch oben an der Altarrückwand angebrachte Dreifaltigkeitstafel herabgefallen war. Unerklärlich aber blieb jeder Zusammenhang der beiden Vorkommnisse. Ich fand alles in der Kirche so, wie der Mesner mir berichtet hatte. Am meisten verwunderte mich, daß das etwa aus fünf Meter Höhe herabgestürzte Dreifaltigkeitsbild völlig unversehrt war. Der Haken des Bildes war fest und auch der Hängering des Bildes unversehrt. Montag morgens waren diese Beobachtungen gemacht worden; Sonntag nachmittags war die Kirche noch in bester Ordnung, wie ich selbst gesehen hatte. In der gleichen Stunde, da ich diese Erwägungen anstellte, lag mein Neffe Josef in einem Kriegslazarett zu L. in Rußland. Tags zuvor war er schwer verwundet und ins Lazarett eingeliefert worden. Das war Sonntag abends. Bei einer Fahrt zur Front wurde er am Sonntag, dem 5. September 1943, plötzlich von einem Fliegerangriff überrascht. Trotz einiger Deckung trafen ihn Splitter. Noch in gleicher Nacht mußte die linke Hand abgenommen werden, und zwar am Handgelenk. An der rechten Hand waren nur Daumen und Zeigefinger unverletzt, die übrigen Finger am Mittelgelenk aber abgeschlagen. Erst nach Wochen erfuhren wir dies harte Schicksal. Seine Verletzungen entsprachen also genau denen seines Engels« (1/101).

Solche und ähnliche Berichte kann man freilich anzweifeln; Parapsychologen jedoch nehmen sie ernst und fragen, inwieweit sich Gesetzmäßigkeiten erkennen lassen; suchen also nach einer Formel, auf die sich Phänomene dieser Art zurückführen lassen. Bis jetzt fehlt diese Formel. Man muß sich damit begnügen, mit der einen und anderen Hypothese zu erklären versuchen, was sich bis zur Stunde lediglich beschreiben läßt.

Magnetismus. Der Magnetismus ist ein aus dem Mesmerismus stammender Begriff, mit dem eine in ihrem Wesen ungeklärte, von Menschen angeblich ausströmende Kraft bezeichnet wird, die durch streichende Berührung mit der Hand wirksam werden soll. Die Magnetiseure bedienen sich bei einer Massagebehandlung dieser von Mesmer und seinen Anhängern begründeten Technik, um besondere, mit der anerkannten medizinischen Lehre nicht erklärbare Heilwirkungen zu erzielen. Im »magnetischen Schlaf«, wie damals der hypnotische Zustand auch bezeichnet wurde, wurden vielfach außergewöhnliche Fähigkeiten beobachtet: Überempfindlichkeit der Sinnesorgane, Gedankenlesen, Wissen um Vorgänge, die auf normalem Wege nicht bekannt sein konnten, weiter das Lesen von Schriftstücken mit dem »Sonnengeflecht«, die »Sinnes-tranceposition«, heute als eine Einkleidung des Hellsehens erkannt, und anderes mehr.

Obschon in zunehmendem Maße Zweifel an der Lehre vom animalen Magnetismus laut wurden, lebt sie noch heute in der Annahme eines magnetischen Fluidums in den Praktiken vieler Heilbehandler weiter; ebenso in der vielfach bestätigten Erfahrung, daß manche Menschen »heilende Hände« haben. Von manchen Kreisen wird daher gefordert, mit Methoden der kritischen Wissenschaft dieses alte Problem zu untersuchen (10/470).

Man sollte sich nicht leichtgläubig und unkritisch in eine Behandlung einlassen, die auf dem animalen Magnetismus basiert. Aus der Seelsorge ist mir bekannt, daß jemand, der sich einer solchen »Heil-behandlung« aussetzte, okkult belastet worden ist. Ob das in jedem Fall geschieht, mag dahingestellt bleiben. Ähnlich wie bei der Hypnose kommt es aber auch beim Magnetismus entscheidend auf die »behandelnde Person« an.

Pastor Modersohn, der ein guter Kenner der okkulten Heilmethoden war, sagte manchmal: »90 % unserer Heilpraktiker, Magnetiseure und Magnetopathen arbeiten mit okkulten, dämonischen Kräften. Man muß sich vor einer Behandlung durch solche Männer gründlich vergewissern, mit wem man es zu tun hat. Man darf sich auch nicht durch das religiöse Beiwerk ihrer Heilmethoden blenden lassen.«

Zu dieser Frage einige sachlich-informative Sätze eines Arztes:

> »Ich kenne keinen, der magnetisiert. Ich kenne das Magnetisieren nur aus Büchern der vergangenen Jahrhunderte. Ich kann mir nichts Richtiges darunter vorstellen. Ich vermute, daß es ein reines Suggestivverfahren ist, daß es sich hier also nicht um physikalische oder biologische Gegebenheiten handelt, sondern um ein reines Suggestivverfahren.«

Und weil es sich um ein Suggestivverfahren handelt – und nicht um physikalische oder biologische Gegebenheiten –, sollten wir einen Magnetopathen nicht in Anspruch nehmen. Wer zu Jesus Christus gehört und Kontakte zu einer Gemeinde der Gläubigen hat, sollte die Ältesten der Gemeinde bitten, über ihm zu beten (Jak. 5, 14–16).

Wünschelrute. »Seit ältesten Zeiten wird zum Auffinden unterirdischer Wasservorkommen, aber auch zur ›Mutung‹ von Metallen die

Wünschelrute verwendet, die entweder aus einer gegabelten Haselrute besteht oder aber auch neuerdings aus anderem elastischem Material. Der Wünschelrutengänger hält die Rute in Spannung mit beiden Händen; durch unbewußte Muskelbewegungen kommt es zu Ausschlägen. Die Brauchbarkeit der Wünschelrute ist umstritten. Gegner finden sich vor allem bei den Geologen. Doch liegen neben negativen auch Untersuchungen mit positiven Ergebnissen vor. Man versucht, die Erscheinungen durch die nervöse Empfänglichkeit mancher besonders disponierter Menschen für elektrische Potentialdifferenzen über Wasseradern zu erklären, die auch durch physikalische Meßgeräte nachgewiesen werden können. Fraglich ist, ob paranormale Fähigkeiten bei positiven Ergebnissen im Spiele sind. Täuschende Suggestiveffekte sind jedenfalls häufig. Wünschelrutengänger behaupten auch, daß sie schädigende Erdstrahlen feststellen können« (10/738).

Die Fähigkeit, sich der Wünschelrute erfolgreich zu bedienen, hat man mit dem Hinweis auf Telepathie oder Hellsehen zu erklären versucht. Psychologen sprechen von einer »Erwartungs-Spannung«, die sich in ideometrischen Muskelkontraktionen äußert (4/188). Andere meinen, es gebe Menschen mit einer Art »Bodenfühligkeit«. Anhänger der Wünschelrute gehen davon aus, daß der Rutengänger ein lebendiger Organismus ist, der noch viel genauer reagiert als das feinste Instrument. Wie dem auch sei: Die Deutung bleibt umstritten.

Dazu einige kritische Gesichtspunkte:

1. In Hosea 4, 12 ist zu lesen : »Mein Volk fragt sein Holz, und sein Stab soll ihm Kunde geben; denn der Geist der Unzucht hat sie verführt, und sie sind ihrem Gott untreu geworden.«

2. Unter den Wünschelrutengängern gibt es okkulte Praktiker, die sich nicht scheuen, die Rute auch spiritistisch zu verwenden.

3. Ein auf dem Gebiet des Okkultismus erfahrener Seelsorger sagt: »Wenn ein Wünschelrutengänger eine Erfüllung mit Gottes Geist erlebt, ist diese Fähigkeit verschwunden.«

Pendeln. Es wird heute häufiger gependelt, als die meisten vermuten. Man pendelt, um festzustellen, ob Lebensmittel echt und bekömmlich sind. Mit Hilfe des Pendels werden Diagnosen ermittelt und anschließend die entsprechenden Heilmittel. Man pendelt über Landkarten, um sich über die physikalische Bodenbeschaffenheit zu informieren. Das Pendel wird befragt, wenn man sich über Charaktereigenschaften eines anderen Menschen informieren möchte. Mit dem Pendel wird versucht, das Geschlecht von Menschen und Tieren vor der Geburt zu bestimmen. Nicht zuletzt aber – das ist am gefährlichsten – läßt man das Pendel über Fotografien und Gegenstände hin- und herschwingen, um herauszubekommen, ob der betreffende Mensch noch lebt oder nicht.

Schon in alter Zeit wurde gependelt. Die erste urkundliche Erwähnung des Pendels stammt aus dem Jahre 375 n. Chr. Der römische Historiker Marcellinus berichtet aus dieser Zeit über Pendel, die bei der Orakelbefragung verwandt wurden. Den Gebrauch von Pendeln kann man also bis ins Altertum zurückverfolgen.

Das Wort Pendel stammt aus dem Lateinischen und bedeutet so viel wie: das Hängende. An einem einfachen Faden werden Metallteile oder Steine befestigt. Gelegentlich verwendet der Pendler für seine Praktik auch Eheringe, Medaillons, manchmal sogar ein Gesangbuch, ja selbst die Bibel. In der okkulten Pendelpraktik spricht man vom »siderischen Pendel«. Diese Beifügung hat zwei Bedeutungen: einmal kann das Wort »siderisch« abgeleitet werden von »sideros«, das soviel bedeutet wie: eisern, und soll auf den Einfluß hinweisen, den Metall und alles Organische auf den menschlichen Körper ausübt. Zum andern kann das Wort abgeleitet werden von »sidus«, gleichbedeutend mit Stern.

Die Schwingungen des Pendels (Kreise, Striche, Ellipsen) werden nicht durch »Strahlungen« verursacht, sondern durch unwillkürliche Bewegungen der Hand, die bewußte und unbewußte Vorstellungen zum Ausdruck bringen. Pendler allerdings behaupten, sie seien zugleich Schwingungsvermittler. Wäre das der Fall, müßte das Pendel ein sensibles Instrument sein. Es müßte nämlich die Ausstrahlungen des menschlichen Körpers auffangen, darauf reagieren und sie dann auch weitergeben. Diese Behauptung läßt sich aber nicht aufrecht erhalten. Ein bekannter Pendelpraktiker gibt zu, daß die Betriebskraft für das Pendel der Pendler selbst liefert. Das Pendel wird durch willkürliche und unwillkürliche Bewegungen vom Pendler selbst – bewußt oder unbewußt – gesteuert und in Bewegung gesetzt. Der Pendler kann nur aufgrund seiner Mediumität pendeln, und das eben nicht, ohne daß er das Unterbewußte anspricht.

Pendelbewegungen können »als Steigrohr des Unterbewußten« auch Wahrnehmungen hochempfindlicher Art oder paranormale Fähigkeiten (Telepathie oder Hellsehen) anzeigen, die für das klare Bewußtsein nicht faßbar sind.

Der psychologische Gesichtspunkt ist aber bei der Beurteilung der Pendelpraxis nicht der entscheidende. Beim Pendeln geht es nicht nur um bestimmte Schwingungen. Der Pendler richtet an sein Pendel präzise Fragen und erwartet eine Antwort. Genau genommen gehört das Pendel in den Bereich der Magie und ist nichts anderes als ein Hilfsgerät, mit dem man wahrsagt. In aller Offenheit wird von einigen Pendlern das Pendeln als mantisches Werkzeug des Geistes, also als Wahrsagegerät bezeichnet.

Daraus ergeben sich einige praktische Konsequenzen:

1. Wer sich der Pendeldiagnose bedient oder das Pendel benutzt, um zu erfahren, ob bestimmte Menschen noch leben oder nicht, öffnet sich unbekannten dämonischen Einflüssen. Als Folgeerscheinung des Pendelns können Lästergedanken, Krampfzustände, Unruhe, Zwangsgedanken und manchmal auch Zwangsneurosen auftreten. Es kann sogar zum »Stimmenhören« kommen, einem Symptom der Schizophrenie.

2. Das Pendeln hat seine Wurzeln im Wahrsagen des Heidentums. Bereits Israel führte einen scharfen Kampf gegen die Übernahme okkulter Praktiken (5. Mose 18, 10).

Exkursionen der Seele. Ex bedeutet aus. Genau genommen bedeutet Exkursion: vom Weg abweichen. Mit der Exkursion der Seele ist ein Doppelgängertum gemeint mit ein und demselben Menschen, wobei die Seele »hinaustritt«. Zu diesem Bereich gehören auch die sogenannten »déjà vu«-Erlebnisse (4/112). Es gibt Menschen, die in einer fremden Stadt plötzlich den Eindruck haben: »Das habe ich schon einmal gesehen.« Manche sprechen in diesem Zusammenhang von Bilokationen oder Seelenreisen. Das Allensbacher Institut für Demoskopie hat 1965 in einer Umfrage festgestellt, daß in Westdeutschland von allen Menschen ab 16 Jahren 67 % von Seelenwanderung etwas gehört haben und etwa 5 Millionen Menschen der Bundesrepublik sie für möglich halten.

Was mit Exkursion der Seele gemeint ist, mögen diese Beispiele zeigen:

»Der italienische Pater Pio soll im Jahre 1947 einem Herzkranken in Consenza in Unteritalien bei Nacht erschienen sein und ihn geheilt haben, während er gleichzeitig in der Nähe von Rom in seinem Kloster weilte. Doch am Morgen erfüllte wunderbarer Veilchenduft das Zimmer« (4/115).

Von Frau Bouissou wird folgendes berichtet:

»Ein Teil der Persönlichkeit schälte sich aus dem Körper heraus und begann ein Sonderdasein. Diese ›Enthüllung‹ war jeweils mit einem leisen Rauschen und Knistern verbunden, bis das Medium aus drei ›Leibeshüllen‹ herausgetreten war. Es befand sich zunächst in einem engen Gang, wurde plötzlich durch einen Windstoß in die Luft geschleudert und entdeckte, daß es sich in beträchtlicher Distanz von seiner Wohnung sah. Das Unerklärliche war, daß es sich gleichzeitig auf dem Bett liegen sah und in weiter Ferne. Mit einem Schlage wich die Dunkelheit, und ein mildes Tageslicht ließ es Gegenstände, Häuser und Gärten erkennen. In der Regel fand es sich bei Bekannten wieder, die ebenfalls okkult praktizierten und deren Fluida es selbst leiteten, ohne selbst davon zu wissen. Es war in der Lage, bei diesen ›Ausflügen‹ über Ländergrenzen hinweg zu ›fliegen‹ und sich in den Häusern der Besucher etliche Gegenstände genau anzusehen, um sie später den Betreffenden über Hunderte von Kilometern entfernt genau zu beschreiben« (5/131).

Aus Neuguinea berichtet Missionar Dr. Christian Keysser folgenden Vorfall:

»In meiner Sattelberg-Gemeinde lebte ein 25jähriger brauner Christ, Ngekagong. Eines Tages nahm er sich vor, von seinem Gebirgsdorf wegzugehen und innerhalb einer Tagesreise die Meeresküste zu erreichen, wo er Freunde besuchen wollte. Als er am nächsten Abend am Ziel erschien, erzählten ihm seine Leute folgendes: ›Als wir gestern abend nach der Arbeit in unserem Haus beisammensaßen, kamst auch du und hast dich in unserem Kreis niedergelassen. Du sprachst aber kein Wort – wir fragten dich auch nichts, sondern warteten, bis du selbst das Wort ergreifen würdest. Aber stattdessen gingst du wortlos nach kurzer Zeit fort und kehrtest auch nicht mehr zu uns zurück. Wir riefen dich, wir suchten dich. Aber du bliebst spurlos verschwunden.‹ – Ngekagong wußte auf diesen Bericht nichts zu erklären – er konnte nur versichern, daß er am Tage zuvor auf seiner Pflanzung gearbeitet habe und abends todmüde heimgekehrt sei, wo er sich erst entschloß, am nächsten Tage seine Freunde an der Meeresküste aufzusuchen. Nach heidnischer Auffassung – so schreibt Missionar Keysser – hatte sich die Seele vom Leib getrennt. Der Mann sei dadurch ein Todgeweihter geworden. Da aber jetzt diese Leute Christen geworden waren, so ermahnten sie ihn zur Vorsicht, damit er nicht von einer Krankheit befallen werde und dann erst recht törichte Gerüchte entstehen könnten« (1/88).

Die Parapsychologie wird in solchen Fällen kaum von einer echten Seelenwanderung sprechen, dafür aber um so eher die Verdopplung bestenfalls als Hellsehen bezeichnen. »Die Exkursion der Seele«, also das Heraustreten des bewußten Ich aus dem Leib wird von einigen Psychologen überhaupt nicht als parapsychologisches Problem angesehen, sondern als ein pathologisches, ein krankhaftes Geschehen. Der ärztlichen Praxis ist bekannt, daß ganz bestimmte Narkotika eigentümliche »hellseherische Zustände« auslösen können. »So ist es möglich, daß Chloroformierte ihrer Operation ›von außen‹ zugeschaut haben und selbst Vorgänge außerhalb des Operationszimmers beschreiben konnten« (5/132).

Eine andere Hypothese stammt von Professor Zöllner, der die vierte Dimension für die Erklärung dieser Vorgänge heranzieht. Er schreibt: »Ähnlich wenn unser leibliches Auge durch Erhebung nach der Richtung der dritten Dimension mit wachsender Erhebung in die Höhe mehr Erscheinungen an der Oberfläche (zweidimensionales Raumgebiet) übersieht, so daß ein im Luftballon befindlicher Beobachter einem untenstehenden Menschen die Ankunft des Eisenbahnzuges zu einer bestimmten Zeit an einer bestimmten Stelle weit eher verkündigen kann, als der Untenstehende es vernimmt, ähnlich erweitert sich für das geistige Auge die Seele, wenn sie sich nach der vierten Dimension erhebt über das dreidimensionale Gebiet« (5/132).

Für die Spiritisten ist die Exkursion der Seele eine Selbstverständlichkeit. Sie sind überzeugt, daß leibfreie Seelen, unabhängig von Zeit und Raum, Gegenstände und Menschen zu sehen imstande sind.

Levitation. Dieser Begriff ist abgeleitet von einem Wort, das man mit »leicht werden, anheben« übersetzen könnte. Gemeint ist das »Sich-Erheben und freie Schweben eines Gegenstandes, besonders des menschlichen Körpers, das durch geistige Kräfte verursacht wird«. Während sich bei der Bilokation die Seele von der Raum-Zeit-Grenze unabhängig macht, überwindet der Körper in der Levitation anscheinend das Gesetz der Schwerkraft.

Angeblich sollen Peter von Alcantara und Theresia von Avilla – die Gründerin eines Karmeliterinnenklosters – in der Ekstase des intensiven Gebets vom Boden emporgeschwebt sein. Von dem italienischen Mönch Joseph von Copertino wird erzählt (1/142), daß er oftmals schwebend über dem Altar seiner Kirche angetroffen wurde, ja daß er sogar andere Personen mit in die Höhe ziehen konnte. Es darf nicht unerwähnt bleiben, daß christliche Mystiker diese eigenartigen Phänomene nicht gesucht haben. Wenn ihre Körper frei im Raum schwebten, folgte das beiläufig und wurde nicht um seiner selbst willen begehrt (6/62).

Zur Levitation gehört auch das freie Schweben eines Gegenstandes. Die Schweizerin Dr. med. Fanny Moser, auf die sich der weltbekannte Psychologe C. G. Jung bezieht, hat seinerzeit in Berlin in Gegenwart eines anderen Arztes miterlebt, wie sich mittels eines Mediums ein Tisch wie von einer unsichtbaren Hand vom Boden erhob und freischwebend in der Luft stehenblieb. Alle Versuche, diesen Tisch herunterzudrücken, blieben ergebnislos. Fanny Moser schreibt darüber:

> »Es konnte sich ja um harmlose und begrenzte Störungen handeln, wie sie den Irrenärzten geläufig sind. Hatte ich aber einen Anhaltspunkt für eine solche Annahme? Nein. Sie war nur eine feige Flucht vor einer Wirklichkeit, die sozusagen meine sämtlichen Götter entthronte, meine ganzen naturwissenschaftlichen Anschauungen auf den Kopf stellte. Hier gab es nur ein Entweder-Oder. ...Ungeheures mußte aus solch einer Erkenntnis herauswachsen und eine Umwandlung in unserem Denken und Fühlen herbeiführen, daß der Kampf um diese Wahrheit, der Protest unserer Denkgewohnheiten verständlich wurde. Unser Weltbild mußte sich von Grund auf wandeln« (7/113).

Bemerkenswert ist, daß es zu dieser Levitation in der Wohnung einer Frau kam, die Spiritistin war. Freilich könnte man kritisch zurückfragen, ob es sich in solchen Fällen nicht um Halluzinationen handelt; also um krankhafte Sinnestäuschungen und Wahnvorstellungen, die schon manchen genarrt haben. Dieser Einwand ist zwar grundsätzlich berechtigt, kann aber auf den Bericht der Schweizer Ärztin nicht angewandt werden. Es gibt nun einmal eine Wirklichkeit, die unsere dreidimensionale Welt nicht nur umgreift, sondern auch durchdringt, ergänzt und zuweilen auch die Gesetze von Raum und Zeit aufzuheben imstande ist. Wie schwierig allerdings die Beurteilung der Levitation ist, mag die Tatsache deutlich machen, daß Levitationen nicht nur bei christlichen Mystikern beobachtet worden sind, sondern ebenso bei spiritistischen Medien in Volltrance.

Aura, auch Astralleib oder Od genannt.

Okkultisten sind davon überzeugt, daß vom menschlichen Körper – auch von Gegenständen – elektrische Wellen ausgehen, eine Art Fluidum, das als »Ausstrahlung« eine bestimmte geistige Atmosphäre schafft.

Ein englischer Arzt hat zwischen der äußeren Aura, der inneren Aura und dem ätherischen Doppel unterschieden: »Das ätherische Doppel liegt als Strahlung dem Körper am engsten an. Die ›innere Aura‹ soll sich etwa in einem Abstand von 10 bis 13 cm vom menschlichen Körper befinden. Die ›äußere Aura‹ umgibt gleichsam als leuchtender Nebel den Körper in einer Entfernung von etwa 20 cm. Forscher wollen festgestellt haben, daß alle nervösen Erkrankungen weitgehend die äußere Aura beeinflussen, während Magen- und Darmkrankheiten beispielsweise die innere Aura entsprechend verändern. Die mehrschichtige Aura wurde selbst von Professor Sauerbruch 1928 als elektrisches Feld beim Menschen nachgewiesen« (5/97).

Auf die Frage, ob man solche und ähnliche Behauptungen ernst nehmen darf, antwortete Professor Dr. R. Seiß in einem Rundfunkinterview wie folgt:

> »Auch wenn man nicht die umstrittenen Begriffe ›Astralleib‹ und ›Aura‹ benutzt, zwingt die Erfahrung zu der Feststellung, daß man beispielsweise die Atmosphäre spürt, in der Menschen leben. Es wird also empfunden, ob andere mit Haß und Aggressionen angefüllt sind – auch wenn sie das nicht äußern – oder ob sie etwa Jesus Christus lieben. Diese atmosphärischen Schwingungen sind nicht nur Gefühlsübertragungen, sondern wahrscheinlich Ausdruck eines zwischen dem Grobstofflichen befindlichen Fluidums oder wie man es nennen will.
>
> Seit man entdeckt hat, daß ein Organsystem, beispielsweise ein Blatt, von einer Biolumineszenz umgeben ist, halte ich es für möglich, daß man mit dem, was die Parapsychologen gelegentlich Aura nennen, einem Phänomen auf die Spur gekommen ist, das die Spiritisten Astralleib nennen.«

Gefährlich wird der Begriff der »Aura«, wenn Okkultisten damit das Pendeln und paranormale Fähigkeiten zu erklären suchen. »Astrale Mächte« werden bei Spiritisten weithin gleichbedeutend sein mit dämonischen Mächten.

Der *Spuk*. Darunter versteht man unverständliche und anscheinend sinnwidrige Erscheinungen, bei denen Gegenstände krachend zerspringen, rasseln, poltern, klopfen oder gar verschwinden (1/108). Die Parapsychologie unterscheidet zwischen dem ortsgebundenen und personengebundenen Spuk. Der ortsgebundene Spuk ereignet sich in »Spukhäusern«, die es nicht nur in England, sondern auch in Holland, der Schweiz und anderen Ländern gibt. Der personengebundene Spuk verschwindet in der Regel, wenn sich die Wohngemeinschaft von einer bestimmten Bezugsperson trennt.

Es gibt einen objektiven Spuk, der sich nicht wegdiskutieren läßt. Dr. Dr. Friso Melzer schildert aus seiner indischen Missionserfahrung Geistersteineinbrüche wie folgt:

> »Das eine Mal erregen sie nur Lärm, so daß keiner schlafen kann. Das andere Mal treffen sie jedoch einen der Hausbewohner, wie immer er auch ausweichen mag. Eine unheimliche Sache, bei der auch den Kaltblütigsten ein Schauer packen kann. ... Abends nach Sonnenuntergang schließen wir gleich Tür und Fenster. Danach fallen Steine – einzeln fallen sie – klick und klack – und so geht es fort, daß wir nicht mehr schlafen können. Das geht nun seit zwei Wochen Tag für Tag. Wir haben keine Ruhe mehr. Wir sind erschöpft und verwirrt. ...«

Friso Melzer berichtet von diesen kinderfaustgroßen Steinen, daß sie auch in Gegenwart der Gäste fallen. Er versammelt die Hausbewohner, liest aus dem Markus-Evangelium das Kapitel, wo Jesus böse Geister austreibt. Die Steine hören auf zu fallen. Man kommt zu dem Ergebnis: Hier wirken dämonische Kräfte. Im Bericht ist zu lesen:

> »Sie versprechen, sich täglich zum Gebet zu versammeln. Und solange sie die tägliche Gebetsstunde durchhalten, bleiben die Steine aus. Eine ganze Woche hindurch haben sie Ruhe. Da glauben sie, der Kampf sei gewonnen, geben das gemeinsame Gebet auf – und die Steine fangen wieder an zu fallen« (5/112).

Die Gemeinde wird in die Buße geführt, beichtet ihre Sünden und gelobt, einen neuen Anfang zu machen. Man holt vergrabene Zaubergeräte heraus und wirft sie fort. Der Zauber ist gebrochen.

Die Parapsychologie ist geneigt, Spukphänomene telekinetisch zu erklären, wenn keine Täuschung vorliegt. C. G. Jung hat in seinem Vorwort zu dem Buch von Dr. Fanny Moser »Spuk, Irrglaube und

Wahrglaube?« geschrieben: »Eben dieselbe Unwissenheit macht auch, daß ich mich nicht unterstehe, so gänzlich alle Wahrheit an den mancherlei Geistererzählungen abzuleugnen, doch mit dem gewöhnlichen, obgleich wunderlichen Vorbehalt, eine jede einzelne derselben in Zweifel zu ziehen, allen zusammengenommen aber einigen Glauben beizumessen« (5/113).

Wie immer parapsychologische Erklärungsversuche auch aussehen mögen: Sie reichen nicht aus. Man hat festgestellt: Die Hypothesen erschöpfen sich, wenn beispielsweise okkulte Bezugspersonen gestorben sind und sich mitunter über Jahre hinweg geräuschvoll bemerkbar machen. Prof. Tischner meint, daß wir uns bei Spukphänomenen »in völliger Unwissenheit befinden«.

Apporte. Die Parapsychologie bestreitet nicht, daß sich Gegenstände entmaterialisieren können und zu einem späteren Zeitpunkt wieder in ihre ursprüngliche Form zurückzukehren imstande sind. Man spricht in diesem Zusammenhang von »Apporten«. Der Astro-Physiker Fr. Zöllner hat mit dem amerikanischen Arzt Dr. Slade entsprechende Versuche durchgeführt.

> »Es wurden Geldstücke hineingelegt, dann wurden die Schachteln verschlossen und verklebt. Aus diesen Schachteln wurden im verschlossenen und verklebten Zustand die Geldstücke herausgeholt. Die wissenschaftlich sauber arbeitende und kritisch eingestellte Fanny Moser bescheinigt dem erwähnten Professor Zöllner: ›Zöllner steht hier (in den Untersuchungen) an der Spitze. Vier seiner diesbezüglichen Experimente mußten sogar als zwingend bezeichnet werden. Unabhängige Zeugnisse von verschiedenen Stellen bilden zudem eine nicht zu übersehende Bestätigung« (7/138).

Dr. med. Fanny Moser berichtet:

> »Am 5. 11. (vormittags) bei vollem Licht bat Z. (Zöllner) um einen recht eklatanten Beweis. Sofort war Sl. (die Versuchsperson) bereit und verlangte ein Buch. Von Hoffmann nahm einen Oktavband vom Brett. Sl. legte ihn auf die Schiefertafel, hielt sie etwas unter den Tischrand und zog sie sofort ohne das Buch wieder hervor. Alles wurde sorgfältig nach diesem durchsucht. Vergebens. Nach fünf Minuten setzte man sich schließlich wieder, Sl. gegenüber Z. Seine beiden Hände lagen ruhig auf dem Tisch. Gleich fiel das Buch von der Decke auf den Tisch, Zöllners Ohr kräftig streifend, als von hinten kommend« (7/138).

Auch wenn solche wissenschaftlich abgesicherten Tatbestände durchaus denkmöglich sind, nachdem wir wissen, daß sich Energie in Materie und Materie in Energie verwandeln kann, bleibt vieles ein undurchsichtiges Geheimnis. Das Sichtbare wird durchzogen von Dimensionen, die jenseits der Raum-Zeit-Grenze liegen. Psychische Energien können sich im physikalischen Bereich auswirken. Das und manches andere mehr können wir zwar feststellen, letztlich aber nicht erklären. Es wird zu fragen sein, ob die einzelnen Teilbereiche der parapsychologischen Forschung wertfrei sind oder nicht. Solche, die an der Bibel orientiert sind, sollten Spukphänomene und Apporte nicht nur rational erklären, sondern wissen, daß sich die Dämonie auch der physikalischen Bereiche zu bemächtigen weiß.

Berichte über *Geistererscheinungen* werden gewiß je und dann zu Recht belächelt. Andererseits aber läßt sich nicht leugnen, daß Verstorbene tatsächlich erscheinen können. Ein Beispiel dafür ist der bekannte Pfarrer Johann Friedrich Oberlin, dem seine verstorbene Frau zunächst im Wachzustand, später im Traum während der dritten Morgenstunde erschien. Seine Erfahrungen, die heute noch gelesen werden können, hat er in mehreren Heften aufgeschrieben. U. a. ist zu lesen:

> »Sie war gekleidet, wie sie während des Lebens zu tun pflegte – höchst bescheiden, und eben diese Bescheidenheit machte einen außerordentlich angenehmen Eindruck auf mein Herz. ... Ich erhielt (durch meine Frau) die Anmahnung, die alten Witwen meiner Pfarrei zu besuchen: ›Gib jeder die Instruktion, die sie vertragen kann, nicht hartes Schuhleder‹« (2/98 f.).

J. F. Oberlin hat diese Erscheinung mit 1. Mose 15, 1; 46, 2; Hiob 4, 12–17; Apostelgeschichte 10, 9–19 biblisch eingeordnet.

Von Friedrich Christoph Oetinger wird berichtet, daß er in der Nähe von Walddorf bei Tübingen unter einer alten Eiche auf einer kleinen Kanzel um Mitternacht den Geistern gepredigt habe. Oetinger sagte: »Heutzutage lacht man, wenn man glaubt, es gebe Gespenster oder aus dem Unsichtbaren erscheinende Geister; aber alle Dörfer und Flecken und Lande sind voll von solchen Erzählungen« (2/94, 104).

Professor C. G. Jung meint, es könnte sein, daß die Schicht des kollektiven Unbewußten einem Empfangsgerät gleicht, das die »Sendungen aus der unsichtbaren Welt aufnimmt«. Er schreibt:

»Eine andere Welt mit ganz anderen Umständen können wir uns gar nicht vorstellen... Wir sind durch unsere angeborene Struktur streng begrenzt und darum mit unserem Sein und Denken an diese unsere Welt gebunden. Der mythische Mensch verlangt zwar ein ›Darüber-Hinausgehen‹, aber der wissenschaftlich verantwortliche Mensch kann es nicht zulassen. Wenn es auch nicht möglich ist, einen gültigen Beweis für ein Weiterleben der Seelen nach dem Tode zu erbringen, so gibt es doch Erlebnisse, die einem zu denken geben. Ich fasse sie auf als Hinweise, ohne mir die Kühnheit herauszunehmen, ihnen die Bedeutung von Erkenntnissen zuzuerteilen. Einmal lag ich nachts wach und dachte an den plötzlichen Tod eines Freundes, der am Tage zuvor begraben worden war. Sein Tod beschäftigte mich sehr. Mit einem Mal hatte ich das Gefühl, er sei im Zimmer. Es war mir, als stünde er zu Füßen meines Bettes und verlangte, daß ich mit ihm gehe. ...Dann folgte ich ihm in meiner Phantasie. Er führte mich aus dem Haus in den Garten, auf die Straße und schließlich in sein Haus...in sein Arbeitszimmer. Er stieg auf einen Schemel und zeigte auf das zweite von fünf rot eingebundenen Büchern, die auf dem zweitobersten Schaft standen. Dann hörte die Vision auf.... Am andern Tag ging ich zur Witwe meines Freundes und fragte sie, ob ich in der Bibliothek des Verstorbenen etwas nachschauen dürfe. Tatsächlich stand unter dem in der Phantasie gesehenen Regal ein Schemel, und ich sah schon von weitem die fünf rot eingebundenen Bände. Der Titel des zweiten Bandes lautete: ›Das Vermächtnis der Toten‹. Der Inhalt schien mir uninteressant, aber der Titel war im Zusammenhang mit dem Erlebnis für mich höchst belangreich« (2/105).

Die *Materialisation*. Materialisation ist ein Fachausdruck und meint die Entwicklung körperhafter Gebilde in Abhängigkeit von einem Medium. Dr. Bergmann unterscheidet in seinem Buch »...und es gibt doch ein Jenseits« folgende Phasen:

1. Das erste Stadium: Aus dem Körper, dem Mund oder den Körperhöhlen entsteigt eine schleimige, schleierartige, gazeähnliche Substanz. Schrenk-Notzing hat sich eingehend mit dem Phänomen der Materialisation beschäftigt und beschreibt dieses erste Stadium als ein »Auftauchen der elementaren Materie in Form von weißen Konglomeraten (Gemisch, Streifen und Fetzen)«.

2. Im zweiten Stadium beginnen diese schleierartigen Streifen und

Fetzen die Gestalt und Umrisse von Körperteilen anzunehmen: Arm, Beine, Köpfe.

3. Im dritten Stadium verdichten sich diese Fragmente (Bruchstükke) zu vollständigen Gestalten, aber doch bloß schemenhaft. Diese Gestalt wird als Phantom bezeichnet. Zwei andere Fachbezeichnungen für dieses Phantom sind die Worte Ektoplasma und Teleplasma. Das Wort Ektoplasma leitet sich ab vom griechischen ek = aus, plasma heißt Gebilde. Ektoplasma meint also dieses aus dem Körper heraustretende Gebilde. Das Wort Teleplasma drückt ebenfalls dieses »Fern«-Sein vom Körper aus. Beide meinen dasselbe.

4. Im vierten Stadium wird dieses Phantom aktiv. Das Medium übt durch das Phantom Fernbewegungen aus. ... Die fernwirkende Energieäußerung kann sich auch durch das Läuten einer Glocke äußern. So hat es Thomas Mann erlebt.

5. Im fünften Stadium erfolgen sogenannte »Apporte«. Gegenstände von einem andern Ort sind plötzlich da, ohne daß diese Gegenstände durch natürliche Kraft oder auf natürliche Weise hergebracht wurden.

6. Im sechsten Stadium erfolgen Verwandlungen in Tiergestalten. Das Fachwort für Verwandlung heißt Metamorphose. meta = hinter, nächst und morphe = Gestalt. Das Wort meint eine Umgestaltung und Umbildung (7/127 f.).

Professor Zöllner schrieb die Phänomene der Materialisation »intelligenten Wesen aus einem vierdimensionalen Raum« zu. Professor Driesch setzt leibfreie Seelen voraus und meint, daß sie sich auf geheimnisvolle Weise mit den Körpern der Medien verbinden. Professor Bender, der Materialisationsphänomene gründlich durchdacht und durchforscht hat, spricht von künstlich hervorgerufenen Spaltungserscheinungen (5/133, 136). Mit allen diesen wissenschaftlichen Erklärungsversuchen ist es nicht getan. Neue Begriffe geben durchaus nicht immer richtige Antworten. Goethe dürfte recht haben, wenn er meint: »Man studierte sich in eine gewisse Terminologie hinein, und indem man mit derselben nach eigenem Belieben gebahrte, glaubte man, wo nicht zu verstehen, doch wenigstens etwas zu sagen.« Die Parapsychologie versucht zwar, Materialisationen wissenschaftlich anzugehen, weiß aber, daß die bisherigen Forschungsergebnisse mager sind und die bisherigen Erklärungsversuche durchaus nicht befriedigen.

Mit dieser Übersicht sollten im Ansatz die einzelnen Teilgebiete der parapsychologischen Forschung in groben Umrissen skizziert werden. Das meiste ist nur bruchstückhaft und sollte nicht als erschöpfende Auskunft über paranormale Ereignisse verstanden werden. Grenzpunkte werden beschrieben, an denen je und dann deutlich wird, daß sich die Parapsychologie auf einem nur spärlich erhellten Gelände bewegt, weiträumiger, auch unzugänglicher als die meisten ahnen; ein Gelände, auf dem man Freund und Feind verwechseln kann, eher als einem lieb ist zu falschen Deutungen kommt und immer wieder an letzte Grenzen des Erkennens stößt. Alles liegt im Halbdunkel, vieles im Zwielicht, das meiste zeigt sich nur von der Außenseite. Mit dieser knappen Beschreibung der einzelnen parapsychologischen Forschungsgebiete sollte das deutlich gemacht werden. Einerseits gibt es Phänomene, die sich zwar nicht in das gängige Weltbild einordnen lassen – und doch als Tatsache registriert werden können –, andererseits bleiben viele offene Fragen, durch die sich die Parapsychologie herausgefordert sieht, ohne daß sie rundum beweisbare Antworten anbieten könnte.

Gleichwohl untersucht die Parapsychologie als Wissenschaft einzelne Paraphänomene und ist bemüht, verursachende Kräfte und Zusammenhänge durchsichtig zu machen. Vorurteilsfrei und voraussetzungslos muß sie bereit sein, sich korrigieren zu lassen, streng methodisch vorgehen, beobachten, messen, zählen, experimentieren, beschreiben – kurz: verknüpfen, deuten, erklären. Ob das immer exakt möglich ist? Gegner der parapsychologischen Forschung bestreiten das. – Namhafte Vertreter der Parapsychologie dagegen sind überzeugt, daß dieser Wissenschaftszweig seine Existenzberechtigung hat und bereits wichtige Ergebnisse erzielen konnte.

Wie dem auch sei: Eine Vielzahl verschiedener Deutungsmöglichkeiten zeigt, daß man sich nicht vorschnell auf »gesicherte parapsychologische Erkenntnisse« berufen sollte; zudem werden okkulte Phänomene durchaus nicht immer einheitlich bewertet. Die wichtigsten Erklärungsversuche seien in Stichworten genannt:

1. Suggestion
2. Hypnose
3. Unentwickelte Möglichkeit der Selbstentfaltung
4. Überleistung des Unbewußten
5. Psi–Aktivität
6. Gruppenbewußtsein
7. Strahlungshypothese
8. Abspaltung psychischer Energien
9. Energieumwandlung
10. Stoffwechselvorgänge

Weil sich zuweilen mit einer Hypothese nicht alles erkennen läßt, werden mehrere Erklärungsmöglichkeiten gebündelt. Und doch: alle Erklärungsversuche werden immer nur einen Teilaspekt beinhalten. Zum Problem des Hellsehens schreibt Dr. Schmeiing: »Wenn das Vorgesicht alle sieben Siebe des sachlichen Forschers durchlaufen hat, dann bleibt noch ein Unerforschtes, vielleicht Unerforschbares, das sich dem Experiment und dem rationalen Auge entzieht« (5/19).

Immerhin haben parapsychologische Vorstöße ins Dunkel paranormaler Phänomene einige wichtige Ergebnisse eingebracht. Manches zeigte sich eindeutig als Suggestion oder Hypnose. Anderes ließ sich in psychotische Krankheitsbilder einordnen. Beim Hellsehen beispielsweise konnte mitunter festgestellt werden, daß es sich um Eidetik (die Fähigkeit, eine Vorstellung bildhaft und anschaulich zu sehen) oder um Halluzinationen (Sinnestäuschungen, Wahnvorstellungen durch Störungen des Gehirns verursacht) handelte. Mit ausgeklügelten Methoden wurde immer häufiger Betrug und Täuschung ausgeschaltet. Das besondere Verdienst der parapsychologischen Forschung aber besteht zweifellos darin, daß durch sie vieles in Gang gekommen ist, was über die materialistisch-mechanistische Weltdeutung hinausführt. »Der Freiburger Parapsychologe Hans Bender sieht voraus, daß die parapsychischen Phänomene, wenn sie nicht bloß als kuriose Daten, sondern als verpflichtende Fakten angesehen werden, ein neues Durchdenken der Stellung des Menschen in der Welt und der Struktur dieser Welt erfordern werden« (31/12). Der Verstehenshorizont wurde ganz erheblich geweitet und läßt auch einen Menschen, der sich der Bibel nicht verpflichtet weiß, ahnen, daß die ganze Wirklichkeit mehr ist als die Summe dessen, was sich wägen, messen und zählen läßt. Auch soll nicht verkannt werden, daß sorgfältige parapsychologische Arbeit darauf hinweist, daß sich eine ganze Menge innerweltlich erklären läßt und nicht direkt dämonisch verursacht wird. Trotzdem müssen wir im Blick auf die parapsychologische Forschung kritisch fragen:

1. Gelingt es der Parapsychologie immer, Wahn und Wirklichkeit eindeutig zu trennen?

2. Ist der Hinweis auf paranormale Kräfte nicht zu vordergründig? Was ist »normal«? »Was ist überhaupt die Seele? Wo hat sie ihren Sitz? Wie ist sie zu messen, zu testen, zu wägen, und wo fängt sie an, wo hört sie auf?« (5/18).

3. Lassen sich alle Paraphänomene als Aktivität oder »Überlei-

stung des Unbewußten« erklären? Man hat gelegentlich ironisch gesagt, das Unbewußte sei »Mädchen für alles«.

4. Wird nicht gelegentlich eine unbekannte Größe mit einer anderen Unbekannten erklärt?

5. Kann es nicht unterhalb der Linie, bis zu der die Tiefenpsychologie hinabzureichen imstande ist, eine ganz andere Tiefe geben, die sich parapsychologischen Forschungsmethoden entzieht?

6. Gibt es eine wissenschaftlich fundierte Erklärung dafür, wie die Umschaltung vom Seelischen auf das Körperliche aussieht?

7. Darf das Hellsehen als Erklärungsversuch benutzt werden, wenn man bedenkt, daß immer noch nicht eindeutig entschieden ist, ob es echtes Hellsehen gibt? Der Mathematiker Professor Tornier schreibt: »Persönlich darf ich einschalten, daß ich die Existenz von Telepathie, Hellsehen und Präkognition für durch viele Erfahrungen ausreichend gesichert ansehe, daß ich mich hier also nicht gegen die Parapsychologie, sondern gegen eine offensichtlich mathematisch falsche Beweismethode für diese Existenz wende« (4/64).

8. Bleibt nicht bei aller Gründlichkeit wissenschaftlicher Arbeit ein Rest, der sich mit den bekannten Naturgesetzen nicht erklären läßt? Wenn sich Spuk über Jahrhunderte und Jahrzehnte immer wieder ereignet und parapsychologisch anerkannt wird, erschöpfen sich die Hypothesen.

9. Läßt sich im übersinnlichen Raum in jedem Fall die Grenze zwischen okkult und »rational erklärbar« trennscharf ziehen?

10. Wird nicht weithin das, was früher als dämonisch galt, heute als Wirkung des Unbewußten bezeichnet?

11. Mit welchem Recht geht man davon aus, daß Dämonen nicht objektivierbar sind und folglich echte Besessenheit in psychotische Krankheitsbilder eingeordnet werden kann? Warum spricht man bei Erscheinungen, die sich nicht in psychotische Krankheitsphänomene einfügen, von psychischen Zwangszuständen oder Spaltungserscheinungen des eigentlichen Ichs?

12. Gerät nicht die Parapsychologie mit der Aura-Hypothese in die Nähe spiritistischer Erklärungsversuche?

13. Müßte nicht die Tatsache, daß Besessene paranormale Fähigkeiten entwickeln, in der Parapsychologie neu überdacht werden?

14. Wird die parapsychologische Forschung ohne theologische Aspekte auskommen, wenn sie die biblische Prophetie richtig beurteilen will?

Zu diesem Problemkreis seien auszugsweise Antworten eingefügt, die Professor Dr. R. Seiß in einem Rundfunkinterview auf sachbezogene Fragen gegeben hat.

Frage: Wie beurteilen Sie den Psi-Faktor?

Antwort: Zunächst möchte ich feststellen, daß ich grundsätzlich die gestellten Fragen geistlich beurteile. Es gibt Grenzen der Wahrnehmung, die artspezifisch verschieden sind. Die Unterscheidung in normal und paranormal ist zuweilen recht willkürlich. Experimentell gesichert ist, daß es Gedankenübertragung gibt. Auch wissen wir, daß sich Affekte übertragen können, beispielsweise auch dann, wenn der Empfänger gerade träumt. Das heißt: Es gibt eine Affektkundgabe und Affektaufnahme, die unbewußt abläuft, sich also nicht über die uns bekannten Sinneserfahrungen vollzieht.

Frage: Sind paranormale Fähigkeiten neutral?

Antwort: Ich meine nicht, daß unser Leben in irgendeinem Stück neutral ist.

Frage: Können Menschen, die sich telekinetisch betätigen, unter einem dämonischen Einfluß stehen?

Antwort: In der Regel tippe ich bei solchen Fähigkeiten darauf, daß okkulte Mächte im Spiel sind. Unser Unbewußtes ist der Bewußtseinskontrolle und gar der möglichen Einflußnahme einer bewußten Entscheidung für ein geistliches Leben eher entzogen als das Bewußtsein selbst.

Frage: Soll man sich als überzeugter Christ vom Hellsehen, von der Telepathie oder auch vom Rutengehen grundsätzlich distanzieren?

Antwort: Ich möchte sagen, daß ich grundsätzlich Bedenken habe und warnen möchte. Alles andere entscheidet sich in unserem Leben aus der Verbundenheit mit Jesus Christus heraus. Ein Christ wird es sicherlich spüren – ich weiß es aus meinem eigenen Leben –, wenn er sich in Bereiche begibt, die von Mächten bestimmt sind, die gegen Jesus Christus und gegen das Heilige stehen.

Frage: Ist es richtig, wenn Parapsychologie mediale Fähigkeiten als Überleistungen des Unbewußten versteht?

Antwort: Ich meine, daß mediale Fähigkeiten dem Unbewußten näher stehen, aber nicht im Sinne von Projektionen, sondern eher im Sinne eines Reagierens auf etwas Außersinnliches. Es wird ja oft behauptet, daß die medialen Fähigkeiten lediglich Äußerungen des Unbewußten seien. Ich könnte mir denken, daß das Unbewußte einen Zugang hat zu einer Wirklichkeit, die außerhalb von Sinneserfahrung und Logik, außerhalb vom Raum- und Zeitmuster vorhanden ist.

Frage: Wo liegen die Berührungspunkte zwischen Parapsychologie und Okkultismus?

Antwort: Der Okkultismus verhält sich zur Parapsychologie wie Astronomie zur Astrologie. Der Okkultismus beschäftigt sich mit wissenschaftlich nicht erkannten Phänomenen; die Parapsychologie stellt sich die Aufgabe, solche Phänomene streng wissenschaftlich zu untersuchen.

Frage: Dürfen sich Parapsychologen in dämonische Bereiche – Spiritismus und Magie – vorwagen, ohne selbst Schaden zu nehmen?

Antwort: Es wird im Einzelfall schwer sein, sich mit Parapsychologie auf die Dauer zu beschäftigen, ohne sich nicht in ein Gebiet hineinzubegeben, das von Mächten bestimmt wird, deren Wirkungen und Machtbereiche man nicht genau kennt. Der bekannte Parapsychologe Hans Bender warnt ausdrücklich vor spiritistischen Praktiken, wenn er sagt: »Ich habe eine ganze Reihe von Patienten gesehen, die durch den Mißbrauch« – so nennt er es – »solcher Praktiken schwere seelische Störungen erlitten. Sie wurden gespaltene Persönlichkeiten.«

Frage: Gibt dadurch die Parapsychologie nicht einen wichtigen Forschungsbereich auf?

Antwort: Man müßte zwar unterscheiden, ob man als Beobachter spiritistische Experimente analysiert oder ob man sie praktiziert – obschon für mich selbst dieser Unterschied kaum relevant ist. Aus der Seelsorge weiß ich, daß das Suchen von jenseitigen Erfahrungen aktiv oder passiv zu schweren seelischen Störungen führen kann. Der Mensch wird frei von solchen Belastungen, wenn er zu Jesus betet und ihn um die Erlösung von diesen Mächten bittet.

Frage: Kann man sagen, daß der Bereich der Parapsychologie und der Bereich des Okkultismus deckungsgleich ist oder überlappen sich nur diese beiden Bereiche?

Antwort: Sie sind nicht deckungsgleich. Sie überlappen sich in dem

Maße, wie das wissenschaftliche Instrument, dem sich die Parapsychologie verpflichtet hat, okkulte Bereiche anzugehen vermag.

Frage: Heißt das nun, daß man etwa das Hellsehen, die Hypnose, die Exkursion der Seele als solche Überlappungsstellen bezeichnen könnte?

Antwort: Gewiß. Es handelt sich um zwei unterschiedliche Ansätze. Der Okkultismus arbeitet, um irgendwelche außersinnliche Erfahrungen zu machen, und die Parapsychologie arbeitet, um Gesetzmäßigkeiten in diesem Bereich – in dieser andern Dimension - festzustellen.

Frage: Werden in der parapsychologischen Forschung Aberglaube und Magie ausgeklammert?

Antwort: Sie werden nicht ausgeklammert, aber sie gelten als nicht gesichert. Die Möglichkeiten, zu gesicherten Ergebnissen zu kommen, sind so ungünstig, daß man in diesem Bereich keine ernstzunehmenden Aussagen oder keine ernstzunehmenden Erkenntnisse zu formulieren wagt.

Frage: Zeigt die Tatsache, daß Materialisationen von der Parapsychologie entweder animistisch oder spiritistisch gewertet werden, daß die Forschungsergebnisse der Parapsychologie weithin noch nichts Endgültiges darstellen?

Antwort: Die Phänomene der Materialisation gelten weithin als nicht gesichert – von der Parapsychologie her –, und in der Tat sind die Forschungsergebnisse, wenn man damit lediglich gültige Erklärungen meint, annähernd null.

Frage: Gelingt es der Parapsychologie in jedem Fall, Aberglaube und Scharlatanerie von übernatürlichen Fähigkeiten und paranormalen Erscheinungen abzusetzen?

Antwort: Nein. Darin besteht ja das Grundproblem der Parapsychologie, daß man bei solchen Untersuchungen schwer trennen kann, was hier Trick, was übernatürliche Fähigkeit, was Scharlatanerie ist.

Frage: Das würde bedeuten, daß man sich nicht vorschnell auf gesicherte Forschungsergebnisse zurückziehen darf.

Antwort: Nein, ganz bestimmt nicht. Es wird auch in der brauchbaren Literatur, die zum Teil auch wissenschaftlich anerkannt ist, immer wieder kapitelweise zusammengefaßt, was man davon mit welcher Wahrscheinlichkeit als gesichert betrachten kann.

Frage: Lassen sich die Folgen okkulter Grenzüberschreitungen in psychiatrische Krankheitsbilder einordnen? Also etwa in hysterische oder neurotische?

Antwort: Ich würde sagen, eher in psychotische. Es gibt zahlreiche Psychiater, die in der Anamnese nicht nur nach dem Vorkommen von Geisteskrankheiten fragen, sondern auch nach dem Vorkommen okkulter Praktiken. Ich weiß aus der Seelsorge, daß Beschäftigung mit okkulten Praktiken, Teilnahme an spiritistischen Sitzungen oder auch an anthroposophischen Übungen zu einer Belastung führen, die dann eine psychotische Reaktion nach sich ziehen können und von außen schwer zu unterscheiden sind von einem Krankheitsbild, das möglicherweise auch anders – also auch nicht okkult - determiniert ist.

Frage: Demnach müßte ein Mensch, der durch okkulte Praktiken neurotisch erkrankt ist, nicht nur den Psychotherapeuten aufsuchen, sondern zugleich auch den Seelsorger.

Antwort: Ich würde sagen, daß er zuerst den Seelsorger aufsuchen sollte.

Frage: Welche Möglichkeiten hat der Seelsorger, um psychische Erkrankungen von dämonischen Einwirkungen zu unterscheiden?

Antwort: Meine Antwort ist gewiß nicht erschöpfend. Ich bin aber überzeugt, daß uns die Lebensgeschichte eines Menschen einen guten Aufschluß darüber geben kann, ob dämonische Einflüsse vorliegen oder ob es sich um ein Krankheitsbild handelt, das anderweitig verursacht ist. – Soweit das Interview.

Wie immer man über die Parapsychologie denkt: Sie hat unter anderem nachgewiesen, daß unser Unbewußtes zu Leistungen fähig ist, die je und dann die »Raum-Dimension« oder eine komplizierte Kausalkette zu überspringen vermag (33/19). Man hat in diesem Zusammenhang von »Kanälen, Greifarmen, Fühlern, Steigrohren« gesprochen, die jenseits unserer Sinne aktiv sind. Mit dem gelegentlich angeführten Vergleich vom »Sender« und »Empfänger« läßt sich vermutlich der Sachverhalt am besten verdeutlichen. Das Unbewußte wäre demnach in der Lage, ähnlich wie ein Rundfunksender so etwas wie eine Trägerfrequenz auszustrahlen, auf die dann der Ton moduliert wird. Ebenso wäre das Unbewußte fähig, gleichsam Antennen auszufahren, um bestimmte Frequenzen zu empfangen. Alles das läßt sich sicherlich parapsychologisch beobachten und registrieren. Damit ist aber noch nicht gesagt, wie die Energie geartet ist, die durch diese Mechanismen fließt. Die Parapsychologie kann darüber nicht aussagen, weil sie mit dem Forschungsobjekt angemessenen Methoden arbeiten muß, die alle miteinander nur bis zur Raum-Zeit-Grenze reichen. »Vielleicht ist hier der Forscher bis an einen Punkt vorgedrungen, an dem er an sich selbst scheitern muß, an der Begrenztheit des Menschengeistes, der in die Kategorien von Raum, Zeit und Kausalität eingebunden ist und die Weltwirklichkeit verfremdet oder verengt« (33/19).

Hans Bender hat vermutlich angesichts dieses Sachverhalts die Parapsychologie gelegentlich als »Wissenschaft an der Grenze« bezeichnet. Innerhalb dieser Grenze ist die Parapsychologie bemüht, beispielsweise Spukerscheinungen und Trancereden aus »unbewußten psychischen Motivationen und Kräften« zu erklären. Solche und andere Hypothesen reichen aber nicht aus, um alle paranormalen Phänomene einzuordnen. Man weiß das auch und vermutet »Wirkungszentren« oder »Intelligenzen«, die rätselhaft auf unsere dreidimensionale Welt einwirken; Begriffe, die den Eindruck erwecken können, als gebe es so etwas wie eine »neutrale Zone«. Man sollte nicht von einer »neutralen Zone« sprechen, weil dieser Vergleich nicht sachgemäß ist. Es dürfte richtiger sein, wenn man paranormale Fähigkeiten als Sende- und Empfangsfunktionen versteht, vergleichbar mit Trägerfrequenzen und »modulierten Tönen«. Bildlich gesprochen: Das Unbewußte kann als »modulierten Ton« entweder göttliche Inspirationen oder dämonische Eingebungen weiterleiten und empfangen. Nach dem Verständnis der Bibel ist der Mensch kein neutrales Wesen im Niemandsland, sondern untersteht entweder der Gewalt Satans (Apg. 26,18), oder er lebt im Kraftfeld der Auferstehung Jesu. Dort, wo die Parapsychologie »Wirkungszentren« und »Intelligenzen« vermutet, spricht die Bibel sehr viel genauer vom »Machtbereich der Finsternis« oder vom »Reich seines lieben Sohnes« (Kol. 1, 13). »Sender« und »Empfänger«, »Trägerfrequenz« und »modulierter Ton« werden jeweils entweder von dem einen oder dem anderen Bereich beeinflußt.

Wenn es so etwas wie »eine neutrale Zone« gibt, ergeben sich daraus einige praktische Konsequenzen: Dann darf man sich für Telepathie und Hellsehen, Wünschelrute und Pendeln interessieren; dann ist es erlaubt – mit Experimenten nach dem Muster Uri Gellers – den geheimnisvollen »Psi-Faktor« aufzuspüren; dann müßte man eigentlich – das ergibt sich aus diesen Überlegungen – paranormale Fähigkeiten entfalten und gezielt einsetzen, nicht zuletzt deshalb, weil man als Telepath oder Hellseher, Wünschelrutengeher oder Pendler mitmenschlich helfen könnte. Die letzte Konsequenz lautet: Dann ist es wünschenswert, Meditation und Askese, Ekstase und Drogen, ja selbst okkulte Praktiken in einem gewissen Umfang kennenzulernen, denn sie versprechen letztlich jene Bewußtseinserweiterung, mit der sich paranormale Sende- und Empfangseffekte erzielen lassen. Gegen eine »mediale Schulung« wäre dann ebenfalls nichts zu sagen. Wie gefährlich ein solcher Trip in die »neutrale Zone« mit erweiternden Drogen sein kann, ist längst bekannt.

Es gibt übrigens eine Beziehung zwischen bewußtseinserweiternden Drogen einerseits und okkulten Phänomenen andererseits. In einem Buch über Magie und Pflanzengifte schreibt der Verfasser: »Die Wirkungsbreite dieser Drogen ist recht verschieden: Sie reicht von der einfachen Bewußtseinsverschiebung über Trance zu Materialisation von dämonischen Kräften und archaisch-unterbewußter Vorstellungskraft. ... Unter Sieben haben wir die Mittel zusammengefaßt, die dafür bekannt sind, Hellsehphänomene und die Fähigkeit des Weissagens zu erzeugen. Unseren Lesern wird klar, daß hier auch wieder das »Oberbewußtsein« herabgesetzt oder ausgeschaltet wird, um den »höheren Körpern« Fühlungnahme mit entsprechenden kosmischen Kräften und damit den erwähnten Phänomenen zu gestatten« (15/54).

Die »Hexensalbe«, die Professor Peuckert ermittelt hat, – schon vor 700 Jahren an der Nord- und Ostsee im Gebrauch – dürfte Rauscherlebnisse ausgelöst haben, die süchtige Frauen, »Hexen«, bitter büßen mußten (5/88).

Wie sich LSD – die »Glückspille« oder »Höllendroge« – auswirkt, beschreibt der amerikanische Weltraumphysiker Lambert Dolphin in einem Artikel mit dem bezeichnenden Titel »Religion aus der Retorte«:

»Kurz nach dem Einnehmen steigerte sich meine akustische und visuelle Sinneswahrnehmung. Musik aus dem Hintergrund erschien wie eine ekstatische Steigerung. Ich hatte das Gefühl, ich sei außerhalb meiner selbst (ein ähnlicher Eindruck, wie er von medial veranlagten Menschen geschildert wird, die ihre Seele aus dem Körper austreten lassen) und blicke mit einer neuen Perspektive in tausend Korridore meines Lebens hinein. ... Fremde Kräfte und Mächte scheinen um mich herum zu brodeln, nach mir zu rufen und an meiner Seele zu zerren. ... Ich nehme eine mächtige, seltsame Geisterwelt um mich herum wahr. Ich hatte so überwältigende und erschütternde Visionen von kosmischen Ausmaßen, daß ich sicher war, niemals zum Leben auf die Erde zurückkehren zu können. Ich war verfolgt von mich ständig umgebenden verführerischen Stimmen, die mich zum Selbstmord oder absurdem Verhalten verführen wollten« (5/93).

Lambert Dolphin läßt erkennen, daß der Drogengenuß einerseits zu Ehebruch, Ehescheidung, Unzucht und religiöser Verwirrung führen kann, andererseits verstecken sich dahinter dämonische Kräfte. Darüber hinaus aber scheint LSD anscheinend auch religiöse Erlebnisse zu vermitteln. Ein Filmproduzent schreibt:

> »Ich durcheilte den Kosmos und erlebte die ganze Entwicklung der Natur. Ich war ein Reptil, dann ein Vogel, dann ein Raubtier. Ich ging zu einem Spiegel. Ich sah in ihm das Gesicht eines Affen, aber auch den Herrn der Welt.«

Die Zeitschrift, die das letzte Zitat brachte, beschließt den Artikel mit den Worten: »Viele LSD-Esser behaupten, sie hätten gewußt, daß sie Gott seien« (5/93).

Erinnert das nicht an 1. Mose 3, 5: »... sobald ihr davon esset, werden euch die Augen aufgetan werden, und ihr werdet sein wie Gott und wissen, was gut und böse ist«? Beim Trip im »Niemandsland« führt Satan genau bis zu diesem Punkt alle, die auf der Jagd sind nach paranormalen Fähigkeiten, in der »neutralen Zone« Drogen konsumieren, es mit Askese und Ekstase probieren oder »nur« meditieren und durch Konzentrationsübungen das Bewußtsein zu erweitern suchen.

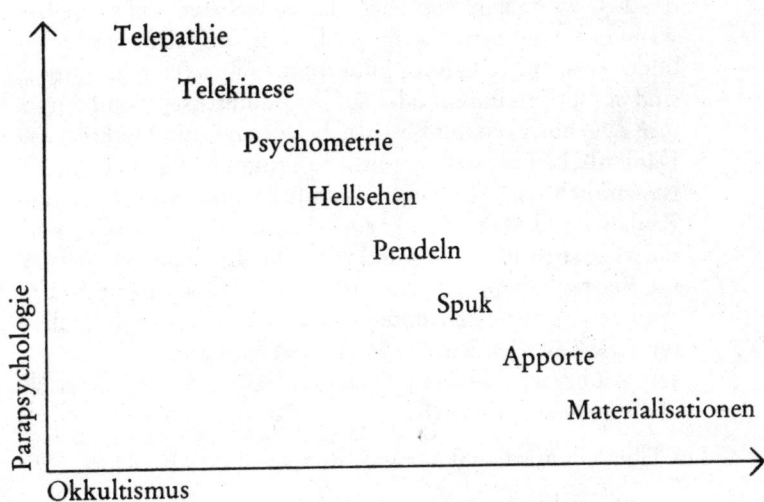

Mit diesem Diagramm sollen keine wissenschaftlichen Aussagen gemacht werden. Es will lediglich veranschaulichen, daß Paraphänomene jeweils eine verschiedene Nähe zum Okkultismus haben.

Wir sollten nicht übersehen, daß Telepathie, Hellsehen, Exkursion der Seele und andere mediale Fähigkeiten in fernöstlichen Religionen häufig anzutreffen sind. Mönche in Tibet sollen in der Lage sein, kleine Gegenstände über größere Entfernungen hinweg weiterzubewegen. Der orientalische Teppichwitz hat vermutlich in diesen Phänomenen seinen Ursprung. Die Parapsychologie versucht, das zu erklären und spricht von Psi-Fähigkeiten. Unbeantwortet bleibt allerdings die Frage, warum sich die Psi-Aktivität bei Fakiren und Yogis am ausgeprägtesten zeigt. Gewiß läßt sich mit Meditation und »konzentrierter Entspannung« eine Menge erreichen. Läßt sich aber damit ausreichend erklären, warum Fakire bestimmte Gegenstände auf telekinetischem Wege fortbewegen können? Längst ist bekannt, daß sie sich – ähnlich wie die Yogis – okkulter Praktiken bedienen. Wir sollten wissen, daß auch der Hinduismus durchsetzt ist von dämonischen Einflüssen. Prof. W. Freitag schreibt in seinem Aufsatz »Das Dämonische in den Religionen«:

»Das Dämonische ist in seinem Wesen eine übermenschliche Gewalt, die im pervertierten Verhältnis zur Gottheit steht. Es ist ein Wille, aber ein böser, ein zerstörerischer Wille. Es ist, als ob in allen Religionen dieser Wille als ständige Gefahr nicht nur im Hintergrunde steht, sondern auch Wirklichkeit wird. Im Gebiet des Hinduismus und Buddhismus ist es deutlich zu sehen, wie auch die einfachsten Leute, selbst wenn sie von den hohen Gedanken hinduistischer oder buddhistischer Religionsphilosophie nichts verstehen, stolz sind auf ihr Hindusein oder auf ihr Buddhistsein, und durch ihre Zugehörigkeit mit Beschlag belegt sind. Ein Merkmal am Dämonischen ist, daß es göttliche Triumphe feiern kann. Es ist wirklich eine Kraft da. Das gilt besonders im Blick auf Zauberei und Magie. Es ist eine merkwürdige Tatsache, daß die Menschen in Europa und Amerika die Zauberei vielfach für Betrug halten, jedenfalls nicht für eine wirkliche Kraft. Andererseits aber behaupten Pioniermissionare, daß Zauberer äußerten: ›Seitdem die Missionare im Land sind, hat unsere Zauberei keine Kraft mehr.‹ Das läßt sich psychologisch nicht mehr erklären« (8).

Wie in Tibet ein Staatsorakel aussieht, zeigt dieser Bericht:

»Das Gesicht ist aufgedunsen und von einem ungesunden Rot

überzogen. Zischende Laute brechen zwischen den Zähnen hervor. Plötzlich springt das Medium auf – Diener wollen ihm helfen –, es entgleitet ihnen, und zum Gewimmer der Oboen beginnt sich der Mönch in einem seltsamen ekstatischen Tanz zu drehen. Sein Stöhnen und Zähneknirschen sind die einzigen menschlichen Laute im Tempel. Dann beginnt ein Minister, ihm die Fragen vorzulegen, die er beantworten soll; aber man hört nur Wortfetzen und undeutliches Gemurmel.«

Ob nicht ungeschützt ausgewertete parapsychologische Forschungsergebnisse geradezu ein Wegbereiter für fernöstliche Religionen sein können? Man wird das keinem Parapsychologen ohne weiteres unterschieben wollen. Aber müßte man nicht nachdenklich werden, wenn Hans Bender feststellt:

»Der Abgrund zwischen Naturwissenschaft und Religion, wie er lange zu bestehen schien, wird durch die Erkenntnisse der Parapsychologie über die Raum und Zeit transzendierenden Fähigkeiten der Psyche und der sich in den spontanen Phänomenen und synchronistischen Zufällen immer wieder abzeichnenden Sinnhaftigkeit des Geschehens überbrückt« (33/20).

Es kann gefährlich sein zu wissen, daß die Parapsychologie wissenschaftlich festgestellt hat: »Es gibt eine Brücke zwischen ›Naturwissenschaft und Relgion‹.« Diesseits dieser Brücke darf auf keinen Fall das Schild stehen: »Neutrale Zone« –, die es nicht gibt.

Man müßte schließlich auch fragen, ob Menschen ihre paranormalen Fähigkeiten als eine Bereicherung empfinden. Das Gegenteil scheint der Fall zu sein. In einem Brief, der mich in der Rundfunkseelsorge erreichte, ließ der Absender erkennen, daß er sowohl Verstorbene gesehen hat als auch gelegentlich weiß, wann eine bestimmte Person sterben wird. Vermutlich handelt es sich hier um Nekroskopie. Im Blick auf die Auswirkungen war zu lesen:

»Ich bin immer bedrückt und sehr kontaktschwach. Selbst im Gottesdienst bin ich nicht frei von erotischen Empfindungen, die sich auf mein Gegenüber übertragen. Es ist ein sehr schwerer Kampf. Ich leide sehr...«

Im seelsorgerlichen Gespräch äußerte eine ehemalige Astrologin den Wunsch, von einer Begabung befreit zu werden, mit der sie imstande war, auch mit geschlossenen Augen alles zu sehen, was sich hinter ihrem Rücken ereignete. Sie litt unter dieser hellseherischen Fähigkeit.

Auch die psychometrische Begabung ist nicht problemlos. Eine Dame, die mir aus seelsorgerlichen Gesprächen jahrelang bekannt war, konnte immer dann, wenn sie eine Postkarte oder einen Brief erhielt, aus der Handschrift das weitere Schicksal des Absenders erkennen. Sie litt unter dieser paranormalen Befähigung.

Ob man nicht zu Recht paranormale Fähigkeiten als »Gaben des Teufels« bezeichnet hat? Weist nicht in diese Richtung auch die Tatsache, daß bei Besessenen sowohl Hellsehen als auch telekinetische Phänomene, mitunter selbst Levitationen beobachtet worden sind?

Durch das Angebot paranormaler Fähigkeiten wird die Gemeinde Jesu herausgefordert. Sie kann der okkulten Invasion, die sich wo nötig auch parapsychologisch tarnt, nur begegnen, wenn sie sich auf die Wirkungen des Heiligen Geistes besinnt und bereit ist, den dämonischen Mächten in der Kraft des Wortes Gottes entgegenzutreten. Wir sind weder auf Telepathie noch Hellsehen angewiesen, weil der erhöhte Herr den einen und andern mit der Gnadengabe der Prophetie beschenken kann. Wir haben es nicht nötig, nach dem rätselhaften »Psi-Faktor« zu jagen, weil Jesus Christus »dem Glauben gemäß« jedes Glied seines Leibes mit den Kräften ausstattet, die erforderlich sind, um das Evangelium glaubwürdig zu bezeugen. Wir können auf spiritistische Experimente verzichten – und brauchen gewiß nicht die Parapsychologie, um zu wissen, daß es ein Jenseits gibt – weil uns Gottes Wort sagt:

> »Was kein Auge gesehen hat und kein Ohr gehört hat und in keines Menschen Herz gekommen ist, was Gott bereitet hat denen, die ihn lieben« (1. Korinther 2, 9).

IV. Aberglaube – »Poesie des Lebens«?

Der Aberglaube in seinen verschiedenen Ausprägungen, oft bewitzelt und doch weit verbreitet, entfaltet im gestaffelten Angriffssystem dämonischer Mächte anscheinend eine neue offensive Stoßkraft. Wer allen Ernstes meint, der aufgeklärte Mensch des 20. Jahrhunderts sei vom Aberglauben befreit, irrt. Horst Knaut, ein bekannter Okkultforscher, stellt fest: »Wenn es einer fertig brächte, die Abergläubischen im Land politisch zu organisieren, würde er jede Wahl gewinnen.« Wie gesagt: Unglückszahlen und Glückszahlen, Unglückszeichen und Glückszeichen werden bei weitem ernster genommen als die meisten vermuten: man reibt sich die Nase und überlegt, wer wohl zu Besuch kommen wird; man wirft eine Münze, um herauszubekommen, ob man gewinnen oder verlieren wird; man achtet auf die schwarze Katze oder auf den Schornsteinfeger und hat nichts gegen Glücksanhänger. Der Aberglaube scheint langlebig und zäh zu sein. »Eine Art Halbleben in einer zwielichtigen Welt«, sagt Margret Mead, »wo wir unseren Unglauben zeitweilig vergessen und so tun, als glaubten wir an die Wirkung geheimnisvoller Zauberkräfte.« Goethe deutet es anders und meint: »Aberglaube ist die Poesie des Lebens.«

Man hat gewiß nicht zu Unrecht begrifflich den Aberglauben mit »falschem Glauben, Widerglauben und irrigem Glauben« gleichgesetzt. Etwas allgemeiner hat diesen Begriff Dr. Schrenk in »Psychologie des Aberglaubens« wie folgt definiert:

> »Unter Aberglauben verstehen wir die seelische Abhängigkeit von unerklärlichen, den Gesetzen natürlichen Geschehens nicht unterworfenen Erscheinungen und Kräften oder auch den Glauben an ursächliche Zusammenhänge von Geschehnissen und Dingen, die miteinander nichts zu tun haben« (5/15).

Der eigentliche Sachverhalt wird durchsichtiger, wenn man bedenkt, daß *Desidaimonia* so viel bedeutet wie »Angst vor Dämonen«. Wer in abergläubische Praktiken einwilligt, setzt sich demnach dämonischen Mächten aus, ob er das weiß oder nicht. In 5. Mose 13, 2–4, ist zu lesen:

»Wenn in eurer Mitte ein Prophet oder Traumseher aufsteht und irgendein Zeichen oder Wunder ansagt, und das Zeichen oder Wunder eintrifft, das er dir angekündigt hat, und er fordert dich auf, andern Göttern nachzulaufen, die du nicht kennen und verehren darfst, dann sollst du nicht auf die Worte des Propheten und Traumsehers hören.«

Der Aberglaube ist also Dämonenglaube und verstößt gegen das erste Gebot, weil man eigene Wünsche befriedigen möchte, ohne nach dem Willen Gottes zu fragen.

Paul Müller hat in seinem Buch »Die unsichtbare Welt« eine Aufstellung verschiedener Spielarten des Aberglaubens gegeben:

Glückszeichen: Maskottchen, Hufeisen, Fliegenpilz, vierblättriges Kleeblatt, Schweinchen, Schwalbe, Marienkäferchen, Spinngewebe an der Zimmerdecke, Schornsteinfeger, das Wort toi-toi-toi (bedeutet: Teufel-Teufel-Teufel), die Redensart: »den Daumen halten«.

Unglückszeichen: schwarze Katze oder Hase, die über den Weg laufen, alte Frau, ein Buckliger, wenn dem Hochzeitszug ein Leichenzug begegnet, überkochende Lauge soll Unglück bringen, ebenso das Unterbrechen von Briefketten.

Glückstage: In Würzburg waschen sie in der Silvesternacht den Geldbeutel, sonst wird er geschüttelt, wenn der Kuckuck schreit. Am Barbaratag schneiden heiratslustige Mädchen einen Zweig und stellen ihn ins Wasser: Wenn er blüht, kommt der Bräutigam.

Unglückstage: Im Wesergebiet wird am 1. April keine neue Arbeit begonnen, Freitagskinder sollen Pechvögel sein. Wer zwischen Weihnachten und Neujahr Wäsche auf dem Speicher hat, erlebt angeblich Unglück.

Glückszahl: Drei Kreuze über Fenster oder Türschwellen sollen Glück bringen. Drei Wünsche, in einer neuen Kirche ausgesprochen, gehen angeblich in Erfüllung. Im Garten soll man eine ungerade Zahl von Bohnen setzen. Küken geraten in ungerader Zahl besser als in der geraden.

Unglückszahl: Manches Hotel hat kein Zimmer 13. Als General von Viebahn am 13. März 1910 in Berlin einen Saal mieten wollte, hieß es, am 13. könne er den Saal jederzeit haben, da sei weder eine Hochzeit noch ein Ball noch sonst ein Fest.

Ankündigungszeichen: Wenn das rechte Ohr klingt, werde gerade ungut über einen geredet, beim linken Ohr sei es umgekehrt. Wenn sich die Katze putzt, komme Besuch; wenn der Hund Gras frißt, komme Regen. Wenn Fensterscheiben bei Nacht springen, gebe es Unglück. Der Ruf des Käuzchens sage einen Todesfall voraus.

> »Sie zählen ihr Geld, wenn der Kuckuck schreit,
> sie haben kein Glück, weil man's verschreit,
> oder halten schleunigst den Daumen ein.
> Eine Spinne am Morgen, die macht ihnen Pein.
> Auch werden sie sicher vor Sorge schwitzen,
> wenn sie zu dreizehn am Tische sitzen.
> Sie schenken dir Messer und Nadeln nicht,
> weil das bekanntlich die Freundschaft zerbricht.
> Sie fangen am Freitag bestimmt nichts an,
> sie ändern sogar ihren Reiseplan
> und freuen sich, an diesem Tage zu flennen,
> damit sie am Sonntag lachen können.
> Sie sind begeistert, auch wenn es regnet,
> wenn ihnen ein Schornsteinfeger begegnet,
> und tief betrübt, wenn ein Weiblein sie sehn,
> ein altes, wenn auf Jagd sie gehn.
> Und trotz alledem gelten sie heute
> als aufgeklärte und kluge Leute.
> Vom Glauben bleibt ihnen kaum ein Rest;
> am Aberglauben halten sie fest« (2/122 f.).

Es gibt eine ganze Serie gängiger »Sprichwörter«, die abergläubischen Ursprungs sind:

> »Den Vogel, der am Morgen singt, holt abends die Katze.
> Schornsteinfeger, Schimmel, Scherben und Hufeisen bringen Glück.
> Totgesagte leben lange.
> Am Freitag und am 13. eines Monats soll man nichts Wichtiges unternehmen.
> Wer stolpert, soll umkehren, sich beim Gang zur Trauung nicht umdrehen.
> Glück im Spiel – Unglück in der Liebe.
> Scheren verschenken zerschneidet die Freundschaft.
> Perlen bedeuten Tränen.
> Hals- und Beinbruch!«

Außerdem gibt es Leute, die Angst haben, mit dem falschen Fuß aufzustehen, und behaupten, Bespucktes müsse gelingen. Der lange Katalog abergläubischer Praktiken ist bei weitem umfangreicher, als es die meisten wissen. Er reicht vom Salzverschütten – von den Römern als Vorzeichen eines Unglücks gewertet – bis zur Schiffstaufe. Ist Ihnen bekannt, daß der Brauch, die Braut über die Schwelle zu tragen, abergläubisch ist? Früher wurde es nämlich als ein Zeichen des Unglücks angesehen, wenn man über die eigene Schwelle fiel. Sie galt einerseits als heilig, zugleich aber war man überzeugt, daß mit ihr böse Kräfte verbunden sind. Weil nun der junge Ehemann seine junge Frau nicht gefährden wollte, trug er sie über die Schwelle (11/45).

Wußten Sie schon, daß man mit vorgehaltener Hand nicht nur das Gähnen unterdrückte, sondern zugleich auch verhindern wollte, daß durch den geöffneten Mund böse Geister in den Körper eindringen sollten? Mit dem Segenswunsch beim Niesen wollte man den vorzeitigen Tod abwenden; durch das Anstoßen der Gläser beim Weintrinken den Teufel verscheuchen, und das Klopfen auf Holz sollte magische Kräfte vermitteln. Bei der Verwünschung »Zum Kuckuck«, die etwa im 16. Jahrhundert aufkam, war der Teufel gemeint (11/69f.).

Diese Aufzählung ist keineswegs vollständig. Das eine und andere wurde erwähnt, damit auch solche, die Jesus Christus verbindlich nachfolgen, auch keine »harmlosen« abergläubischen Bräuche übernehmen. Zudem müssen alle, die okkult Belasteten seelsorgerlich zu helfen haben, wissen, welche Teilgebiete zum Aberglauben gehören. Das bezweckt auch die nun folgende Übersicht:

Der *Talisman*, auch Glücksbringer oder Maskottchen genannt. Eine vielgelesene Fernsehzeitschrift berichtet von einem bekannten Komiker, den rund 40 verschiedene Amuletts beschützen sollen. Er selbst sagte: »Die Geschichte mit den vielen Amuletts, die ich liebe und brauche, hat eine pseudoreligiöse Basis. Ich gehöre keiner Religionsgemeinschaft an. Aber ich glaube an die magische Wirkung der Kultgegenstände aller Religionen. Maskottchen schenken ist etwas Wundervolles. Ich hab' neulich vielen Freunden in kleinen Phiolen Jordanwasser mitgebracht. Glück muß man verschenken.«

Zur Begründung dafür, daß viele Menschen Glücksbringer und Maskottchen tragen oder sich einen Talisman ins Auto hängen, wurde ein Psychiater zitiert, der u. a. gesagt hat: »Unsere von Dekadenz unterminierte Gesellschaft braucht den Fetisch zum Anhalten. Dahinter steckt Lebensangst. Außerdem werden wir immer primitiver. Langsam kehren wir zum Steinzeitniveau zurück«, und das – so möchte man ergänzen – trotz spektakulärer Raumflüge. Der amerikanische Astronaut White trug in der rechten unteren Tasche seines Raumanzuges während des ganzen Fluges eine Christophorus-Medaille, ein goldenes Kreuz und einen Davidstern; die sowjetischen Kosmonauten führten als »Glücksbringer« Bilder von Lenin und Marx mit sich, Anstecknadeln der kommunistischen Jugendorganisation und ein Band von der Fahne der Pariser Kommune aus dem Jahre 1871.

Wie gesagt: Rationalismus und Okkultismus sind anscheinend aufeinander bezogen. Dr. Edward Hornick, Psychologie-Professor am Albert-Einstein-College für Medizin, meint:

> »Der Mensch braucht Riten. Als eine Art Beruhigungsmittel, das Zweifeln Ausdruck gibt und Ängste verscheucht, ist der Aberglaube eine wichtige Stütze des Lebens.«

In 3. Mose 19, 26 und 31 und 3. Mose 20, 27 steht:

> »Ihr sollt nicht auf Vogelgeschrei achten noch Tage wählen. – Ihr sollt euch nicht wenden zu den Wahrsagern und forscht nicht von den Zeichendeutern, daß ihr nicht an ihnen verunreinigt werdet; denn ich bin der Herr, euer Gott. – Wenn ein Mann oder eine Frau ein Wahrsager oder Zeichendeuter sein wird, die sollen des Todes sterben; man soll sie steinigen; ihr Blut sei auf ihnen.«

Und darum versteht es sich von selbst, daß Menschen, die ihr Leben Jesus Christus anvertraut haben, weder Glücksbringer tragen noch in ihr Auto einen Talisman hängen sollten.

Das *Horoskop*. Ein Magazin stellt fest: »Etwa 15 Millionen Bundesbürger glauben an die Astrologie. Menschen aller Alters- und Berufsgruppen – Sekretärinnen, Hausfrauen, Rentner, ja Wirtschaftsmanager und Politiker – lassen sich ihr persönliches Horoskop stellen. Die meisten Astrologen findet man in Berlin, Hamburg und München. Doch kennt niemand ihre genaue Zahl.«

In Frankreich und Amerika glaubt die Hälfte der Bevölkerung an Horoskope. Die Amerikaner geben 400 Millionen DM jährlich für Astrologie aus, die Franzosen mehr als 225 Millionen. Zu den Angeboten gehören Lebensanalysen und Kosmogramme ebenso wie Lebenshoroskope mit Charakter-, Problem- und Zukunftsdeutung, inklusive Vorschau.

»Die Sterne lügen nicht«, behaupten manche Leute. Sie lesen eifrig Horoskope und nehmen die Astrologie sehr ernst, denn angeblich werden Charakter und Schicksal des Menschen von der Konstellation der Sterne beeinflußt. Die Astrologie arbeitet nach fünf Grundsätzen (Paul Bauer: »Das Buch über den heutigen Aberglauben«).

1. Es wird behauptet: »Für unser Schicksal sind im wesentlichen nur ganz wenige Sterne wirksam, nämlich die sieben Planeten, die Sonne, der Mond und die etwa 150 sichtbaren Sterne des Tierkreiszeichens.« Warum so wenige, könnte man fragen. Auf der Zugspitze kann man am nächtlichen Himmel 3500 Sterne sehen, und Astronomen wissen längst, daß es Milliarden anderer Himmelskörper gibt. Haben alle diese Sterne auf uns keinen Einfluß? In der Astrologie antwortet man darauf mit dem Satz: »Das Warum weiß ich nicht; es ist eben uralte Überlieferung.«

2. Man sagt: »Nicht die Sterne, die heute am Himmel stehen, sind maßgebend, sondern diejenigen, die im Augenblick der Geburt am Himmel standen.« An dieser Stelle sind sich die Astrologen selbst nicht einig, denn manche sagen, daß bereits die Empfängnis entscheidend sei und nicht erst die Geburt.

3. Es wird darauf hingewiesen, daß die Wirkungsweise der Sterne von der Deutung des Namens abhänge. Während also beispielsweise die Venus – von den Römern als Liebesgöttin bezeichnet – der Stern der Künstler, Friseure, Gastwirte und Dirnen ist, sind Saturnmenschen ernst, zäh, finster und hinterlistig, weil Saturn – der Vater Jupiters – seine eigenen Kinder fraß. Zu bedenken aber ist, daß Sonne, Mond und die Planeten nie in den Sternbildern stehen, in die Astrologen sie eintragen. Die Tierkreiszeichen verschieben sich. Zwillinge sind dann keine Zwillinge mehr, Löwen keine Löwen und Fische keine Fische. Um diesem Dilemma zu entgehen, behaupten die Astrologen: »Die Löwen-Wirkung geht nicht, wie man früher glaubte, von dem Sternbild des Löwen aus, sondern von dem Raum, in dem sich das Sternbild Löwe vor 2000 Jahren befand. Er ist sozusagen mit Löwenwirkung gesättigt.« Das sind Tricks, auf die sich nicht näher einzugehen lohnt.

4. Ein besonderer Grundsatz der Astrologie befaßt sich mit der Lehre von den sogenannten Aspekten: Der Mars ist kein reiner Mars, sondern seine Wirkung verändert sich durch den Winkel, den die Venus-Strahlen mit seinem Strahl bilden. Zu fragen aber ist: Wie soll durch einen rein geometrischen Tatbestand eine qualitative Veränderung des Charakters oder Schicksals zustande kommen? Auf diese Frage weiß die Astrologie keine Antwort.

5. Astrologen meinen: »Es gibt keine reine Wirkung eines Planeten,

vielmehr wird seine Wirkung abgewandelt durch das Tierkreiszeichen, in dem er steht« (4/222 f.).

Was immer die Astrologie auch behaupten mag, sie muß sich einige
kritische Fragen gefallen lassen: Beruht nicht die Unsicherheit der
astrologischen Voraussagen auf den vielen Deutungsmöglichkeiten? Wird nicht der Mensch durch das Horoskop dazu verurteilt,
willenlos vorgezeichnete Entscheidungen zu treffen? Warum haben
»Horoskop-Zwillinge« ein verschiedenes Schicksal? Mit welchem
Recht wurde der Planet Pluto, der erst 1930 entdeckt worden ist,
von Astrologen prompt mit höllischen Eigenschaften ausgestattet?
Warum verschweigt man, daß sich etwa nur 27 % der Voraussagen
erfüllen? Und schließlich sollten wir nicht vergessen, daß Johannes
Kepler mit seinem berühmten Horoskop über Wallenstein kräftig
danebengetippt hat (5/32).

Das Wort Horoskop enthält die beiden Begriffe Stunde und sehen.
Wer sich nach Horoskopen richtet, möchte die Stunde erkennen,
die für sein Leben entscheidend war. Die Sterne sollen ihm das zeigen. Man ist davon überzeugt, daß sich die »Schrift« und die »Sprache« der Sterne verstehen läßt. Und so wird jede gewünschte Auskunft über kommende Ereignisse möglich.

Menschen, die zu Jesus Christus gehören, sollten wissen:

1. Der »Fürst dieser Welt« – Satan – beherrscht das Sichtbare ein-
schließlich der Sterne und Planeten.

2. Menschen, die sich der Astrologie verschreiben, werden Sklaven
des Horoskops.

3. Astrologische Voraussagen haben schon manche Fehlentscheidungen verursacht.

4. Gottes Wort sagt nein zu den Tagewählern (5. Mose 18, 10–12).

Die *Biorhythmen*. Es wird behauptet:

> »Sie besagen, daß der biologische Lebenslauf in seinen ver-
> schiedenen Phasen in Rhythmen, das heißt: in ebbe- und
> flutartigen Wellen verläuft; in Wellen, die naturgemäß Hoch-
> und Tiefpunkte haben. Die Biorhythmen meinen rein kör-
> perliche Lebensvorgänge. Durch ihre Auswertung lassen sich
> körperliche Leistungskurven ermitteln.«

Gewiß verlaufen alle Lebensvorgänge bei Menschen, Tier und
Pflanze in Rhythmen. Bevor man sich aber entschließt, biorhyth-

mische Leistungskurven zu errechnen, sollte man zwei Gesichtspunkte bedenken:

1. Der biorhythmische Kalender kann manche wichtige Entscheidung verhindern. Man wird außerdem Sklave seiner biorhythmischen Sinuskurven und vergißt, daß unser Herr auch dann von uns Leistungen erwarten darf, wenn wir körperlich indisponiert sind. Paulus bekennt in 2. Korinther 12, 10: »Darum will ich mich am allerliebsten rühmen meiner Schwachheit, auf daß die Kraft Christi bei mir wohne.« Menschen, die zu Jesus Christus gehören, dürfen unbefangen und fröhlich ihrem Herrn dienen, selbst dann, wenn der Biorhythmus davon abrät. Die Auferstehungskraft Jesu durchbricht allemal auch biorhythmische Gesetzmäßigkeiten.

2. Gefährlich ist der biorhythmische Kalender nicht zuletzt deshalb, weil er uns in die Nähe der Astrologie bringt. Mir ist bekannt, daß bei biorhythmischen Ermittlungen das Geburtsdatum nicht unbedeutend ist.

Die *Chiromantie*. »An der Kralle erkennst du den Löwen«, sagten die Römer. Die Graphologen gehen vermutlich einen Schritt weiter und sind davon überzeugt, daß man an der »Klaue« – also an der Handschrift – den Charakter eines Menschen erkennen kann. Ohne Zweifel gibt es eine wissenschaftliche Graphologie, die mit Aberglauben nichts zu tun hat.

> »Man schreibt nicht mit der Hand, sondern mit dem Hirn. Die ganze Fülle und Leere, Reichtum und Armut, Wärme und Kälte, Willensstärke und Willensschwäche, Gefühlsstärke und Gefühlsschwäche findet ihren Niederschlag in der Regelmäßigkeit oder Unregelmäßigkeit, in der Größe, Weite, Form, Neigung, Rhythmus und im Ebenmaß der Gliederung. In der Berufsberatung ist die Graphologie eine von vielen Methoden der Diagnostik. Viele große Betriebe arbeiten mit erprobten Graphologen zusammen, wenn es um die Einstellung von Menschen in wichtige Positionen geht« (5/83).

Kein Psychologe wird bestreiten, daß sich in Gangart, Sprechweise, Mimik und Gesichtsausdruck die Gesamtpersönlichkeit ausdrückt. Insofern könnte man sagen, daß auch die Hand eines Menschen gewisse Auskünfte über seine charakterliche Struktur gibt. Die Hand eines Klavierspielers beispielsweise wird sich unterscheiden von der Hand eines Steinbrucharbeiters. Freilich darf nicht unerwähnt bleiben, daß – ähnlich wie bei der Augendiagnose – die Grenze zum Okkulten nicht überschritten werden darf.

Bei der Chiromantie – dem Handlinienlesen – teilt man die Hand in bestimmte Bereiche ein, spricht von einem »Mondberg« und einem »Venusberg«, einer Zone für Geist und Erfolg, von einer anderen, die dem Willen und der Sinneslust zugeordnet ist, und unterscheidet zwischen Herzlinie und Lebenslinie. Manches wird geschickt gedeutet, vieles gewiß auch nur erraten (4/261).

In Gesprächen mit solchen, die damit einverstanden waren, daß man ihnen aus den Handlinien die Zukunft gelesen hatte, habe ich festgestellt, daß alle diese Leute nicht nur okkult belastet waren, sondern in den meisten Fällen auch um andere okkulte Grenzüberschreitungen wußten. Es bleibt nicht beim Handlinienlesen. Bleigießen, Aberglaube, Magie – je und dann auch Spiritismus – kommen dazu. Schon allein deshalb sollten wir niemals damit einverstanden sein, daß man uns die Handlinien liest. Menschen, die ihr Leben Jesus Christus anvertraut haben, müssen nicht alles wissen, was ihnen die Zukunft bringt. Es genügt, daß Gott ihr Vater ist. Er sorgt und plant und läßt keinen im Stich, der dem auferstandenen Herrn gehört. Übrigens, sind denn Leute nach einem Handlinienlesen wirklich schlauer als solche, die ihre Zukunft nicht kennen? Ganz abgesehen davon, daß man sie oft betrügt, wissen sie, daß man sich den sogenannten Schicksalsmächten nicht entziehen kann. Und – wie viele Fehlentscheidungen wurden schon getroffen nur deshalb, weil das Horoskop, die Handlinien oder das Pendel befragt worden sind.

Das *Kartenlegen.* Es gibt verschiedene Formen des Wahrsagens. Entweder man bedient sich des Pendels oder des magischen Spiegels, der Handlinien oder der Spielkarten. Gewiß gibt es dabei viel Betrug und sicherlich auch suggestive Antworten. Tatsache aber bleibt, daß es sich beim Kartenlegen nicht nur um ein harmloses Gesellschaftsspiel handelt.

> »Man nimmt an, daß die psychischen Fähigkeiten, die bis zu einem gewissen Grade Raum und Zeit überwinden können, die Anordnung des Spiels beeinflussen und daß überdies der Kartenleser mit Hilfe seiner hellseherischen Geschicklichkeit die Zeichen auslegen kann« (6/48).

Eine ehemalige aktive Kartenlegerin berichtete mir, daß für sie beim Wahrsagen die Spielkarten gewissermaßen eine mediale Funktion hatten. Bei aufgedeckten Spielkarten sah sie gleichsam ein Stück Lebensfilm jener Leute, die zu ihr kamen. Demnach könnten beim Kartenlegen Telepathie, Hellsehen und Psychometrie mitwirken. Menschen, die mit diesen medialen Fähigkeiten ausgestattet sind, können durchaus verblüffende Voraussagen machen, die sich je und dann auch erfüllen. Die seelsorgerliche Erfahrung zeigt, daß sich das Kartenlegen als eine okkulte Belastung niederschlägt, die nicht ohne Auswirkung bleibt. Ein mir bekannter Mann war nach einigem Zögern bereit, sich die Karten legen zu lassen. Was vorhergesagt worden war, traf ein. Nach einigen Jahren wurde er von dämonischen Träumen gequält. Der Teufel kennt keinen Spaß. Wer sich nur »aus Jux« – so wird es gelegentlich gesagt – die Karten legen läßt, muß damit rechnen, daß Satan zuschlägt. Er gibt übrigens bei uns nicht vorher seine Visitenkarte ab, sondern versteckt sich hinter scheinbar harmlosen Dingen und zieht seine Opfer Millimeter um Millimeter in die Zone dämonischer Mächte.

Das Kartenlegen als okkulte Grenzüberschreitung erledigt sich bei der Bekehrung nicht von selbst. Die Erfahrung lehrt, daß okkulte Praktiken – ganz gleich welcher Art – im seelsorgerlichen Gespräch beim Namen genannt werden müssen. Weil in der Regel niemand mit diesen Dingen allein fertig wird, sollte jeder, der in den Okkultismus geraten ist, einen Seelsorger aufsuchen, sich vom Teufel lossagen und um das lösende und bindende Wort bitten.

Die *Spiegelmantik*. Das Wort Mantik, gleichbedeutend mit Seher- oder Wahrsagekunst, wird neuerdings wieder unter die Leute gebracht, etwa mit der Schlagzeile: »Lernen Sie wahrsagen – aus Teeblättern.« Begründung: »Eine uralte mantische Kunst ist aus der Vergessenheit wieder aufgetaucht: Das Wahrsagen aus Teeblättern. Die Teesymbole regen Ihre eigenen okkulten Kräfte an! ... Die hier geschilderte echte Teeblätter-Mantik ist einer der Wege, der Ihnen eine bessere Beobachtungsgabe, okkulte Fähigkeiten und vertieftes Verständnis für Menschen und Geschehnisse verschafft. Sie finden dadurch eine mentale Brücke zu einer neuen, innerlichen Welt.«

Man könnte lächeln und die Sache mit ironischen Witzen karikieren, wenn hier nicht Begriffe stünden, die uns inzwischen bekannt sind: okkulte Kräfte, mentale Brücke, okkulte Fähigkeiten. Vermutlich wird es sich – ähnlich wie bei der Zukunftsdeutung aus dem Kaffeesatz – um psychometrische Phänomene handeln, die mit anderen paranormalen Fähigkeiten gekoppelt sind. Finger weg von diesen Experimenten!

Was mit der Spiegelmantik gemeint ist, soll dieser Bericht zeigen:

> »Einem unchristlichen Mann brannte die Garage mit seinem Wagen ab. Um die Täter festzustellen, suchte er einen Mann auf, der die Spiegelmantik beherrschte. Der hielt ihm einen

magischen Spiegel hin und sagte: »Das ist der Täter.« Der Fragesteller erblickte in dem Spiegel einen ehemaligen Schulfreund und rief entsetzt aus: ›Das ist nicht möglich, wir stehen gut miteinander!‹ Der Wahrsager antwortete, der Spiegel lüge nie, und fügte beim Abschied noch hinzu: ›Du wirst übrigens bald sterben.‹ Dann suchte der Mann, dessen Garage abgebrannt war, seinen Schulfreund auf, blickte ihm in die Augen und fragte, ob er etwas mit dem Garagenbrand zu tun gehabt habe. Der andere war ganz verwirrt, legte ein Geständnis über seine Brandstiftung ab und bat den Geschädigten, er möchte doch schweigen, er wolle ihm die Garage und den Wagen ersetzen, was er auch tat. Einige Wochen später stieß der Brandgeschädigte in der Nacht einen furchtbaren Schrei aus. Seine Frau sah, daß er sich unter fürchterlichen Krämpfen wand und holte sofort den Arzt, der ihn in die Klinik überwies. Von da ab war er zehn Tage bewußtlos. In dieser Zeit setzte sich eine kirchliche Gemeinschaft täglich in der Fürbitte für ihn ein. Schließlich kam er wieder zur Besinnung und berichtete, er habe im Traum oder Halbschlaf teuflische Gestalten auf sich zukommen sehen. Die hätten ihn zu einer Höllenfahrt mitgerissen, dabei sei die Schuld seines Lebens vor ihm gestanden. Man hätte ihm erklärt, das Maß seiner Sünden sei voll, und er müsse dafür gekreuzigt werden. Er habe eine entsetzliche, qualvolle Kreuzigung erlebt, bis er endlich wieder zum Bewußtsein gekommen sei. Die Folge für ihn war, daß sein ganzes Wesen sich wandelte. Vorher hat er vom Wort Gottes nichts wissen wollen, von jetzt ab besuchte er treu die Gottesdienste und die Bibelstunden der Gemeinschaft« (2/144).

Das *Bleigießen* wird in den meisten Fällen in der Silvesternacht praktiziert. Aus den Konturen des flüssigen Bleis wird die Zukunft gedeutet; eine Form des Wahrsagens, die man ebenfalls nicht als amüsantes Gesellschaftsspiel bezeichnen sollte, zumal auch beim Bleigießen mediale Fähigkeiten eingesetzt werden.

Die *Augendiagnose*. In einem Rundfunkinterview antwortete ein christusgläubiger Heilpraktiker auf einige Fragen wie folgt:

Frage: Ist die Behauptung richtig, daß die Augendiagnose mit wissenschaftlicher Forschung nichts zu tun hat?

Antwort: Es ist einwandfrei erwiesen, daß Störungen und Schäden, die auf eine Erkrankung hinweisen, in der Iris erkennbar sind. Manche Ärzte wissen das und bedienen sich der Augendiagnose zusätzlich, um Erkrankungen besser zu erfassen. Man darf allerdings die Augendiagnose nicht überbewerten. Sie ist ein Diagnostikum unter anderen, hat also die Funktion einer Hilfsdiagnostik. Ich selbst verlasse mich nicht nur auf die Augendiagnose allein, sondern bin bemüht, andere diagnostische Möglichkeiten hinzuzunehmen, um ein abgerundetes Bild zu bekommen. Für den verantwortungsvollen Heilpraktiker ist die Iris- oder Augendiagnose nicht verwerflich, wenn sie in rechter Weise gehandhabt wird. Es ist Sache des Praktikers, wie er damit umgeht, wie er sie benutzt und bewertet. Mißbrauch ist selbstverständlich möglich – übrigens nicht nur bei der Augendiagnose, sondern auch bei allen anderen Diagnostika.

Frage: Wo liegen die Grenzen und Möglichkeiten der Augendiagnose?

Antwort: Mit der Augendiagnose lassen sich verschiedene Erkrankungen feststellen. Ich sage bewußt: ›verschiedene‹, denn die Irisdiagnose zeigt nicht in jedem Fall alle Erkrankungen an. Sie ist aber ein wertvolles Hilfsmittel, mit dem man beispielsweise konstitutionelle, d. h. angeborene und erworbene Störungen und Schäden ermitteln kann. Bei einer beschädigten Iris ist eine Untersuchung nicht angebracht. Hat ein Patient eine dunkle und braune Iris, ist die Diagnostik schwierig.

Frage: Es gibt Heilpraktiker, die, ohne den Patienten zu fragen, die Augendiagnose anwenden und dann angeblich alle Beschwerden herauslesen.

Antwort: Der Heilpraktiker sollte sich die Beschwerden des Patienten anhören. Es ist grundsätzlich falsch – leider wird das oft gemacht –, wenn der Patient zum Augendiagnostiker sagt: »Das sollen Sie mir sagen.« Umgekehrt ist es ebenso falsch, wenn der Augendiagnostiker dem Patienten sagt: »Sie brauchen mir gar nichts zu sagen.«

Frage: In welcher Weise kann sich der Patient davor schützen, daß er von einem Augendiagnostiker behandelt wird, der die Irisdiagnose okkult anwendet?

Antwort: Kein Heilpraktiker sollte pendeln, Handlinienlesen, Magnetismus anwenden und dergleichen mehr. Wenn ein Christ weiß, daß ein Augendiagnostiker okkulte Praktiken anwendet, sollte er sich nicht von ihm behandeln lassen. Es gibt zwei Möglichkeiten sich zu schützen:

1. Man sollte offen mit dem Heilpraktiker sprechen und ihn fragen, ob er okkult praktiziert.

2. Während der Augendiagnose darf der Patient beten. Es hat sich herausgestellt, daß immer, wenn der Patient während der Irisdiagnose betet, Okkultisten mit ihrer Deutung nicht weiterkommen.

Die Augendiagnose hat also nicht in jedem Fall ein okkultes Vorzeichen. Andererseits freilich läßt sich nicht leugnen, daß die Grenzen zum Okkulten oft genug überschritten werden. Menschen, die zu Jesus Christus gehören, sollten sich nicht blindlings einem Augendiagnostiker anvertrauen, sondern vor einer Untersuchung ein klärendes Gespräch führen.

Weiträumig ist das Gebiet des Aberglaubens. Die bis dahin genannten Spielarten abergläubischer Praktiken sind nicht erschöpfend; sie sollen lediglich als Orientierungspunkte den Bereich des »Widerglaubens«, »Irrglaubens«, »falschen Glaubens« markieren. Die Frage, warum Menschen abergläubisch sind, läßt sich unter drei Gesichtspunkten beantworten:

1. Sie sind neugierig. Man möchte wissen, was die Zukunft bringt und sich rechtzeitig darauf einstellen.

2. Sie haben Angst. Bekanntlich kann man dieses Wort von Enge ableiten. Viele werden durch Krankheiten, nicht zuletzt durch den Tod in die Enge getrieben, der sie mit abergläubischen Praktiken zu entfliehen suchen. Die allgemein verbreitete Lebensangst schafft eine Disposition für den Aberglauben aller Schattierungen.

3. Sie suchen das Glück. Der Okkultismus macht ein breitgefächertes Angebot, das eine Wunschbefriedigung in jedem Fall zu garantieren scheint. Nicht nur das: er verspricht Sicherheit. Genau gesehen sucht man die Erfüllung egoistischer Wünsche und Triebe.

Menschen, die ihr Leben Jesus Christus anvertraut haben, machen sich Psalm 139,16 zu eigen: »Deine Augen sahen alle meine Tage, sie wurden alle in deinem Buch verzeichnet, sie wurden gebildet, noch ehe einer von ihnen erschienen war.« Sie wissen, daß Gott für sie einen Plan hat und sind bemüht, kleine und große Entscheidungen auf diesen Plan abzustimmen. Die Bibel ist ihnen gleichsam Kursbuch und »Licht auf dem Weg«. Und darum verzichten sie auf Horoskope, Kartenlegen, Bleigießen und vieles andere mehr. Sie vertrauen darauf, daß ihr auferstandener Herr bei ihnen ist »alle Tage bis an der Welt Ende« und machen dabei die frohe Erfahrung: »Von allen Seiten umgibst du mich und hältst deine Hand über mir« (Ps. 139, 5).

In dieser Geborgenheit begeben sie sich gewissermaßen von einem »Funkfeuer« zum andern. Dazu ein Vergleich. Wenn ein Flugzeug bei dichtem Nebel unterwegs ist, muß sich der Pilot nach dem Leitstrahl richten. In gewissen Abständen stehen sogenannte Funkfeuer, die mit ihren Funksignalen dem Flugzeugführer eine genaue Standortbestimmung ermöglichen. Die automatischen Peilgeräte reagieren sofort, wenn ein solches Funkfeuer überflogen wird. Der Pilot fliegt so von einem Funkfeuer zum andern wie auf einem unsichtbaren Strahl, dem Leitstrahl.

So ähnlich ist es auch bei Menschen, die durch den Heiligen Geist ein Gespür bekommen haben für die Wegweisungen Gottes. Gewiß gibt es zuweilen Nebelstrecken, auf denen man sich nur schrittweise nach vorn tasten kann. Ein Beispiel dafür ist Paulus, der auf seiner zweiten Missionsreise erst in Troas klare Dienstanweisungen bekommt (Apg. 16, 9). Und doch: Wer Jesus Christus zur beherrschenden Lebensmitte hat, läßt sich von ihm leiten (Röm. 8, 14) und entdeckt dabei, daß Gott die »guten Werke« so vorbereitet hat, »daß wir nur in ihnen zu wandeln« brauchen (Eph. 2, 10). Das ist das Ende der Angst, gewiß auch das Ende jeder falschen Neugier und allemal auch das Ende ichbezogener Wunschbefriedigung. Haben Sie sich davon überzeugt? Wenn Sie zu Jesus Christus umkehren und damit einverstanden sind, daß er Ihr Leben steuert, dürfen Sie damit rechnen, daß »alles« – was immer auch geschehen mag – »zum Besten mitwirken muß« (Röm. 8, 28).

Wer mit dem auferstandenen Herrn unterwegs ist, wird von Engeln begleitet, die zwar nicht immer so schützen, wie man sich das denkt, in jedem Fall aber dort, wo Gott das eingeplant hat. »Alle Engel sind dienende Geister, zum Dienst bestellt für die, die das Heil ererben sollen« (Hebr. 1, 14).

Die Wegstrecke eines an der Bibel orientierten Menschen gleicht durchaus nicht einer übersichtlichen Autobahn. Sie ist eher einem schmalen Gebirgspfad vergleichbar, der je und dann auch an gefährlichen Schluchten entlangführt und zuweilen nur von einer Wegbiegung zur anderen übersehen werden kann. Und doch zeigt Gott auf dieser mitunter beschwerlichen Wanderung Teilziele, die auf das Endziel hinweisen. In den ersten christlichen Gemeinden geschah das durch Propheten, die sich auf die Zeit verstanden und in konkreten Situationen den Willen Gottes erkannten.

Angesichts der zunehmenden Orientierungskrise auf allen Gebieten ist es der Gemeinde Jesu zu wünschen, daß sie wieder intensiv auf Gottes Wort achtet und mit biblisch gebundener Prophetie beschenkt wird. Viele warten auf eindeutige Orientierungspunkte, suchen nach Leitlinien, brauchen Maßstäbe, weil sie instinktiv spüren, daß ein Chaos von unheimlichen Dimensionen auf uns zukommt. Der Aberglaube in allen seinen Variationen bietet eine dämonisch inspirierte »Prophetie« an. Was haben wir ihr entgegenzusetzen? Wir erkennen den Willen Gottes in der Bibel, durch das wegweisende Wort eines wiedergeborenen Menschen in bestimmten Ereignissen, aber auch in einer prophetischen Weisung. Wir sind in einer Zeit, die im Zeichen eines dämonischen Frontalangriffes steht, mehr denn je darauf angewiesen, daß biblische Aussagen mit prophetischem Blick auf die konkrete Situation übertragen werden.

Alles in allem: Wir sind weder auf Horoskope noch auf andere Formen des Wahrsagens angewiesen, denn unsere Zukunft heißt: Jesus. Wir brauchen nicht darauf zu achten, ob die schwarze Katze von links oder von rechts kommt, der 13. auf einen Freitag fällt, das rechte Ohr klingt oder »das Käuzchen schreit«; der auferstandene Herr ist jedem nahe, der zu ihm gehört, und führt ihn sicher und liebevoll zugleich einem ewigen Ziel entgegen.

Dieser Herr befreit schon jetzt aus den Zwängen abergläubischer Praktiken. Eine Frau, die andern Horoskope stellte, bezeugte nach ihrer Entscheidung für Jesus Christus:

> »Als Kriegerwitwe hatte ich mich seinerzeit intensiv mit der Zukunft beschäftigt. Ich wollte wissen, was aus mir und meinen Kindern werden sollte. Damals kam ich häufig mit Leuten zusammen, die Karten legten, sich am Tischrücken beteiligten und Horoskope stellten. Schließlich habe ich selbst Karten gelegt und mich intensiv mit dem Horoskopstellen beschäftigt. Das alles war für mich allerdings eine schwere innere Belastung. Heute brauche ich das nicht mehr und bin sehr froh darüber, daß ich aus dem Bannkreis finsterer Mächte herausgerettet worden bin. Seitdem ich zu Jesus Christus gehöre, hat sich mein Leben grundlegend geändert. Er führt mich und schenkt mir auch Freude. Um die Zukunft bin ich nicht mehr besorgt. Ich weiß, daß jeder Tag in Gottes Händen liegt. Die Schuld meines Lebens hat mir Jesus Christus vergeben und mir die Gewißheit geschenkt, daß ich ein Gotteskind bin. Ohne ihn kann ich nichts mehr tun. Ich weiß, daß er mich führt, und darum kann ich auf Horoskope und alle übrigen Praktiken des Okkultismus verzichten.«

Wie viele andere Seelsorger auch habe ich oft miterlebt, wie Jesus

Christus von okkulten Belastungen befreit. Zu diesen besonderen Erfahrungen an der dämonischen Frontlinie gehört ein Erlebnis, das ich während einer Evangelisation in Berlin hatte.

Eine Krankenschwester überreichte mir einen Zettel, der geradezu einen vollständigen Katalog abergläubischer Praktiken enthielt, die sie aus eigener Erfahrung kannte. Im Gespräch stellte sich zusätzlich heraus, daß sie oft in einen tranceartigen Zustand fiel und anschließend von dämonischen Mächten in einer abscheulichen Weise sexuell belästigt wurde. Als ich sie bat, das sogenannte Lossagegebet zu sprechen, war sie trotz großer Anstrengungen nicht in der Lage, den Namen Jesus über die Lippen zu bringen. Schließlich entschied ich mich, sie zu bitten, das Absagegebet aufzuschreiben. Aber auch das blieb ohne Ergebnis. Sobald sie ansetzte, um »Jesus« zu schreiben, versagte die rechte Hand. Sie versuchte es mit der linken – das gleiche Bild. Ich war ratlos. Als ich Jesus Christus bat, diesem gequälten Menschen zu helfen, wurde ich plötzlich an das alte Blumhardtlied erinnert: »Daß Jesus siegt, bleibt ewig ausgemacht.« Leise begann ich die erste Strophe zu singen und sah dabei zu meiner großen Überraschung, wie jene Krankenschwester begann, das Lossagegebet und auch den Namen Jesus zu schreiben. Anschließend buchstabierte sie geradezu J – e – s – u – s. Als sie den Namen Jesus aussprach, sagte sie sich bewußt vom Teufel und allen okkulten Praktiken los, übergab ihr Leben bewußt dem auferstandenen Herrn und wurde so verändert, daß sie sich nun schon seit einigen Jahren fröhlich in einer Gemeinde der Gläubigen einsetzt.

Es bleibt dabei:

Daß Jesus siegt, bleibt ewig ausgemacht,
sein ist die ganze Welt;
denn alles ist nach seines Todes Macht
in seine Hand gestellt.
Nachdem am Kreuz er ausgerungen,
hat er zum Thron sich aufgeschwungen.
Ja, Jesus siegt!

V. Die Magie – Experiment mit dem Übersinnlichen?

Die »magische Welle« scheint die erotische abzulösen. Immer mehr Menschen tragen magischen Schmuck und wollen wissen, wie man sich vor Gefahren schützen kann. Die »magische Welle« umspült den amerikanischen Kontinent gleichermaßen wie das »alte Europa«. In Kalifornien sind Magic–Shops bereits an der Tagesordnung. In Frankreich ist man sicher, daß die Sex–Shops bald den Magic–Shops Platz machen werden. In der Bundesrepublik gibt es heute rund 600 000 aktive Hexengläubige, und 2 Millionen – so schätzt eine Journalistin – lassen sich bei Erkrankungen regelmäßig von Wunderheilern und Hexenbannern helfen. Im Jahre 1970 wurde für eine Hexenbannung zwischen 200 und 500 DM gezahlt. Jährlich wird in der Bundesrepublik 30 Tonnen Asa Foetida (Teufelsdreck) gegen Verhexung aus Ostasien eingeführt. Hunderttausende, vielleicht sogar eine Million – so schätzt eine italienische Wochenzeitschrift –, flüchten im Augenblick der Not in die Welt der Magie innerhalb und außerhalb der Religionen. Nach Schätzungen arbeiten zwischen Mailand und Rom zehntausend Magier und Wahrsager.

Das Bild dürfte auf dem südamerikanischen Kontinent nicht viel anders sein. Während eine bestimmte theologische Richtung allen Ernstes meint, unseren Zeitgenossen dürfe man nichts zumuten, was sich nicht rational erklären läßt, ist Hexerei in manchen Studentenkreisen große Mode geworden; vielleicht deshalb, weil in einem französischen Bestseller unter dem Titel »Aufbruch ins dritte Jahrtausend« folgende Sätze zu lesen sind: »Unsere Betrachtung der Gegenwart und der nahen Zukunft führt da, wo man im allgemeinen nur mit rationalen Begriffen zu arbeiten gewohnt ist, zum Begriff des Magischen. – Alles, was uns dienen kann . . . ist uns willkommen. Die neuen Magiker sind es, denen wir den Fortschritt der Technik verdanken. Ein anderes Band zwischen Magie und Technik ließe sich entdecken, wenn man sich einmal mit den Zauberformeln befaßte, die die alten Alchimisten während ihrer Arbeit sprachen . . .«

Magisches Denken ist nach den Feststellungen des Wissenschaftlers Richard Cavendish nicht ungeordnet und ziellos, sondern hat eigene Gesetze und eine eigene Logik, wird aber mehr von den Emotionen als von der Vernunft bestimmt. Er meint:

> »Magie ist heute lebendig in Europa und hat im Lauf der letzten hundert Jahre mehr Anhänger gefunden als jemals seit der Renaissance. Niemand hält sich für einen schwarzen Magier. Moderne Okkultisten nehmen für sich in Anspruch, hochherzige weiße Magier zu sein, gleichgültig, welchen Überzeugungen und Praktiken sie folgen. Sie würden nie zugeben, zu der finsteren Wissenschaft des Feldes zur Linken zu gehören.«

Es kann jetzt nicht darum gehen, auf der »magischen Welle« zu reiten, wie das die Massenmedien bereits seit längerer Zeit tun. Hörerbriefe haben uns längst gezeigt, daß Aberglaube, Magie und Spiritismus lautlos das öffentliche und private Terrain erobern und dabei die psychische Landschaft in ein Katastrophengebiet verwandeln. Zu lesen war:

> »Mit zwölf Jahren wurde ich magisch besprochen. Ich hatte ein Geschwür am rechten Auge. Das Geschwür war weg, aber ich habe entsetzliche Zustände bekommen, von denen allerdings meine Eltern nichts erfahren haben. Ich hatte nachts keine Ruhe und sah scheußliche Gestalten. Meine Schwester, die bei mir schlief, sagte: ›Zieh doch die Decke über dich, damit du nichts siehst.‹ Ich konnte ihr nur sagen: ›Ich sehe es auch unter der Decke.‹ Schließlich bin ich zu meinen Eltern gegangen und sagte: ›Ich bleibe nicht mehr drüben, ich sehe die entsetzlichen Gestalten. ‹«

In einem andern Brief standen diese Sätze:

> »Als ich noch trank, habe ich im 7. Buch Mose gelesen. Das belastet mich heute noch. Ich komme mit Christus nicht ganz klar und bitte um Ihre Hilfe.«

Solche und ähnliche Zuschriften zeigen uns, daß wir es bei der »magischen Welle« nicht mit einer Modeerscheinung zu tun haben, sondern mit einer weiteren Sturmspitze der okkulten Invasion.

Die Magie will mit geheimnisvollen Mitteln auf außersinnlichem Wege sowohl den organischen als auch den anorganischen Bereich erkennen und beherrschen. Wie das im Detail geschehen kann, will das sogenannte 6. und 7. Buch Mose zeigen. Es handelt sich dabei um ein Zauberbuch, das mit den biblischen fünf Büchern Mose nichts zu tun hat, auch wenn gelegentlich darin verstümmelte Bibelworte zitiert werden.

Das 6. und 7. *Buch Mose*, vermutlich Anfang des 16. Jahrhunderts gedruckt und im 19. Jahrhundert mit Teilen eines französischen Zauberbuches vermischt, ist eine Sammlung alter Zauberformeln und unverständlicher Beschwörungsriten. Es enthält Anweisungen für Rache-, Fruchtbarkeits- und Krankheitszauber und ist angefüllt »von ekelerregenden Praktiken, von primitiven, automatisch wirkenden Sprüchen und absurden Zauberriten« (5/56). Noch einmal: Dieses Buch – äußerlich aufgemacht wie die Bibel – hat mit der Heiligen Schrift nichts zu tun. Leider gibt es Menschen, die sich irritieren lassen und meinen, Mose habe gottesfürchtige Männer ein Buch schreiben lassen, um Hexen, Zauberer und Menschen, die mit dem Teufel im Bunde stehen, durch wirksame Gegenzauberrezepte unschädlich zu machen. Das ist ein verhängnisvoller Irrtum. Niemand sollte sich mit der Lektüre des 6. und 7. Buches Mose beschäftigen oder gar dieses Buch besitzen, auch wenn es mit den Sätzen angekündigt wird: »Wer hat nicht schon von den geheimnisvollen Büchern Moses gehört? Das Buch der größten, wundersamsten Geheimnisse zur Erlangung von Glück und irdischen Gütern. Uralte Rezepte und Hausmittel verheißen ewige Jugend, Schönheit, Fruchtbarkeit und geben Hinweise gegen Krankheit und Gebrechen bei Mensch und Tier« (5/56). Finger weg von dieser Lektüre! Wer sie hat, sollte sie verbrennen. In einer Hörerzuschrift war zu lesen:

> »Das ist furchtbar, wenn man das 7. Buch Mose im Hause hat. Wir haben alles mögliche getan, sogar Tote heraufgeholt, lauter böse und furchtbare Dinge! Im 7. Buch Mose steht alles drin, was man einem Menschen Böses antun kann.«

In einem andern Brief standen diese Sätze:

> »Unser Urgroßvater besaß das 6. und 7. Buch Mose und soll danach auch praktiziert haben. Ich selbst hatte vor Jahren oft unter Angstzuständen zu leiden. Ich fürchtete, daß aus meinem Leben nichts werden könnte und wagte nicht zu heiraten. Ich brauchte lange, bis ich zur Heilsgewißheit kam.«

Okkulte Literatur ist nicht minder gefährlich, selbst wenn sie unter vielversprechenden Titeln erscheint wie »Leben nach dem Tod?«, »Herrlich-wahre Bibelwunder« oder »Die Seele als schöpferische Kraft im Menschen«. Hart daneben werden Bücher empfohlen, die eindeutig aus dem okkulten Raum kommen: »Magnetismus – das Urheilmittel«, »Richtig Kartenlegen leicht gemacht«, »Die Aussendung des Astralkörpers«. Ein Medizinstudent, der sich mit okkulter Literatur beschäftigte, schrieb mir:

»Zu meinem allergrößten Erstaunen fand ich solche magischen Methoden darin, die genau zu den selbst an mir erlebten Symptomen paßten . . . Es begannen jetzt Geistererscheinungen, die mir eine furchtbare Angstneurose einbrachten.«

Das Wort Magie ist gleichbedeutend mit Zauberkunst, Geheimkunst, ist vom griechischen magia oder richtiger mageia abgeleitet, wörtlich übersetzt: Zauberei, Gaukelei, Blendwerk. Der magos – der Magier – ist der Wahrsager, Astrologe, Zauberer und Gaukler. Diese kleine sprachliche Untersuchung zeigt übrigens, wie geradezu untrennbar okkulte Praktiken miteinander verzahnt sind, gleichgültig, ob sie aus dem Bereich des Aberglaubens, der Magie oder des Spiritismus kommen.

Professor Diepgen definiert die Magie wie folgt:

»Magie ist jede Handlung, die eine Beeinflussung entweder der übersinnlichen oder der sinnlichen Welt bezweckt, aber weder zu den Kultushandlungen noch zu den technischen Operationen gerechnet werden kann. Innerhalb dieses Begriffs können wir nach den Hilfsmitteln der Magie zwei Unterabteilungen unterscheiden: einmal die Magie mit Hilfe der Dämonen bzw. des Teufels, das ist die Zauberei, das Malefizium; dann die religiöse Magie, welche ihre Mittel – ohne daß sie zu den anerkannten Kulthandlungen gehören – dem Gedankenkreis der religiösen Weltanschauungen entnimmt« (12/123).

Eine Umschreibung der Magie kann diese Definition ergänzen:

»Der Magier bemüht sich um ein umfassendes Verständnis seiner eigenen Einheit mit dem ›universellen Lebensprinzip‹, um so die Kraft zu bekommen, bewußt im Strom der Schöpfung mitzuschwimmen und als Teil dieses Stromes ihn zu lenken – beinahe, als wäre er Gott« (6/60).

Man unterscheidet zwei Formen der Magie: die Schwarze und die Weiße Magie. Bei der Schwarzen Magie verwendet man für den Zauberspruch und die magische Handlung die Anrufung des Teufels oder der Dämonen. Der Zauberspruch, mit dem die magische Wirkung ausgelöst werden soll, ist ein Gegenstück zum Bibelwort (13/35). Dazu kommt dann die Symbolhandlung und die Verwendung eines Fetischs, also eines Stoffes, von dem man weiß, daß er kraftgeladen ist. Die Weiße Magie dagegen verwendet die drei höchsten Namen und zitiert Bibelworte. Ein Hexenbanner aus der

Nähe von Kiel sagte so: »Christus hat die bösen Mächte ausgetrieben. Warum soll ich es nicht tun?« (5/75). Schwarze und Weiße Magie unterscheiden sich voneinander nur dadurch, daß sich die Weiße Magie religiös tarnt und darum doppelt gefährlich ist.

Susan Roberts, die das Buch schrieb »Hexen, USA« meint, daß sich die überwiegende Mehrzahl der amerikanischen Okkultisten der »Weißen Magie verschrieben« habe und »mildtätig« sei. Allen Hexen gemeinsam sei der Glaube an negative oder positive »Vibrationen«, die jeder Mensch mehr oder minder stark ausstrahle. In einer deutschen Tageszeitung, die einen Artikel mit der Überschrift veröffentlichte »Tausende von Hexen leben in den USA« war zu lesen: »Sie führen ein unauffälliges Leben als Ingenieure, Hausfrauen, Rechtsanwälte oder Politiker, in Wirklichkeit aber sind sie Okkultisten. Ihre Zahl geht in den USA in die Abertausende und wächst von Jahr zu Jahr. Der Öffentlichkeit bleibt dies allerdings verborgen, weil die Hexen zwischen Alaska und Texas ihrem magischen Treiben nur heimlich nachgehen.« Susan Roberts schreibt dazu: »Nach Jahrhunderten der Verfolgung haben die Hexen gelernt, ihre eigene Identität, ihren Geheimglauben und ihre außergewöhnlichen Fähigkeiten zu verbergen.« Alles das zeigt, daß nicht nur der Aberglaube, sondern ebenso die Magie auf dem Vormarsch ist.

Die einzelnen Teilgebiete der Magie sollen nunmehr kurz umrissen werden.

Der *Fetischismus*. Das Wort »Fetisch« ist vom lateinischen »factitus« abgeleitet und bedeutet: Zauberhaft wirksam, künstlich gemacht. Der Fetischismus schreibt leblosen Gegenständen übernatürliche Kräfte zu. Sie können künstlich hergestellt werden. In vielen Fällen aber handelt es sich um Steine, Geräte verschiedenster Art und Figuren in Menschengestalt. Früher meinte man, den Fetischismus durch den Glauben an Geister erklären zu können, die angeblich im Fetisch wohnen; heute ist man der Ansicht, daß der Fetisch aufgrund seiner besonderen Eigenschaften mit Macht – Mana – geladen ist. Oft peinigt man die Fetische, um sie zur Erfüllung einer Bitte zu zwingen.

Auch das *Amulett* gehört zum Fetischismus. Es handelt sich dabei um einen kleinen Anhänger, der mit Geheimzeichen oder einer Inschrift versehen ist. Er soll den Träger schützen und ihm Kraft geben. Das Amulett besteht aus Nachbildungen von menschlichen Körperteilen, Münzen oder symbolischen Darstellungen von Sonne und Mond.

Ebenso sollen *Talismane* Unheil abwehren. Das Wort Talisman ist von dem arabischen tilasm abgeleitet. Man versteht darunter ein magisches Bild mit geheimnisvollen Buchstaben. Meist ist es ein kleiner Gegenstand, der vorwiegend am Körper getragen wird und Glück anziehen soll.

Es ist übrigens wahrscheinlich, daß der Hufeisen-Aberglaube mit dem früheren, weitverbreiteten Hexenglauben zusammenhängt. »Da auch geglaubt wurde, Hexen fürchteten Pferde, nahm man an, ein Hufeisen an der Tür des Hauses böte Schutz, daß schon sein bloßer Anblick die Hexen vertreibt. Das Hufeisen galt stets als glückbringend. Seine Form war die des aufgehenden Mondes, in dem man früher ebenfalls etwas Glückversprechendes sah« (11/15).

Tätowierungen. Das Wort Tätowierung ist von einem polynesischen Wortstamm abgeleitet. In Tahiti bedeutete das »tau-tau« ein Zeichen jeder Art. Die Tätowierung durch Farbzeichen oder Schmucknarben – oder wie heutzutage durch kleine, mit einem Farbstoff gefüllte Hautpunktierungen – ist ein alter und verbreiteter Brauch. Aus folgenden Gründen ließ man sich tätowieren:

1. Aus Furcht vor dem Unbekannten. Tätowierungszeichen waren eine Art Zauber, der den Menschen vor dem bösen Blick und vor Krankheit schützen sollte. Tätowierungen wurden benutzt, um übernatürliche Gefahren abzuwehren.

2. Erotische Wünsche. Man sah im Tätowieren ein wirksames Mittel zur Erhöhung der Männlichkeit und der Anziehungskraft auf das andere Geschlecht.

3. Um einen bestimmten Stand zu kennzeichnen. Tätowierungen wurden als Stammeszeichen, als Berufskennzeichen, als Zeichen des Ranges oder der Kaste und als Zeichen dafür verwendet, ob ein Mann oder eine Frau verheiratet waren oder nicht.

4. Als Zeichen der Tapferkeit. Manchmal dienten Tätowierungen als Tapferkeitszeichen und sollten beweisen, daß der Betreffende große Schmerzen ertragen konnte.

5. Als künstlerisches Experiment. Manche Völker gestalteten bei ihren künstlerischen Versuchen nicht nur Steine oder Holz, sondern benutzten ebenso den Körper des Menschen.

6. Tätowierungen waren ein bleibendes Kennzeichen in Kriegszeiten. An seinen Tätowierungen konnte ein Soldat auf dem Schlachtfeld leicht wiedererkannt werden, gleichgültig, ob er noch lebte oder schon tot war.

7. Als Ausdruck einer religiösen Überzeugung. Die Hindus von Bengalen glaubten, daß ein Mensch ohne Tätowierungen kaum im Jenseits Aufnahme findet (11/141 f.).

Wer zu Jesus Christus gehört, sollte sich *nicht* tätowieren lassen. Die Bibel verbietet das. Gott läßt dem alttestamentlichen Israel sagen: »Ihr sollt euch am Leibe keine Einschnitte machen wegen eines Toten und keine Tätowierung anwenden« (3. Mose 19, 28). Ebenso wird in 3. Mose 21, 5 gesagt, daß man sich kein »Mal stechen lassen« darf, also keine Tätowierungen; denn sie sind Ausdruck des Aberglaubens, Zeichen der Eitelkeit und hinterlassen nicht zuletzt bleibende Merkmale, die sich nur operativ entfernen lassen.

Im gewissen Sinne gehört auch das *Friedenszeichen* in den Bereich der Magie. Gemeint ist ein auf dem Kopf stehendes abgewinkeltes Kreuz. Dazu einige geschichtliche Hinweise. Der eigentliche Ursprung des auf dem Kopf stehenden Kreuzes geht auf das erste Jahrhundert nach Christus zurück. Es ist auch bekannt als Petrus-Kreuz mit abfallenden Balken oder als Todesrune. Kaiser Nero, der es entwerfen ließ, wollte damit seine Respektlosigkeit Gott gegenüber bekunden. Seit dieser Zeit ist es als »Nero-Kreuz« oder als Zeichen der besiegten Juden bekannt.

Im Jahre 711 fielen die maurischen Horden in Spanien ein und richteten ihr antigöttliches Herrschaftsreich auf. Auf dem Schild der Eroberer befand sich dieses Kreuz. Francesco Mario Gauzzo bezeichnet das Symbol in seinem »Compendium Maleficarum« im Jahre 1608 als Hexenfuß. Während des spanischen Bürgerkrieges brannte man dieses Abzeichen den Zigeunern und Juden auf den Leib und brandmarkte sie damit wie zur Zeit der Inquisition.

Dr. Gerhard Encausse bezeichnet es in »Wissenschaft und Okkultismus« als das beliebte Symbol der Anhänger Satans aller Jahrhunderte. Es verhöhnt den allmächtigen Gott und setzt das Vertrauen auf den Teufel. Anton Lavey, ein Anbeter des Teufels, erklärte im November 1968: »Die Masse, die dem Bösen anhängt, verkehrt das Vaterunser, vermischt es mit Obszönitäten und tritt das Kreuz Christi mit Füßen oder hängt es auf den Kopf gestellt auf.« Es gibt Nichtchristen, die in diesem Zeichen des nach unten abgewinkelten Kreuzes ein geheimes Symbol sehen, um ihre antichristliche Einstellung kundzutun.

Viele glauben, dieses Symbol sei am 21. Februar 1958 als Emblem für den Osterfriedensmarsch in England entworfen worden. Andere meinen, es sei erstmals im Zusammenhang mit der Aktion

»bann the bomb« verwandt worden, einer Bewegung gegen den Gebrauch von Atomwaffen. Bertrand Russell, englischer Mathematiker und Philosoph, Gründer dieser Bewegung und bekannt durch seine antigöttliche Einstellung, gab selbst einmal zu, mit dem Satan verbündet zu sein.

Diese Informationen sind nicht unwichtig. Man sollte wissen, was das Friedenszeichen denen bedeutet, die es tragen. Wirklicher Friede wird nicht durch ein Symbol erreicht oder durch eigene Vorstellungen, sondern allein durch das Kreuz unseres Herrn Jesus Christus. Die Bibel sagt: »Nun wir denn sind gerecht geworden durch den Glauben, so haben wir Frieden mit Gott durch unsern Herrn Jesus Christus.« Über die Bedeutung dieses Friedens durch das Kreuz braucht niemand im unklaren zu sein. Das Kreuz bedeutet für den Menschen, der sich entschlossen hat, Jesus Christus nachzufolgen: Das Ich muß sterben, und das Leben muß dem Friedensbringer, nämlich Jesus Christus, zum Eigentum ausgeliefert werden.

Jesus bringt einen Frieden, der von innen nach außen geht. Darum sagt er: »Meinen Frieden gebe ich euch. Nicht gebe ich euch, wie die Welt gibt.« Die Sehnsucht nach Frieden wird niemals dadurch gestillt, daß man das Kreuz Christi verleugnet, an dem er gestorben ist, sondern dadurch, daß man sich ihm anvertraut und dadurch den Frieden mit Gott bekommt. Junge Leute, die bewußt ihr Leben an Jesus Christus abgegeben haben, sollten niemals ein auf dem Kopf stehendes abgewinkeltes Kreuz tragen; nicht zuletzt deshalb, weil es auch okkulte Bedeutung hat.

Neben den *Himmelsbriefen,* die vor Unglück schützen sollen, und den *Brandbriefen,* die angeblich Feuerbrände verhindern können, gibt es *Kettenbriefe.* Diese anonymen Briefe, die dem Empfänger allerlei gute Dinge versprechen für den Fall, daß er den Inhalt abschreibt und an andere verschickt, sollte man schleunigst und ohne Zögern in den Papierkorb werfen, wo immer man ihnen begegnet.

Seit einiger Zeit werden »Kettenbriefe für Gebetserweckung« verschickt. Zu lesen ist: »Bitte, bete für eine durchgreifende Erweckung in Deutschland und in der ganzen Welt. Bete, daß du kein Hindernis für eine Erweckung wirst, sondern ein Werkzeug in der Hand Gottes. Brich diese Gebetskette nicht. Sieben Tage sollst du besonders für diese Sache beten. Sende bitte eine genaue Abschrift dieses Briefes innerhalb von vier Tagen an vier Freunde, von denen du glaubst, sie könnten dieses wichtige Gebetsanliegen ebenfalls durch ihr Gebet unterstützen. Vergiß den Namen nicht anzugeben, der diesen Brief geschrieben hat. Wir wollen einen Gebetskreis um die Welt errichten. Wir glauben an eine Erweckung durch Gebet. Gott segne dich! Herzlichen Gruß.«

Wir sollten uns über jeden freuen, der um ein geistliches Erwachen betet, nicht zuletzt deshalb, weil auch der deutschsprachige Raum eine Erweckung bitter nötig hat. Es ist schon eine gute Sache, wenn man die Beter mobilisiert. Aber muß das denn in dieser Form geschehen? Alle, die sogenannte »Kettenbriefe für Gebetserweckung« weiterleiten, sollten über fünf Punkte sorgfältig nachdenken:

1. Laut § 1 des Gesetzes gegen den unlauteren Wettbewerb und § 286 des Strafgesetzbuches ist es unzulässig, Kettenbriefe im sogenannten Schneeballsystem zu verschicken. Schneeballsystem meint eine Praxis, bei der Briefempfänger an mehrere andere Adressen den gleichen Brief bzw. Karte mit gleichem Inhalt versendet. Die Post befördert keine Karten und Briefe des Schneeballsystems.

2. Warum bleiben diese Kettenbriefe weithin anonym? Menschen, die sich öffentlich zu Jesus Christus bekennen, haben das nicht nötig.

3. Sogenannte Kettenbriefe erinnern an Kettenbriefe aus dem okkulten Bereich. Es ist nicht einzusehen, warum sich ein geistliches Anliegen einer Form bedienen soll, die an Magie und Dämonie erinnert.

4. Warum wird man in diesen Kettenbriefen für Gebetserweckung aufgefordert, nur während einer bestimmten Anzahl von Tagen zu beten? Das Neue Testament kennt das anhaltende Gebet. Das gilt ganz gewiß auch für die Bitte um ein geistliches Erwachen. Sollte nicht jeder, dem die Sache des Reiches Gottes am Herzen liegt, täglich darum beten, daß Gott uns eine Erweckung schenkt, anstatt dieses Gebet nur auf sieben Tage zu beschränken?

5. Offen bleibt auch die Frage, warum man den Kettenbrief für Gebetserweckung nur an vier Personen weiterleiten soll. Warum nicht an zehn oder zwanzig?

Solange diese Fragen ungeklärt sind, sollten Kettenbriefe für Gebetserweckung nicht weiterverschickt werden. Es gibt eine ebenso wirksame und – wie ich meine – bessere Form, Beter zu mobilisieren. Das kann geschehen durch Rundbriefe, in Kanzelankündigungen, in christlichen Zeitschriften und nicht zuletzt systematisch in

Gebetsstunden und Hausbibelkreisen. Geistliche Anliegen sollten richtig verpackt werden, damit es weder Mißverständnisse noch Verwechslungen gibt.

Die häufigste Form der Magie ist das *Besprechen der Krankheiten.* Die seelsorgliche Korrespondenz scheint das zu bestätigen. Zu lesen war:

>»Ich hatte die Pocken. Der Arzt gab mich auf, und darum wurde ich immer wieder zu einem Mann gebracht, der ›pusten‹ mußte. Man wollte mich retten. Meine Mutter lag zu dieser Zeit im Krankenhaus. Wenn ich an Evangelisationen teilnehme, kann ich mich einer inneren Unruhe, der Angst sowie Lästergedanken nicht erwehren. Ich fühle mich vom Schicksal zurückgesetzt. Die Anklagen gegenüber Gott hören nicht auf. Ich habe ein Verhältnis zu einem Mann. Meine Not habe ich oft durch Alkohol überwinden wollen.«

In einem anderen Brief wird gefragt:

>»Eine gläubige Frau riet mir, immer dann, wenn mich die körperlichen Schmerzen plagen, sofort die Bibel auf die schmerzende Stelle zu legen und die drei höchsten Namen auszusprechen. Der Schmerz verschwinde dann sofort. Ist dieser Rat richtig?«

In einer anderen Zuschrift standen diese Sätze:

>»Als Kind brachte man mich zu einem Schäfer, weil sonst mein Rücken schief geworden wäre. Das hatte aber schlimme Folgen. Schon als Kind habe ich unsittliche Handlungen begangen. Mein Vater hat sich das Leben genommen, als ich noch Schulkind war.«

Solche und ähnliche Zuschriften beweisen, daß magische Experimente selbst dann, wenn man sie mit einem frommen Vorzeichen versieht, alles andere als harmlos sind. Das sollten wir wissen, magisches Besprechen meiden und andere davor warnen. Seelsorger wissen längst, daß Menschen, die magisch besprochen worden sind, große Schwierigkeiten zu überwinden haben, wenn sie sich für Jesus Christus entscheiden wollen. Solche, die dem auferstandenen Herrn gehören, aber beharrlich verschweigen, daß man sie magisch besprochen hat, kommen auf geistlichem Gebiet nur mühsam vorwärts. In beiden Fällen ist vollmächtige Seelsorge nötig. Der Sohn Gottes ist gekommen, um die Werke des Teufels zu zerstören (1. Joh. 3, 8). Das gilt auch für das weite Feld magischer Experimente.

Wer sich Jesus Christus anvertraut, wird von okkulten Belastungen frei.

Darum noch einmal: Niemand sollte in ein magisches Besprechen einwilligen – auch Brauchung oder Böten genannt –, selbst dann nicht, wenn man dabei die drei höchsten Namen anruft und angeblich segnet. Dadurch entstehen Kontakte zur Dämonie, die sich in jedem Fall verhängnisvoll auswirken.

Gelegentlich wollte man in der Rundfunkseelsorge wissen, ob man im Krankheitsfall »*gesegnete Tüchlein*« benutzen darf. Angeblich können dadurch Kranke geheilt werden. Dem Brief waren zwei »gesegnete Tüchlein« beigefügt. Die Frage war also keineswegs konstruiert, theoretisch oder an den Haaren herbeigezogen; es handelte sich um ein ernsthaftes Anliegen eines leidenden Menschen.

»Gesegnete Tüchlein« sollte man weder auf die kranke Stelle legen noch tragen und auch nicht während des Gebets benutzen. Zur Begründung vier Gesichtspunkte:

1. Es gibt in der ganzen Heiligen Schrift nur eine einzige Stelle, in der von Schweißtüchern die Rede ist, und zwar in Apostelgeschichte 19, 11. Dort steht: »Und Gott wirkte ungewöhnliche Dinge durch die Hände des Paulus, so daß man sogar Schweißtücher oder Schurze, die er auf seiner Haut getragen hatte, nahm und auf die Kranken legte, worauf die Krankheiten von ihnen wichen und die bösen Geister ausfuhren.« Es handelt sich hier um eine Ausnahmesituation – um »ungewöhnliche Dinge«, die niemals zur Regel gemacht werden dürfen.

2. Die Schweißtücher und Schurze des Apostels Paulus waren keineswegs »gesegnete Tüchlein«.

3. Nirgends wird in der Bibel empfohlen, »gesegnete Tüchlein« zu verschicken.

4. Solche Praktiken grenzen an magisches Denken.

Zur Krankenheilung, die in der Vollmacht unseres auferstandenen Herrn geschieht, dürfen wir uns uneingeschränkt bekennen. Andererseits sollten wir nicht vergessen, daß unser Herr solche, die er nicht heilt, befähigen kann, ihn trotz körperlicher Beschwerden glaubensfroh zu bezeugen.

Die *Teufelsanrufung* und *Blutsverschreibung*.

In einem Brief war zu lesen:

> »Vor etwa 15 Jahren habe ich Gott abgesagt und den Teufel auf den Knien um eine diesseitige Freude gebeten. Die Freude, die ich erwartet hatte, habe ich nie bekommen. Ich wurde immer unwilliger, unzufriedener und unruhiger. Das steigerte sich im Laufe der Jahre über Lüge und Selbstbefriedigung bis hin zu Selbstmordgedanken.«

Jemand, der seelsorglich zu helfen hatte, schrieb:

> »Sie hatte es schwer, zur Heilsgewißheit zu kommen. Ursache: In der Jugend den Teufel angerufen. Anschließend Abtreibungen. Weitere Folgeerscheinungen: Wenn sie betet, meint sie, ein Lachen zu hören, etwas Unheimliches kommt an sie heran.«

Man ruft den Teufel an oder verschreibt sich ihm, um ganz sicher zu sein, daß ein bestimmter Wunsch in Erfüllung geht. Ich entsinne mich an ein seelsorgliches Gespräch, in dem mir jemand sagte, er habe den Teufel gebeten, dafür zu sorgen, daß er im Blick auf die Entscheidung für Jesus Christus nicht mehr beunruhigt werde. Was dann geschah, war entsetzlich: Dämonenerscheinungen und Depressionen führten zu Selbstmordabsichten.

Mehrmals habe ich festgestellt, daß Menschen, die den Teufel anrufen oder sich ihm verschreiben, den Namen Jesus nicht aussprechen können. Jeder Seelsorger sollte wissen, daß man solchen Menschen im Alleingang nicht helfen kann. Wenn aber andererseits Beter gewillt sind, zu fasten und zu beten, werden auch solche, die sich dem Teufel verschrieben haben, durch die Kraft des auferstandenen Herrn frei.

Zur Magie gehört auch der *Liebeszauber*. Dazu ein Pressebericht: »Mit grinsender Fratze kommt Nacht für Nacht ein ekelhaftes Wesen in Männergestalt in das Schlafzimmer von Barbara H. und legt sich zu ihr ins Ehebett. Die Frau will sich wehren. Sie will laut aufschreien. Sie will ihren Mann wecken . . . Vergebens! Sie liegt wie gebannt da.«

Telepathischen Beischlaf hat man das genannt. Rational läßt sich das alles zwar nicht erklären, wird aber in der Seelsorge gelegentlich erwähnt. Dazu ein Briefauszug:

> »Der Schwiegervater und seine Schwester betreiben die Schwarze Magie. Die Auswirkungen sind: Angst, Unruhe, Verkrampfungen, freitags quälende Kopfschmerzen und

Würgen am Hals. Das Schlimmste: Während des Schlafs werde ich von sexuellen Mächten überfallen. Die Auswirkungen kann ich gar nicht beschreiben. . . . Mein Mann wird von sexuellen Zwangsgedanken umgetrieben; obschon er gewisse Dinge nicht tun will, muß er sie tun. Das ist schlimmer als eine Vergewaltigung. Ich werde von großen Schmerzen gepeinigt.«

Der Nervenarzt wird in solchen Fällen neurotische Störungen vermuten, der Tiefenpsychologe sexuelle Verdrängungen, der Parapsychologe mediale Fähigkeiten oder Suggestion. Gewiß läßt sich medizinisch und tiefenpsychologisch manches aufhellen, das eine und andere in psychotische Krankheitsbilder einordnen – aber eben nur teilweise. Es bleibt – ein ungeklärter Rest. Seelsorger sind gut beraten, wenn sie die Wirklichkeit der Dämonie ernst nehmen, zugleich aber in der Kraft des auferstandenen Herrn die Erlösung durch das Blut Jesu bezeugen und den Weg zur Befreiung zeigen. Dämonische Mächte müssen weichen, wenn ein Mensch zu Jesus Christus umkehrt, seine Sünde erkennt, bekennt, haßt und läßt – also alle Brücken zum Okkultismus abbricht – und teuflische Belastungen in der Kraft des Blutes Jesu abwehrt. Das gilt für den Blutzauber und den Bildzauber, den Abwehrzauber und Verfolgungszauber in gleicher Weise.

Der *Abwehrzauber* ist ebenfalls eine Anwendungsform der Magie. Ein Medizinstudent hat uns wie folgt geschrieben:

> »In meiner Verzweiflung kaufte ich mir Magiebücher und betrieb selbst Magie. Zunächst verstärkte ich meine magischen Trainingsmethoden und erreichte mit magischen Feuerritualen, daß der Einfluß der Wirtin völlig gebrochen wurde. Es gelang mir, nach einer Zeit den Einfluß auszuschalten. Doch begannen jetzt Geistererscheinungen, die mir eine furchtbare Angstneurose einbrachten. Der Psychotherapeut hat mir bestätigt, daß es sich um Einfluß von Hexerei handelt.«

Der *Blutzauber*. Man geht davon aus, daß eine Hexe ihre Macht verliert, wenn man sie bis aufs Blut schlägt. Um gefährliche Körperverletzungen zu vermeiden, werden kranke Tiere solange geprügelt, bis das Blut spritzt (5/70).

»Noch heute werden Katzen zu Tode geprügelt, weil nach Ansicht ostfriesischer Frauen eine Hexe sich in eine Katze verwandeln kann. Oder die Hexenbanner versuchen, sie auf magische Art zu töten. Eine Frau in Cappeln bei Schleswig stellte das so an, daß sie aus einer Apotheke »Teufelsdreck« (Asa Foetita) kaufte, eine aus Harz gemischte übelriechende Masse, auf eine Schaufel mit glühenden Kohlen legte und das räuchernde Zauberzeug siebenmal um einen Stuhl trug, auf der ihr verhextes Kind saß. Die Frau hatte eine Nachbarin im Auge, die durch bösen Blick das Kind »vergiftet« hatte. Als das Kind wieder gesund geworden war, nahm sie sich die »Hexe« persönlich vor. Sie hatte einen Topf mit Milch auf dem Feuer verkochen lassen. Sie war fest davon überzeugt: Wenn der Topf platzte, mußte auch die teuflische Hexe platzen« (5/70).

Mit dem Satz »jetzt mal kräftig lachen« ist es nicht getan. Gewiß gibt es auf diesem Gebiet viel dummes und ungereimtes Zeug; wahrscheinlich, weil Satan den Leuten einreden möchte: »Alles Unsinn.« In vielen Fällen ist das auch so – aber eben nicht in allen. Die verschiedenen Formen der Zauberei – das bestätigen Afrika-Missionare – zeigen mitunter Wirkungen, die sich in den Schubfächern dreidimensional orientierter Begriffe nicht unterbringen lassen.

Auf den *Bildzauber* trifft man auch im deutschsprachigen Raum.

»Aus Lumpen, Heu, Papier und Wachs hergestellte Puppen sollen die Hexen darstellen. Man klebt ihnen den vollen Namen – meist sind es Namen sogenannter übelwollender Nachbarn – auf die Brust, kocht sie in Wasser und schlägt ihnen mit Hämmern auf den Kopf oder sticht mit langen Nadeln pausenlos in bestimmte Körperteile, um die betreffenden Personen zu quälen. Jedesmal wird der Name Satans laut und hörbar ausgesprochen« (5/72).

Der *Verfolgungszauber* und *Rachezauber* ist nur in der Schwarzen Magie anzutreffen. Das gilt auch für den *Todeszauber*, den beispielsweise die Papuas auf Neuguinea praktizieren.

Das alles hat weder etwas mit »Trickkiste« zu tun, noch kann es in jedem Fall psychologisch, medizinisch oder parapsychologisch aufgeschlüsselt werden. Es gibt nun einmal Phänomene, die man zwar mit dem Etikett »übersinnlich« oder »außersinnlich« versehen kann, damit aber letztlich nicht viel sagt. Von einem Führer der Buschmänner – einem echten Zauberer – wird berichtet:

»Wir Schutztruppleute waren im Haicum-Felde in schwere Bedrängnis geraten: Unser Proviant ging zu Ende, die melonenartigen Tschammas waren abgeweidet. So blieben uns nur noch auf kurze Zeit unsere eisernen Rationen. Mit uns zog Aucuib, der wegen seiner Geheimnisse, Gifte und Kenntnisse weitgefürchtete Medizinmann der Haicum-Leute, uralt, ein richtiger Patriarch. Trotz unserer Maschinengewehre behandelte er uns zuweilen mit herablassender Geringschätzung. Er durchschaute natürlich unsere Fleischnot.

So war es wie Hohn, als er uns sagte, ganz in der Nähe sei Fleisch. Wir hatten aber seit Tagen nicht die geringste Zwergantilope erlegt. So baten wir ihn, uns auf die Spur zu bringen, Fleisch zu finden. Er gab zurück, er werde heute nacht noch einen großen Elandsbullen, genug Fleisch für uns alle, erlegen. Wir sollten nur unsere Tiere bereithalten und marschfertig bleiben.

Wir beobachteten im Mondlicht des gleichen Abends, wie Aucuib im Kreise seiner Leute rätselhafte Zeichen machte, bald tanzende, bald betend anmutende Bewegungen. Plötzlich blieb er wie versteinert stehen, während seine Leute in ein grelles Pfeifen ausbrachen. Sofort griff Aucuib nach seinem Schießzeug, das vor ihm auf dem Boden lag, und sandte einen Pfeil hoch in die Luft, weit über Busch und Baum hinaus gegen Norden. Dann stand er wieder wie versteinert. Das Singen flaute ab. Sofort brach seine Gefolgschaft auf, um ihm, der uns zuwinkte, indem er selbst rasch ausschritt, zu folgen.

Unsere Nerven waren aufs Äußerste gespannt. Wir hatten in zwei Stunden 12 km gemacht, so unermüdlich ging es vorwärts ihm nach. Plötzlich hieß es: ›Halt!‹ Nie sah ich ein schauerlicheres Gesicht als das Aucuibs, fast weiß in seiner Ekstase. Mit einem Kopfnicken wies er in die Richtung eines Busches, den wir erst jetzt bemerkten. Dort erkannten wir einen unförmigen Klumpen, einen schweren Elandsbullen, ein Einzelgänger, wie die Spur am nächsten Tage einwandfrei bewies.

Aucuib beobachtete gelassen – spöttisch unser Entsetzen und Staunen, trat auf den Bullen zu und schnitt ein kreisrundes Fleckchen Fleisch und Fell heraus. An der Wärme des Wildes konnten wir die Zeit seines Todes ziemlich genau abschätzen. Es konnte höchstens zwei Stunden gelegen haben.

Wir beschenkten Aucuib reich. Unser Führer, der sich gegen jeden Schwindel sichern wollte, ließ durch einen Reiter mit einem Eingeborenen die Spur des Tieres verfolgen. Auch das ergab keine Anhaltspunkte zur Erklärung des mysteriösen Falles« (1/98).

Zur Magie gehört auch das *Bannen*. Bei diesen Experimenten soll es möglich sein, einen anderen daran zu hindern, daß er sich bewegt oder spricht.

»Wo ein Fluch auf einen Menschen gelegt wird, kann zusätzlich zur Machtsuggestion sehr wohl auch eine direkte psychische Einwirkung bestehen. Missionare stehen zweifellos oft einer fühlbaren finsteren Macht gegenüber, wenn der Medizinmann ihres Gebietes seine Kräfte gegen das Werk des Herrn aufbietet. C. T. Studd war einmal bei einer Versammlung in Afrika unfähig zu sprechen. Die Zauberer hatten sich vereinigt, um ihn zum Schweigen zu bringen, und es gelang ihm erst nach größter Anstrengung, im Namen Jesu den Bann zu brechen« (6/58).

Auch mit der *Mental-Suggestion* versucht man, auf andere einzuwirken. Ein vielgelesenes Magazin berichtet darüber, wie der Kassierer einer Bank von einem Sensitiven gezwungen wurde, einen größeren Betrag auszuzahlen.

In der Rundfunkseelsorge wurden wir gefragt:

> »Unlängst hatte ich Eheleuten in einer schwierigen Situation zu raten. Nach bestem Wissen und Gewissen habe ich das getan. Weil mein Rat nicht ganz leicht zu befolgen war, verfluchte mich der Ehemann. Wird dieser Fluch eintreffen?«

In Sprüche 26, 2 ist zu lesen: »Wie ein Spatz wegflattert und eine Schwalbe wegfliegt, so trifft auch ein unverdienter Fluch nicht ein.« Vielleicht müßte man das Wort »unverdient« unterstreichen. Wer zu Jesus Christus ein persönliches Verhältnis hat, ihm bewußt nachfolgt und bemüht ist, mit Gott und Menschen im reinen zu sein, braucht sich vor Flüchen nicht zu fürchten. Sie werden nicht eintreffen. Es ist freilich nicht angenehm zu wissen: »Da hat mich jemand verflucht.« Leicht steigen Antipathien auf, wenn nicht gar Bitterkeit. In 1. Petrus 3, 9 steht: »Vergeltet nicht Böses mit Bösem oder Scheltwort mit Scheltwort, sondern dagegen segnet und wisset, daß ihr dazu berufen seid, daß ihr den Segen erbet.« Für Menschen, die uns Unrecht tun, dürfen wir beten. Das ist noch immer der beste Weg, auf dem man davor bewahrt wird, Gleiches mit Gleichem zu vergelten.

Mit dieser Übersicht ist das Gebiet der Magie in groben Umrissen abgesteckt. Die Psychiatrie sieht in magischen Experimenten das Symptom einer Geisteskrankheit. Die Psychologie ist geneigt, das alles als abergläubische Fehlhaltung und abseitige Lebensauffassung zu bezeichnen. Die liberale Theologie sieht in der Magie zeitgebundene Sitten und Vorstellungen. Nicht selten wird der Okkultismus im allgemeinen und magische Praktiken im besonderen als Humbug abgetan. Zugegeben: für den einen und anderen Fall mag das zutreffen. Es läßt sich aber nicht bestreiten, daß die Parapsychologie um außersinnliche Erscheinungen weiß, die sich in unsere raum-zeitlichen Denkkategorien nicht einordnen lassen. Auch wenn es viele nicht glauben: es gibt Menschen, die sich mit dem Teufel verbünden und über außersinnliche Fähigkeiten verfügen. In einem Bericht über einen Hexenprozeß ist zu lesen:

> »Sie hat einen richtigen Hexenblick, sagten die Erwachsenen. Die 47jährige Frau M. zeigte die Schwätzer beim Gericht an. Vater, Mutter und Tochter, eine ganze Familie saß auf der Anklagebank. Die behexten Angeklagten sagten aus: ›Sie hat meinen Mantelsaum berührt. Da bekam ich Herzanfälle.‹ Schwarze Kreuze an der Türschwelle, angeblich von der Hexe gemalt, brachten weiteres Unheil: das Vieh erkrankte, die Hühner stellten das Eierlegen ein. ›Mir sträubten sich die Haare, kalter Schweiß perlte mir von der Stirn‹, argumentierte der behexte Vater. Als der Hexenprozeß anlief, bekamen die Hexen-Verteidiger und sein Kollege von der Gegenpartei Drohbriefe: ›Wer den Hexenprozeß anfaßt, wird selbst behext‹.«

Magie ist Dämonie: ganz gleich, mit welcher Spielart wir es zu tun haben. Gott verbietet die Zauberei. Dem alttestamentlichen Volk Israel läßt er sagen:

> »Es soll sich niemand in deiner Mitte finden, der seinen Sohn oder seine Tochter als Opfer verbrennen läßt, niemand, der Wahrsagerei, Zeichendeuterei oder Beschwörungskünste und Zauberei treibt, niemand, der Geister bannt oder Totengeister beschwört, keiner, der einen Wahrsagegeist befragt oder sich an die Toten wendet; denn ein jeder, der sich mit solchen Dingen befaßt, ist für den Herrn ein Greuel, und um dieser Greuel willen vertreibt der Herr, dein Gott, diese Völker vor dir her. Du sollst dem Herrn, deinem Gott, gegenüber unsträflich dastehen; denn diese Völker, die du verdrängen wirst, hören auf Zeichendeuter und Wahrsager. Dir aber gestattet der Herr, dein Gott, derartiges nicht« (5. Mose 18, 10–14).

Im letzten Buch der Bibel (Offb. 21, 8) ist zu lesen:

> »Aber den Feiglingen, den Untreuen, den Abscheulichen, den Mördern, den Buhlern, den Zauberern, den Götzendienern und Lügnern teile ich den Feuersee zu, der mit Schwefel vermengt ist, das ist der zweite Tod.«

Gott verbietet magische Experimente, weil sie in den Bereich der

Dämonie zerren, zu Depressionen, Neurosen und psychischen Störungen aller Art führen, immun machen gegenüber dem Evangelium und nicht selten im Selbstmord enden. Gott will das nicht. Der Mensch soll sich zwar die Erde untertan machen, die gesetzten Schranken jedoch nicht überschreiten. Wer magisch experimentiert, rebelliert gegen Gott, will sein Leben mit satanischen Mitteln absichern, verfällt aber dabei der Dämonie.

Jesus Christus, der Sohn Gottes, hat am Kreuz den Teufel besiegt. Ihm ist alle Macht gegeben im Himmel und auf Erden. Vor ihm müssen sich alle Knie beugen. Im Neuen Testament steht:

> »Er hat den Schuldzettel, dessen Inhalt uns verklagte, zerrissen, beseitigt, ja ans Kreuz genagelt. Er hat *alle Mächte* und *Gewalten* entwaffnet, an den öffentlichen Pranger gestellt und am Kreuz über sie einen Triumph davongetragen« (Kol. 2, 14. 15).

Wer sich Jesus Christus anvertraut und sich zugleich vom Teufel lossagt, wird frei. Das bestätigen auch diese Briefzuschriften:

> »Früher habe ich Horoskope gelesen und Anleitungen zum Handlinienlesen studiert. Ich ließ mir sogar ein Lebenshoroskop anfertigen und besiegelte es mit meinem Blut! Nach einem mißlungenen Selbstmordversuch wurde ich zu einem Gottesdienst eingeladen. Ich merkte sofort, daß diese Menschen anders waren. Dann habe ich auf einer Freizeit erlebt, daß Jesus von okkulten Bindungen befreit. Unserem Herrn Jesus sei Dank dafür!«

Eine weitere Zuschrift:

> »Ich suchte das seelsorgerliche Gespräch und wurde von okkulten Bindungen gelöst. Ich meinte, ein Ring um meine Brust sei gesprungen, so frei fühlte ich mich. Die Freude war unbeschreiblich. Ich hatte mit den okkulten Praktiken schon aufgehört, als ich Jesus Christus suchte. Aber die Befreiung habe ich erst erfahren bei einer seelsorgerlichen Aussprache.«

Diese und andere Briefe zeigen, daß Jesus Christus nicht nur Schuld vergibt; er holt zugleich aus dem Machtbereich der Dämonie heraus. Wer sich ihm anvertraut, darf ein neues Leben beginnen. Wenn Sie bewußt oder unbewußt bei magischen Experimenten mitgemacht haben, bitte ich Sie herzlich: Vertrauen Sie sich Jesus Christus an. Übereignen Sie ihm Ihr Leben. Seien Sie bereit, ihm gehorsam zu sein. Lassen Sie sich beschenken mit seiner Vergebung. Er ist auch für Sie am Kreuz verblutet. Er lebt. Die Bibel sagt: »Dazu ist erschienen der Sohn Gottes, daß er die Werke des Teufels zerstöre.« Darum empfehle ich Ihnen:

1. Sprechen Sie mit Jesus Christus. Rufen Sie seinen Namen an. Bekennen Sie ihm Ihre Schuld; vor allen Dingen auch okkulte Belastungen. Wenn Sie den Namen des Herrn Jesus nicht aussprechen können, wenden Sie sich bitte an einen seelsorglichen Menschen, zu dem Sie Vertrauen haben.

2. Sagen Sie sich betend von allen okkulten Praktiken los, mit folgenden Sätzen: »Herr Jesus Christus, ich will dir allein gehören. Ich entsage dem Satan und allen seinen Werken bis ins dritte und vierte Glied meiner Vorfahren. Herr Jesus Christus, ich will dir dienen mit Leib, Seele und Geist.« Selbstverständlich kann man das »Lossage-Gebet« auch anders formulieren. Es kommt aber entscheidend darauf an, daß man gleichsam dem Satan die Vertragstreue kündigt, alle Brücken zum Okkultismus abbricht und sein Leben bewußt an den auferstandenen Herrn abgibt. Wenn wir ihn um Vergebung unserer Schuld bitten, erhört er uns. In 1. Johannes 1, 7. 9 ist zu lesen: »Wenn wir aber im Licht wandeln, wie er im Licht ist, so haben wir Gemeinschaft untereinander, und das Blut Jesu Christi, seines Sohnes, macht uns rein von aller Sünde. – Wenn wir aber unsere Sünden bekennen, so ist er treu und gerecht, daß er uns die Sünden vergibt und reinigt uns von aller Untugend.«

3. Vernichten Sie alle Gegenstände, die an den Okkultismus erinnern, und zwar Horoskope, Spielkarten, Pendel, sogenannte »Himmels-, Brand- oder Kettenbriefe«, Traumbücher, okkulte Literatur, das 6. und 7. Buch Mose, Amuletts, Medaillons und anderes mehr.

4. Suchen Sie das Gespräch mit einem erfahrenen Seelsorger. Fragen Sie ihn, ob er bereit ist, Sie im Namen des Herrn Jesus Christus von Ihrer okkulten Vergangenheit zu lösen.

5. Bei dämonischen Belästigungen dürfen Sie sich mit dem Wort Gottes wehren. Rufen Sie den Namen des Herrn Jesus Christus an. Rechnen Sie damit, daß Ihre Schuld mit dem Blut Jesu gesühnt ist, und danken Sie dafür dem auferstandenen Herrn.

Nicht nur abergläubische Praktiken, auch magische Experimente aller Art sind eine Herausforderung an die Gemeinde Jesu. Die Zahl

der psychisch Kranken nimmt ständig zu. »Ärzte fordern struktu-
relle Änderungen der Krankenhäuser und sprechen sich dafür aus,
daß bei Neubauten psychiatrische Kliniken eingeplant werden; ein
Zeichen dafür, wie aktuell die Problematik seelischer Erkrankungen geworden ist. Man spricht bereits von einer »depressiven Welle«, die offensichtlich von einer okkulten Unterströmung getragen
wird (14/7). Gewiß müssen wir bei Depressionen unterscheiden, ob
es sich um endogene (anlagebedingte) oder reaktive (aus unverarbei-
teten Erlebnissen ableitbare) Erkrankungen handelt. Nicht jede
Schwermut ist okkult bedingt – aber wie immer sie auch verursacht
sein mag – sie quält.

Die Gemeinde Jesu muß damit rechnen, daß sie vor ihren Toren –
und gewiß auch in der eigenen Mitte – immer häufiger seelisch geschädigten Menschen begegnen wird, denen mit dogmatischen
Richtigkeiten allein nicht geholfen ist. Wir sollten uns erneut auf
Markus 16, 17–18 besinnen:

> »Das aber sind die Zeichen, die die Gläubigen begleiten: In
> meinem Namen werden sie Dämonen austreiben, in neuen
> Sprachen reden und Schlangen in die Hand nehmen. Wenn sie
> etwas Tödliches trinken, wird es ihnen nicht schaden. Sie
> werden Kranken die Hände auflegen; so wird es ihnen wieder
> gutgehen.«

Diese Verse sind die Verlängerung des Missionsbefehls, und wir tun
gut daran, wenn wir sie als angeblich »unechten Markus-Schluß«
nicht gleichsam theologisch einfrieren. Der »moderne Mensch« – so
behaupten Nobelpreisträger – degeneriert immer mehr und sucht
körperliche und psychische Heilung, vielleicht in magischen Zirkeln, weil sie ihm im Raum der Gemeinde vorenthalten wird.
Selbstverständlich ist magisches Besprechen und neutestamentliche
Krankenheilung nicht miteinander vergleichbar. Das eine ist vom
andern himmelweit entfernt. Aber müßten sich nicht Evangelisten
viel bewußter, als das zuweilen geschieht, darauf vorbereiten, daß
okkult Belastete, nervlich Geschädigte, Depressive und Neurotiker
aller Schattierungen nach dem »heilenden Wort« fragen werden?
Wäre es nicht ein Gebot der Stunde, daß die Gemeinde Jesu von
ihrem auferstandenen Herrn bewußt – und zwar um der Leidenden
willen – Krankenheilungen erbittet?

Es wäre naiv und verantwortungslos zugleich, wollte man die Gnadengabe der Krankenheilung mit dem Satz abtun: »Damals war das
nötig; heute haben wir Ärzte.« Natürlich brauchen wir den wissenschaftlich geschulten Mediziner. Darüber braucht man kein Wort

zu verlieren. Je mehr gläubige Ärzte, um so besser. Aber weil Mediziner und Psychotherapeuten mitunter eher als ihnen lieb ist an letzte Grenzen ärztlicher Möglichkeiten stoßen, sollten Seelsorger mit ihnen zusammenarbeiten und je und dann – wenn Gott es will – dort weiterführen, wo der Arzt nicht mehr zu helfen imstande ist.

Außerdem müßten wir auch Jakobus 5, 13–18 neu entdecken, zumal es sich dabei um ein ganz normales Geschehen im gemeindlichen Alltag handelt. Für die ersten christlichen Gemeinden war es offenbar selbstverständlich, daß Kranke die Ältesten um den Dienst der Handauflegung baten. Es gibt erfreuliche Anzeichen dafür, daß man sich auf diese Möglichkeiten auch in unserer Zeit neu besinnt. Warum auch nicht? Unser Herr wird in sonntäglichen Gottesdiensten noch immer am besten dadurch gepriesen, daß konfliktbeladene Menschen zu Jesus Christus umkehren und Kranke gesund werden. Das Evangelium will nicht nur neue Bewußtseinsinhalte vermitteln, sondern Leib und Seele in gleicher Weise erreichen. So war es bei Jesus (Matth. 4, 23), so war es auch zur Zeit der Apostel (Apg. 3, 6 u. a.).

Gelegentlich habe ich miterlebt, wie der auferstandene Herr nicht nur von okkulten Belastungen befreit, sondern auch heilt. Eine junge Frau, die häufig unter Depressionen litt, erzählte mir im seelsorglichen Gespräch, wie sie als Kind mit okkulten Praktiken in Berührung gekommen war. In Gegenwart einiger Jugendlicher bat sie um Vergebung ihrer Schuld und übereignete ihr Leben erneut dem Herrn Jesus Christus. Kurze Zeit danach erkrankte sie an einer »Gesichtsrose«. Als wir erneut über ihr beteten, war sie nach 24 Stunden nahezu geheilt. Viele Seelsorger könnten ähnliche Erfahrungen berichten. Es bleibt dabei:

> Ja, Jesus siegt! Sei's, daß die Finsternis
> im Trotzen wütend schnaubt,
> sei's, daß sie wähnt, mit ihrem gift'gen Biß
> hätt' sie ihm viel geraubt.
> Die Seinen läßt in Not und Grämen
> sich unser Herr doch niemals nehmen.
> Ja, Jesus siegt!

VI. Der Spiritismus – Trip ins Jenseits?

Gelegentlich hat eine vielgelesene deutsche Tageszeitung ihre Leser mit folgendem Bericht überrascht:

> »Der lettische Psychologe und Parapsychologe in Bad Krozingen (Dr. Konstantin Raudive) ist überzeugt: Geister sind eine Realität. Ich habe über 80 000 Stimmen von Wesenheiten aus dem Jenseits auf vielen hundert Bändern. Sie wollten schon immer mit uns in Verbindung treten. Aber möglich wurde das erst mit der Erfindung des Tonbandgeräts. Physik-Professor Alex Schneider meinte: ›Ich überzeugte mich von der einwandfreien Experimentiertechnik. Ich hörte die Stimmen. Sie reden oft die Anwesenden direkt an. Auch ich bin angeredet worden. Dabei gab es Hinweise, die Dr. Raudive nicht kennen konnte. Die naheliegende Annahme, daß die Stimmen von irgendwelchen Sendern kommen, muß sich bei der Analyse aufgrund des Sprachgebrauchs und vor allem der Inhalte als falsch erweisen. Ich bin überzeugt: Was hier geschieht, liegt außerhalb jeder Erfahrung.‹ Zu diesen seltsamen Phänomenen sagte Dr. Raudive: ›Auch ich weiß nicht, wie das geschieht. Ich weiß nur: Hier sind Stimmen, deren Herkunft physikalisch bisher nicht zu erklären ist, und sie sagen uns etwas. Ich habe meine Deutung dafür, aber andere können andere haben. Ich will nur wissenschaftlich feststellen: Hier sind diese Stimmen. Sie sind eine Realität. Aber – für mich steht fest: Auch Geister sind eine Realität. Sie sprechen hier mit uns.‹ Der nüchtern denkende Techniker gibt zu: ›Darauf kann ich keine Antwort geben, die Fragen müssen vorerst offenbleiben. Geklärt sind für mich nur die technischen Möglichkeiten.‹«

Auf den Einwand Professors Hans Benders, der die Ansicht vertritt, daß es sich bei den Stimmen aus dem Jenseits um sogenannte »animistische Funktionen« handle, antwortete der Wiener Parapsychologe Ing. Franz Seidel: »Wir haben oft von den Wesenheiten ganz andere Antworten erwartet als schließlich zu hören waren.

Das bewies uns, daß nichts suggeriert wird, sondern daß wir es mit selbstdenkenden Wesen zu tun haben.«

Man kann selbstverständlich solche Presseberichte als Jenseitsspektakel bezeichnen und zur Tagesordnung übergehen. Und doch: Welche Reaktionen mögen sie ausgelöst haben! Was immer auch von dem einen und anderen gedacht worden war: Spiritisten werden sicherlich diese Meldung benutzen, um anderen zu beweisen, daß man mit Verstorbenen sprechen kann.

Der Spiritismus – das Wort ist vom lateinischen spiritus = Geist abgeleitet – ist die Lehre vom Verkehr mit Geistern. Auch die Parapsychologie beschäftigt sich mit den außersinnlichen Fähigkeiten der Seele. Der Spiritismus will nachweisen, daß die Seele nach dem Ableben eines Menschen weiterexistiert.

Bereits im Altertum hat man versucht, den Kontakt mit Verstorbenen herzustellen.

> Der oströmische Kaiser Valenz regierte 364–378. Er ließ zwei Okkultisten Hillarius und Patricius verhaften, weil sie versucht hatten zu ermitteln, wann er sterben und wer sein Nachfolger werden würde. Hillarius wurde gefoltert und gestand: ›Wir fertigten ein hölzernes Tischlein an und stellten es in einen Kessel hinein, auf dessen Rand die Buchstaben des Alphabets eingraviert waren. Auf unsere Fragen berührte das Tischlein die Buchstaben in der Reihenfolge, aus der sich die Antwort ergab. Als wir die Frage aufwarfen, wer dem erhabenen Valenz in der Herrschaft folgen würde, kamen die Buchstaben T-H-E-O. Kaum war der letzte dieser Buchstaben erschienen, als einer der Anwesenden ausrief, das sei Theodorus, worauf wir überzeugt waren, daß dieser es sei und dann unsere Fragen einstellten.‹ – Auf dieses Geständnis hin ließ Valenz nicht nur die beiden Okkultisten, sondern auch Theodorus hinrichten. Daß Theodosius der Große aber sein Nachfolger wurde und damit die Voraussagung tatsächlich erfüllte, konnte Valenz nicht verhindern«.

Der moderne Spiritismus hat Mitte des 19. Jahrhunderts in den Vereinigten Staaten begonnen; zu einem Zeitpunkt also, als Karl Marx sich zum Materialismus bekannte.

> »Man schrieb das Jahr 1847, als mit Klopflauten und Spukerscheinungen der Schwestern Fox, Töchter eines Farmers im Staate New York, das Zeitalter des modernen Spiritismus eingeleitet wurde. Landauf, landab produzierten Berufs-

und Amateurmedien leuchtende Hände und Gesichter, Geistermusik, Stimmen, Lichterscheinungen und eisige Zugluft. Die Zahl der Anhänger stieg in die Millionen« (5/115).

Inzwischen ist der Spiritismus zur größten pseudoreligiösen Sekte geworden. Man schätzt die Anhängerzahl auf 100 Millionen. In Nordamerika soll es über 6000 Logen geben, und allein in Zürich etwa 400 spiritistische Zirkel mit einer eingeschriebenen Mitgliederzahl von etwa 20 000 Menschen. In Brasilien sind »Geisteroperationen« an der Tagesordnung. In den modern eingerichteten Ope-

Aberglaube	Magie	Spiritismus
Glückszeichen		
Glückstage		
Glückszahlen	6. u. 7. Buch Mose	
Unglückszeichen	Fetischismus	
Unglückstage	Amulett	Spuk
Unglückszahlen	Talisman	Totenbefragung
Abergläubische	Tätowierungen	Tischrücken
Sitten	Himmelsbriefe	»Gläserln«
Astrologie	Brandbriefe	Automatisches
Chiromantie	Kettenbriefe	Schreiben
Bleigießen	Magisches	Geistheilungen
Kartenlegen	Besprechen	Materialisationen
Spiegelmantik	Teufelsanrufungen	Spiritualismus
Biorhythmen	Blutverschreibun-	
Mißbrauchte	gen	
Augendiagnose	Liebeszauber	
	Bildzauber	
	Verfolgungszauber	
	Todeszauber	
	Bannen	
	Mental-Suggestion	

Okkulte Praktiken können gebündelt werden und haben ein dämonisches Gefälle.

rationssälen gibt es spiritistische Seancen (spiritistische Sitzungen). Die Geister verstorbener Kapazitäten werden zur Mitarbeit herangezogen. Selbst der Geist Sauerbruchs muß für chirurgische Eingriffe herhalten, wenn Ärzte sich von ihm, versunken in Trance mit nachtwandlerischer Sicherheit, die Hände führen lassen. Der prominenteste Patient, der sich von Geistern operieren ließ, war Staatspräsident Kubitschek, der die modernste Hauptstadt der Welt, Brasilia, gründete (5/117).

Der Okkultismus greift nicht nur mit abergläubischen Praktiken und magischen Experimenten frontal an, sondern ebenso mit spiritistischen Manipulationen; doppelt gefährlich, weil der Spiritismus einerseits den Kontakt mit Verstorbenen und »Geistheilungen« anbietet, andererseits aber seine Opfer dämonisiert und zugleich für den okkulten Angriff mobilisiert.

Zum spiritistischen Bereich gehört neben »Geistheilungen«, Totenbefragungen und Materialisationen auch der *Spuk*. Bereits Plinius berichtete von einem Spukhaus in Athen, »in dem es lange wie mit Ketten rasselte« (4/96). Fanny Moser berichtet in ihrem Buch »Spuk«, daß der Nationalrat Joller in Stans bei Luzern ein spukverseuchtes Haus zusammen mit seiner Familie verlassen mußte. Sie schreibt:

> »Der Spuk ist der größte Verstoß gegen den gesunden Menschenverstand und guten Geschmack. Nicht Wunsch führt zu ihm, sondern Schicksal und Pflicht« (7/206).

Spukphänomene können sehr verschieden sein: es raschelt, klopft, stampft, poltert, klirrt, ein kalter Luftzug wird wahrgenommen. Manche behaupten, daß sie berührt oder gestreichelt worden seien. Alles das geschieht ohne natürliche Einwirkungen. Gewiß hat man zuweilen mit Schabernack und Tricks solange rumort, bis Leute halb ängstlich, halb verärgert dem Spuk zu Leibe rückten und damit genau so reagierten, wie schadenfrohe »Poltergeister« vorausberechnet hatten. Und doch gibt es echten Spuk, den man weder auf »seelische Leiden eines Menschen« zurückführen kann, noch auf telekinetische Fähigkeiten. In einem Anhang zu seiner Wesley-Biographie berichtet Southey über Spukereignisse:

> »Das Haus wurde Tag und Nacht gestört durch Geräusche, Trampeln, Rütteln von Geschirr und Betten, wobei aber nichts von seinem Platz gerückt wurde. Besonders laut war der Lärm bei den Familienandachten während der Fürbitte für die königliche Familie. Die Kinder gaben dem geheimnis-

vollen Wesen den Namen Old Jeffery. Es fiel der Familie auf, daß die kleine Hetty Wesley manchmal kurz vor Beginn der Störaktionen im Schlaf zusammenzuckte« (6/71).

Ein erfahrener Christ und Diakon, mit dem ich längere Zeit hindurch freundschaftliche Kontakte pflegte, berichtete mir gelegentlich, was sich in seinem Hause zugetragen hatte:

> »Während meine Frau noch in der Küche zu tun hatte, ging in der Stube das Licht aus. Der von ihr verlassene Stuhl lag umgekippt am Boden. Dann nahmen die unerklärlichen Dinge ihren Lauf: Klopfgeräusche an der Stubenwand, am Fenster, an der Außenwand, in einer Lautstärke, die sich am besten mit Axthieben vergleichen läßt. Das vor der Wand stehende Bett begann zu wackeln. Dazu kamen Pfeiftöne – friedlich, aber auch herausfordernd – bis zum Morgengrauen. Außerdem hörten wir ein Kratzen und Schaben am Kopfende des Bettes unseres Enkels. Zwischendurch erlebten wir, wie der Stuhl sechsmal sanft, aber auch polternd vor unseren Augen umfiel. Einmal drehte sich der Stuhl um seine eigene Achse. Plötzlich flog ein Pantoffel in unser Bett. Ich stand auf und wollte nach den Hausschuhen greifen, fand aber nur einen. Kurz darauf flog der zweite ins Bett, dann auch die Schuhe meiner Frau und anschließend auch andere Schuhe aus allen Ecken der Stube. Bei völliger Windstille bewegte sich vor meinen Augen die weitgeöffnete Tür und fiel ins Schloß. Ich öffnete die Tür und klemmte ein Stuhlbein in den Türrahmen. Nach einiger Zeit fand ich die Tür erneut geschlossen. Der Stuhl stand daneben.«

Wie ich später erfuhr, kam es zu diesen seltsamen Spukphänomenen, als ein Untermieter ins Haus zog. Es handelt sich also in diesem Fall um einen personengebundenen Spuk. Einige Parapsychologen setzen bei solchen und ähnlichen Vorkommnissen bis dahin noch nicht erforschte Überleistungen des Unbewußten voraus, sprechen von Restenergien oder gehen davon aus, daß beispielsweise Hysteriker unbewußte Persönlichkeiten abspalten können. Aber weder mit diesen Erklärungsversuchen noch mit der »Halluzinations-Hypothese« lassen sich alle Spukphänomene erklären. C. G. Jung, der sich in dem Landhaus seines Freundes selbst davon überzeugt hat, daß es objektiven, ortsgebundenen Spuk gibt, schreibt: »Mit dieser Hypothese (der Halluzination) sollen nun selbstverständlich nicht alle Spukphänomene erklärt sein, sondern höchstens eine gewisse Kategorie (Gattung) derselben« (7/221).

Es läßt sich nun einmal nicht leugnen, daß Spuk auch von Geistern verursacht wird. Professor Dr. Alois Gatterer schreibt:

> »Nicht wenige Spontanerscheinungen Verstorbener sind die Grundlage eines gediegenen wissenschaftlichen Beweises für das Fortleben nach dem Tode.«

Wie sich dämonischer Spuk äußert, hat Pfarrer Blumhardt in seinem Bericht über die Gottliebin Dittus beschrieben:

> »Was man hörte, war ein häufig wiederkehrendes, bisweilen die ganze Nacht durch dauerndes Poltern und Geschlürfe in der Kammer, Stube und Küche, das die armen Geschwister oft sehr ängstigte, auch die oberen Hausleute beunruhigte, wiewohl alle sich scheuten, irgend etwas davon kund werden zu lassen. G. erfuhr noch besondere Dinge an sich, daß bei Nacht zum Beispiel die Hände gewaltsam übereinandergelegt wurden, daß sie Gestalten, Lichtlein und so weiter erblickte« (7/241).

Es sollte uns zu denken geben, daß sich Spuk an Orten sexueller Ausschweifung ereignet oder dort, wo Verbrechen begangen worden sind. Andererseits wird bezeugt, daß der Spuk aufhört, wenn Menschen, die zu Jesus Christus gehören, beten und in seinem Namen finsteren Mächten gebieten. Dazu ein Briefauszug aus der seelsorglichen Korrespondenz. Es handelt sich dabei um die Zuschrift eines Häftlings:

> »Viele Menschen wissen gar nicht, was es bedeutet, okkult belastet zu sein. In meiner Zelle entstand plötzlich eine große Unruhe, die sich von Stunde zu Stunde steigerte. Auf dem Höhepunkt hätte ich alles zerschlagen und mich selbst umbringen können. Überall Geräusche, Bilder fielen von den Wänden mit lautem Knall – und das einige Tage lang. Meinem Kollegen in der Zelle habe ich gesagt: ›Jetzt wird für mich gebetet.‹ Und auch wir haben das getan. Jetzt ist Ruhe und Stille. Gott hat auf die Gebete geantwortet. In diesem Jahr konnte ich wirklich Weihnachten feiern – endlich frei! Frei von aller Last, die mich viele Jahre gequält hatte.«

Zusammenfassend können wir feststellen: Wenn die Parapsychologie Spukphänomene als Halluzinomen oder hysterische Zerfallserscheinungen der Persönlichkeit bezeichnet, gibt sie nur eine Teilantwort. Finstere Mächte können durchaus auf unsere dreidimensionale Wirklichkeit einwirken. Sie müssen allerdings weichen, wenn ihnen wiedergeborene Menschen im Namen Jesu vollmächtig entgegentreten.

Das *Tischrücken* – angeblich ein interessantes Gesellschaftsspiel – ist bei weitem nicht so harmlos, wie das manche meinen. Dazu ein Tatsachenbericht aus dem Buch »Die unsichtbare Welt« von Dr. Paul Müller:

»Im Internat wohnten zehn Mädchen. Einmal, nachdem sie aus den Ferien zurückgekommen waren, schlug eines das Tischrücken als besonders interessantes Spiel vor. Doch Elvira lehnte ab und sagte: ›Ach, laßt mich in Ruh. Das ist doch Humbug!‹ – Heftiger Widerspruch. – Das Tischrücken füllte nun die Abende, lange Zeit ohne Elvira. Dann wurde verabredet, der Kreis sollte Elvira beweisen, daß es kein Humbug sei und Elvira solle den Gegenbeweis führen. So nahm sie zum erstenmal an einer ›Sitzung‹ teil.

Die Sache mißlang. Alle waren empört und warfen Elvira vor, sie störe absichtlich. Doch sie antwortete: Wenn das von ihrem Willen abhänge, sei ja das Tischrücken als Humbug erwiesen. Elvira wurde jedoch gebeten, bei einem weiteren Besuch ihre Einstellung zu ändern. Jetzt nimmt sie sich vor, alle anderen an der Nase herumzuführen. Feierliche Stille. – Der Tisch wird befragt. Sie denkt eine ›beliebige Antwort‹, und siehe da, der Tisch gibt genau die gedachte Antwort. Von jetzt ab spielt Elvira begeistert mit und denkt sich auf alle Fragen die tollsten Antworten aus, die alle geglaubt werden.

Einmal geht ein wichtiger Schlüssel verloren. Große Aufregung. Der Schlüssel muß unbedingt gefunden werden. Man greift zu dem bewährten Mittel und fragt den Tisch. Elvira denkt: ›Der Schlüssel liegt auf der Oberhauser Steige, 3 km entfernt, dritter Bau, Abzweigung links, unter dem siebten Busch.‹ Unverzüglich machen sich einige auf den Weg und – bringen tatsächlich den Schlüssel. Doch Elvira erschrickt im Innersten, spielt aber trotzdem weiter und tröstet sich damit, es sei vielleicht doch ein Zufall gewesen.

An einem Abend fragt eins der Mädchen nach einem ihrer Bekannten, von dem sie seit langem nichts mehr gehört hat. Elvira kennt ihn nicht und denkt: ›Sagen wir einmal: Er ist in Italien.‹ Prompt sagt es der Tisch. – Weitere Frage: ›Ist er allein dort?‹ – Antwort: ›Nein‹. Neue Frage: ›Mit wem ist er in Italien?‹ Antwort: ›Mit seiner Frau.‹ Großes Gelächter. Diesmal wußte der Tisch nichts, denn der Bekannte hat gar keine Frau. Wenige Tage darauf kommt eine Karte aus Italien, wo der Betreffende auf der Hochzeitsreise ist. –

Nach diesem Erlebnis wird Elvira vom Grauen erfaßt. Sie erkennt, daß Tischrücken keineswegs Humbug ist. Sie selbst wurde zum Spielball dunkler Mächte. Seitdem meidet sie streng alle Gelegenheiten ähnlicher Art.

In der Rückschau nach einigen Jahrzehnten werden ihr manche Zusammenhänge klar. Sie hatte in jener Zeit keinen Wunsch zu beten oder in die Kirche zu gehen. Den ›Frommen‹ ging sie aus dem Weg. Andere Mächte hinderten sie am Glauben« (2/107).

Schon oft sagten mir im seelsorglichen Gespräch solche, die sich am Tischrücken beteiligt hatten: »Ich habe mir nichts dabei gedacht.« Der Teufel aber denkt sich in jedem Fall etwas dabei. Er zerrt in die Zone dämonischer Mächte, verführt zu anderen okkulten Praktiken, bringt das psychische Gleichgewicht durcheinander und ruiniert dann einen Menschen nach Leib, Seele und Geist. Hände weg vom Tischrücken!

Paul Bauer informiert über das Tischrücken aus eigener Erfahrung in seinem Buch »Horoskop und Talisman«:

1. Schwere Tische, etwa rechteckige Eichenmöbel, ließen sich nur selten bewegen. Runde, kleine Tischchen spielten am ehesten mit.

2. Es kam sehr stark auf die Fähigkeit der Teilnehmer an, sich zu konzentrieren. Unaufmerksame Partner und kichernde Mädchen störten die Vorgänge.

3. Jeder Teilnehmer war gehalten, einen bestimmten Vorgang mitzudenken, z. B. der Tisch soll sich auf der Fensterseite heben oder er soll sich rechts herumdrehen.

4. Nach einer Anlaufzeit von zwei bis fünf Minuten hörte man oft ein eigentümliches Knacken im Holz, das vorher bei dem ruhig dastehenden Tisch nicht gehört wurde. Erst dann setzte sich der Tisch in Bewegung.

5. Die Glaubensbereitschaft der Teilnehmer spielte eine große Rolle. Erklärte ich einführend die Sache für Einbildung, so ereignete sich öfters überhaupt nichts; stellte ich mich selbst begeistert und erzählte von Erfolgen, wurden die Experimente besser. Manche Teilnehmer äußerten, ein Kribbeln in den Armen, ja sogar Schmerzen zu verspüren oder bei Aufhören des Kontakts einen »Schlag« in einen Arm zu bekommen.

6. Bei den meisten Teilnehmern beobachtete ich, daß sie unbewußte Muskelbewegungen in der gewünschten Richtung machten. Es kann daher sehr wohl angenommen werden, daß die meisten Bewegungen des Tisches mechanisch verursacht sind oder – daß »der Klügere nachgibt«.

7. Was mich dennoch nicht ganz zweifeln läßt, ist dies, daß auch bei von Natur rationalistischen oder kritischen jungen Menschen, z. B. Abiturienten, ein allerdings leichter Tisch zum Teil sehr schnelle und starke Drehbewegungen machte. War hier nicht doch eine unbekannte Kraft im Spiel? Irgendein animaler Magnetismus? . . . Jedenfalls bezeugen auch andere Berichte von Ernstzunehmenden, daß sich Tische sogar ohne Berührung bewegten oder daß die Bewegungen außergewöhnlich stark waren, so etwa bei dem Grazer Medium Frau Silbert, die auch von Rudolf Tischner geprüft wurde.

8. Weiter beobachtete ich, daß sich die Geräusche des Tisches bei mechanisch verursachter Bewegung ganz anders anhörten als bei der unerklärlichen Bewegung.

Er kommt zu dem Ergebnis: »Im Ganzen ist hier also Zurückhaltung geboten« (4/100).

Das gilt ganz besonders für den Fall, wo man sich nach Verstorbenen erkundigt oder Geister befragt. Nicht nur Zurückhaltung ist geboten: Wir haben ganz einfach spiritistischen Manipulationen fernzubleiben, weil dabei ein Grenzübergang in dämonische Zonen passiert wird, die keiner ungestraft betritt, ganz gleich, ob man über der Fotografie eines Verstorbenen pendelt, auf Klopfzeichen des »Tischchens« achtet, »gläserlt« – im süddeutschen Raum –, Klopfalphabete benutzt oder sich des »automatischen Schreibens« bedient.

Mag auch manches, was sich als Jenseitsspektakel ausgibt, Lüge und Betrug sein oder mitunter auch wissenschaftlich erklärt werden können: hinter der Todeslinie gibt es einen Bereich, der auf keinen Fall gleichsam zum luftleeren Raum gehört. Mehr als einmal habe ich festgestellt, daß Menschen, die den Blick hinter die Todeslinie riskieren, von Lästergedanken, Jähzorn, Süchten und Depressionen gequält werden. Manche können nicht mehr beten und verabscheuen das Evangelium. Je und dann ist der Selbstmord die Endstation, weil man das alles auf die Dauer nicht zu ertragen imstande ist. Nur einer kann helfen: Jesus Christus, der am Kreuz unsere

Schuld gesühnt, den Tod entmachtet und den Satan besiegt hat. Wer sich ihm anvertraut, wird von okkulten Belastungen befreit.

Beim Tischrücken buchstabiert der »Geist« seine Antwort durch Klopfzeichen; beim »*automatischen Schreiben*« bedient er sich dazu der Hand des Mediums. Der Brasilianer Chico Xavier soll 97 Bücher geschrieben haben. Das auf einem Friedhof entstandene Sonett eines verstorbenen brasilianischen Dichters »wurde fachlich als ein Werk bedeutender Inspiration in vollendeter metrischer Form angesehen« (5/126). Wie Professor Staudenmaier beweist, ist das automatische Schreiben nicht ganz ungefährlich:

> »Mit Erfolg weckte er innere Stimmen, die sich in Form verschiedener Persönlichkeiten meldeten, sich gegenseitig befehdeten und unerträglich miteinander stritten. Geister Verstorbener meldeten sich in seinen Niederschriften. Es traten Halluzinationen auf, und er fühlte sich von Teufeln und Spottgeistern geplagt. Selbst wenn er spazierenging, sah er allerlei Kobolde, merkwürdige Tiere und Gespenster auf Sträuchern und Bäumen hocken, die ihn spöttisch anlächelten. Die rätselhaften Wesen gewannen immer stärkeren Einfluß auf ihn. Er hatte seine Hände nicht mehr in der Gewalt. Zu den verschiedensten Zeiten meldeten sich motorische Automatismen, auch in Beinen und anderen Körperteilen« (5/126).

Der 1961 verstorbene Parapsychologe Tischner warnt davor, sich rückhaltlos der reizvollen Beschäftigung des automatischen Schreibens hinzugeben. Man könne »sehr schnell die Herrschaft über seinen Körper verlieren und sklavisch vom destruktiven Automatismus heimgesucht werden« (5/126). Genauer gesagt: Wer sich mit dem automatischen Schreiben beschäftigt, wird willenloses Organ dämonischer Mächte, die nicht nur inspirieren, sondern zugleich auch ruinieren.

Ein weiteres Teilgebiet des Spiritismus sind die »*Geistheilungen*«. Zur Vorgeschichte:

> »Dr. Singer war jahrelang als praktischer Arzt in England tätig gewesen, bis er selbst erkrankte und die Diagnose auf Krebs lautete. In dieser Zeit wurde er mit einem Geistheiler bekannt, der als Mitarbeiter einer spiritistischen Kirche in England bekannt war. Viele sonntägliche Sitzungen machten ihn wieder gesund, und er beschäftigte sich eingehend mit spiritueller Heilung. Später wurde er über ein bekanntes englisches Medium von dem Arzt Dr. Lang operiert. Als er 1961

starb, ließ Dr. Singer über ein Medium seiner Tochter ausrichten, sie möchte seine Arbeit aus dem Jenseits fortsetzen.
Die Tochter war einverstanden. Leider hatte sie keinen entsprechenden Beruf. Sie war Stewardeß bei einer Londoner
Fluggesellschaft. Die Prüfung ihrer Medialität verlief für alle
zufriedenstellend. Sie schloß sich der Heilungsgruppe der
spiritistischen Kirche in Hayes an und wurde planmäßig als
Geistheilerin ausgebildet. Die Ausbildung erfolgte in Form
von spiritistischen Sitzungen, wobei Ärzte aus dem Jenseits –
auch bei Operationen – ihre Hände führten. Während dieser
Schulungsstunden geschah es dann, daß sich der verstorbene
Dr. Singer meldete und den Wunsch äußerte, seine Tochter
möge seine alte Praxis in Hayes in ein Sanktuarium verwandeln. Aus der anderen Welt hoffe er, seiner Tochter beizuste-
hen. Schritt für Schritt haben Mutter und Tochter Singer stets
neue Anweisungen und Voraussagen aus der geistigen Welt
bekommen, die sie zuerst ungläubig aufnahmen, doch ohne
Ausnahme haben alle ihren Sinn bewiesen« (5/127).

Es dürfte sich erübrigen, noch einmal darauf hinzuweisen, daß
Menschen, die sich ihrem auferstandenen Herrn verpflichtet wissen, auf derartige Heilungsmethoden verzichten. Das Neue Testament weist uns einen anderen Weg. Wenn es unserem Herrn gefällt,
den einen oder anderen nicht zu heilen, ist es besser, man bleibt
krank, als daß man gesund »senkrecht zur Hölle fährt«.

Der *Materialisation der Geister* – von manchen belächelt – als Tatsache anscheinend nachgewiesen, ist Professor Zöllner wissenschaftlich nachgegangen. Reinhold Ruthe schreibt darüber in seinem
Buch »Medien, Magier, Mächte«:

> »Es wurden zwei gewöhnliche Schiefertafeln mit zwei Schar-
> nieren verbunden, so daß man sie wie ein Buch zusammen-
> klappen konnte. Die Innenseiten wurden mit verrußtem Pa-
> pier zugeklebt, um die Fußabtritte abzufangen. Zöllner nahm
> die zusammengeklappten Tafeln auf seinen Schoß und Slade
> unternahm im hellerleuchteten Zimmer seine Geisterzitie-
> rung. Die ›Jenseitigen‹ meldeten mit dreimaligem Klop-
> fen, daß der Versuch abgeschlossen sei. Auf den Schieferta-
> feln befanden sich tatsächlich die Abdrücke zweier Füße«
> (5/133).

»Materialisationen entstehen, wenn das Medium in Trance fällt und
weißliche, wie Rauch sich bewegende, schleimige Substanzen ab-
sondert, die sich zu körperlichen Formen verdichten. Hände, Bei-

ne, Köpfe und Arme, aber auch ganze Personen bilden sich aus den kautschukartigen und elastischen Substanzen. Die Stoffe können aus Mund, Nase und Ohren austreten oder durch die Haut ausgeschwitzt werden. Da Medien durch konzentriertes Denken Bilder auf diese dunstigen, wolkenähnlichen Stoffe projizieren können, spricht man auch von Ideoplastik. Diese schleierartigen Gebilde werden in der Forschung »Teleplasma« oder »Ektoplasma« genannt. Sie verflüchtigen sich in der Regel rasch, können aber auch längere Zeit materialisiert bleiben« (5/135).

Ein Forscher aus Sao Paulo, Dr. Oswaldo de Castro, äußerte sich über die Forschungsmöglichkeiten mit Medien:

> »Wenn nämlich mittels des Ektoplasmas sich Geistwesen vollkommen entwickeln, wieder in die Materie einkleiden können, müßte es doch auch möglich sein, selbst unheilbare Krankheiten mit diesem ›Plasma‹ zu heilen. Unsere Forschungen in Uberaba waren vornehmlich auf dieses Ziel abgestimmt. Aber wir haben auf diesem gänzlich neuen Forschungszweig kaum den ersten Schritt getan« (5/135).

Daß eine geheimnisvolle Verbindung zum Medium besteht, wird daran deutlich, daß solche nebelhaften Substanzen, die erfaßbar, wägbar und fotografierbar sind, oft durch Schleierfäden mit dem Medium verbunden bleiben. Werden die produzierten Gebilde mit Zigaretten gebrannt, mit Nadeln gestochen oder mit Messern geschnitten, weisen oft die Medien Verbrennungen, Stichwunden und Verletzungen auf. Diese Vorgänge machen deutlich, daß zwischen Medium und Materialisation ein Zusammenhang besteht. In einigen Forschungsinstituten werden sogar Medien vor und nach der Materialisation gewogen, und man stellte Gewichtsunterschiede bis zu mehreren Pfund fest. Auf bisher unerklärliche Weise verwandelt das Medium Materie in kinetische Energie und diese wieder in Materie. Die Vorgänge sind der Forschung theoretisch geläufig (5/135).

Parapsychologen, die sich zur animistischen Deutung solcher Phänomene bekennen (Anima kommt aus dem Lateinischen und bedeutet Seele), sind geneigt, von »abspaltbaren Restenergien« zu sprechen. Mit Recht fragt Reinhold Ruthe:

> »Wie ist es zu erklären, wenn Medien ungewöhnliche Ausdrücke in fremden Sprachen, Abschnitte in altägyptischer und babylonischer oder griechischer Sprache wiedergeben, ohne jemals mit diesen Sprachen Kontakt gehabt zu haben? Besonders dann, wenn es sich um nachprüfbare Botschaften

handelt, weder telepathisch noch auf natürliches Hellsehen zurückzuführen sind? Wie ist es zu erklären, wenn Medien Geister ›materialisieren‹, die von Außenstehenden erkannt und identifiziert werden, ohne daß das Medium eine genaue Kenntnis des Verstorbenen gehabt hat? Wie verhält es sich mit der These, daß das Medium Erinnerungsbilder reproduziert hat? Liegt es nicht einfach daran, daß wir gewisse Phänomene von vornherein für unglaubhaft und unmöglich halten, weil wir uns weitgehend von der Möglichkeit des Fortlebens nach dem Tode distanziert haben? Schafft diese Abwehr nicht unbewußte Vorurteile?« (5/138).

Es gibt genügend ernstzunehmende Berichte, die eindeutig zeigen, daß Verstorbene erscheinen können. Dazu zwei Beispiele:

»Pfarrer J. in Sch. erzählt: Vor etlichen Jahren fuhr ich wie in jedem Herbst auf einem ›Berner Wägele‹ ins Remstal (Baden-Württemberg), um einzukaufen. Neben mir als Kutscher der Bauer N. aus W. Wir fuhren vier bis fünf Stunden und kamen in die Nacht hinein. Zwischen 23 und 24 Uhr gerieten wir an eine Steigung der Fahrstraße. Wir beide stiegen ab, um die Pferde zu entlasten. Das Gefährt fuhr dadurch etwas schneller, so daß ich einige Meter zurückblieb. Plötzlich sah ich neben mir einen Mann, der mir wohlbekannt war, weil er ja aus meinem Dorf stammte. Er trug seltsamerweise den langen, schwarzen Rock, den unsere Bauern sonntags landesüblich tragen. Er zog seinen Hut und sagte: ›Guten Abend, Herr Pfarrer! Ich komme nur, um ihnen zu sagen, daß sie bald heimfahren müssen. Am Freitag ist eine Beerdigung. Es ist ein Unglück geschehen, im Wald beim Holzmachen ist einer erschlagen worden!‹ Der Mann war unverkennbar der Bauer W. Ich fragte zurück: ›Ja, sind Sie mir deswegen eigens bis hierher nachgelaufen?‹, aber ich erhielt keine Antwort mehr. Er war augenblicklich verschwunden. Mit langen Schritten holte ich den Wagen ein. Der Kutscher fragte mich: ›Was hat denn der W. von Ihnen gewollt?‹ Der Mann kam nicht mehr zum Vorschein. Als ich andern Tags an meinem Zielort ankam, fand ich auf dem Frühstückstisch ein Telegramm meiner Frau: Bauer W. sei im Wald beim Holzfällen tödlich verunglückt« (1/87).

Der Ozeanflieger Charles A. Lindbergh, der im Jahre 1927 als erster den Atlantischen Ozean auf der Strecke New York–Paris überflog, berichtet in seinem Buch »Mein Flug über den Ozean«, was er während seiner 22. Flugstunde erlebte:

»Während ich auf die Instrumente starrte, füllte sich die Kabine hinter mir mit Geistern – verschwommenen, durchsichtigen Gestalten, die sich schwebend regen. Die Erscheinung überrascht mich nicht, weil es ohne Plötzlichkeit geschieht. Ohne den Kopf zu drehen, kann ich sie so klar sehen, als wären diese in meinem normalen Gesichtsfeld. Meine Sicht ist nicht mehr begrenzt, sondern wie *ein* großes Auge, das gleichzeitig überall hinblickt. Die Phantome – freundliche Schatten wie Nebel ohne Substanz – sind jederzeit in der Lage zu erscheinen und zu verschwinden. Die Wände des Flugzeugs sind für sie kein Hindernis. Manchmal stehen sie dichtgedrängt hinter mir, dann wieder sind nur einige da, bald einer, bald ein anderer lehnt sich nach vorne an meine Schulter, um über das Motorengeräusch hinweg mit mir zu sprechen und begibt sich dann wieder zur Gruppe der übrigen zurück. Zuweilen kommen ihre Stimmen auch direkt aus der Luft, deutlich, doch wie von weither – vertraute Stimmen, die meinen Flug mit mir besprechen, mir technische Ratschläge erteilen, über Probleme der Navigation mit mir diskutieren; Stimmen, die mich beruhigen und mir Botschaften überbringen, wie sie im täglichen Leben nicht erhältlich sind ...«

Lindbergh folgert:

»Raum und Zeit haben ihren früheren Sinn verloren, und jedes Gefühl für Materie ist dahin: Mein Körper hat kein Gewicht mehr, der Steuerknüppel keine Härte, und das Fleisch keine Empfindung. Ich bin von den Gesetzen der Körperwelt unabhängig und fühle mich fast eins mit diesen nebelgleichen Wesen in meinem Rücken ... Obwohl meinen geisterhaften Freunden der feste Körper fehlt, sind sie doch Menschen gleich in ihrer äußeren Erscheinung: Besucher aus einer Welt, die dem Sterblichen verschlossen ist. Ich bin auf der Grenze zwischen dem Leben und einem größeren Reich jenseits; von Kräften geführt, auf die ich keine Einwirkung habe und die eine Macht darstellen, wie sie mir in dieser Stärke nie begegnet ist. Die Sendlinge aus der Geisterwelt sind für mich weder Eindringlinge noch Fremde. Eher ist es wie ein Zusammentreffen mit der Familie, mit Freunden nach Jahren der Trennung – als hätte ich sie in einem früheren Leben alle gut gekannt. Eine Umwertung aller Werte geht diesseits wie auch jenseits meines Verstandes vor sich. ... So wäre der Tod nicht das unwiederbringliche Ende, das er bisher zu sein schien, sondern vielmehr das Tor zu einer neuen, freien Existenz, die allen Raum und alle Zeit umschließt...?« (1/114).

Berichte, die sich wissenschaftlich weder einordnen noch erklären lassen, die aber unausweichlich auf Dimensionen hinweisen, die jenseits unseres Verstehenshorizontes liegen. Der Schweizer Psychologe C. G. Jung schrieb in seinem Vorwort zu dem Buch von Dr. Fanny Moser »Spuk, Irrglaube und Wahrglaube«, in dem 20 außergewöhnliche Spukerscheinungen beschrieben sind:

> »Eben dieselbe Unwissenheit macht auch, daß ich mich nicht unterstehe, so gänzlich alle Wahrheit an den mancherlei Geistererzählungen abzuleugnen, doch mit dem gewöhnlichen, obgleich wunderlichen Vorbehalt, eine jede einzelne derselben in Zweifel zu ziehen, alles zusammengenommen aber einigen Glauben beizumessen« (5/113).

Professor Dr. Walther Hinz, Universität Göttingen, geht in einem Artikel mit der Überschrift »Moderne Jenseitsforschung« einen Schritt weiter. Zu lesen ist u. a.:

> »Eine Strömung in ihr (der Parapsychologie) bemüht sich krampfhaft, alle parapsychologischen Phänomene als Leistungen des Unbewußtseins von Menschen zu erklären. Auch das ist im tiefsten Grund ungeistiges, materialistisches Denken. Wohl gibt es parapsychologische Erscheinungen genug, die tatsächlich auf seelische Kräfte von Menschen zurückzuführen sind. Aber darüber hinaus begegnet uns eine ganze Welt von übersinnlichen Erfahrungen, die sich befriedigend nur deuten lassen, wenn man ihren Ursprung in persönlichkeitsbegabten geistigen Wesen sucht.

> Alle Beobachtungen deuten darauf hin, daß der Mensch bei seinem Tod den irdischen Leib abstreift und als Geist-Ich mit einem Seelenleib in diese jenseitige Welt eintritt.

> Auf Dr. Emil Mattiesen geht das dreibändige Grundwerk zurück mit dem Titel »Das persönliche Überleben des Todes«. Ich selbst habe dazu beitragen dürfen, daß Mattiesens grundlegendes Buch trotz der Herrschaft des Hitlerreiches erscheinen konnte. Durch dieses Werk ist das persönliche Überleben des Todes wissenschaftlich erwiesen. Daran ändert auch der Umstand nichts, daß engstirnige Wissenschaftler davon keine Notiz nehmen wollen. Der Gedanke an ein persönliches Überleben des Todes ist sehr vielen Menschen unangenehm, ja zuwider. Begreiflicherweise wollen gerade die – bewußt

oder unbewußt – materialistisch eingestellten Gelehrten von einem solchen Überleben nichts wissen. Die Tatsachen des nachtodlichen Lebens nehmen indes keinerlei Rücksicht auf menschliche Vorlieben oder Abneigungen. Tatsachen sind härter als selbst der eigensinnigste Dickschädel . . .

Auch Emil Mattiesen hat, ich deutete es schon an, ursprünglich die durch Medien empfangenen Jenseitsschilderungen nicht für Wirklichkeit genommen, sondern sie dem Unterbewußtsein der Medien zuschreiben wollen. Genauso war es vor ihm dem bedeutenden italienischen Parapsychologen Ernesto Bozzano ergangen. Entscheidend aber ist: beide Gelehrte haben sich durch die Fülle übereinstimmender Berichte, durch das Gewicht ihrer statistischen Häufungen zu der gegenteiligen Überzeugung durchgerungen, zu der Überzeugung nämlich, daß diesen Jenseitsschilderungen echte, reale Wirklichkeiten zugrunde liegen . . .

Wir haben nämlich Grund anzunehmen, daß die Abgeschiedenen noch geraume Zeit nach ihrem Tode dieselben Eigenschaften aufweisen, die sie schon zu Lebzeiten besaßen. Mit anderen Worten: Nicht nur die Lebenden sind von sehr unterschiedlichem Range, sondern auch die Abgeschiedenen. Es wäre daher geradezu ein Argument gegen die Echtheit der Kundgaben, wenn sie inhaltlich alle genau übereinstimmten...

Den Wissenschaftler darf bei seinen Forschungen die Einsicht begleiten, daß wahrer Glaube und wahre Erkenntnis sich ihrem Wesen nach ergänzen, nicht ausschließen und daß auf höherer Stufe Glaube und Erkenntnis zu einer Einheit verschmelzen (15).

Auch der *Spiritualismus* ist eine Variante des Spiritismus. Während sich bei spiritistischen Sitzungen die verschiedensten Geister manifestieren (offenbaren, kundgeben), konzentriert man sich im Spiritualismus ausschließlich auf Gestalten der Bibel. Maurice Elliot, ein Geistlicher der spiritualistischen Gemeinde in London, untersuchte eine Anzahl biblischer Erzählungen und gab dazu spiritistische Erklärungen. Wörtlich schreibt er:

»Hieran sehen wir, daß Abraham seine Gaben des Hellsehens und Hellhörens fortgesetzt anwandte... Es muß dem durchschnittlichen Kirchgänger nahezu unglaublich erscheinen, daß der ›Herr‹ sowie andere Geistwesen (1. Mose 18) sich in

solcher soliden Form materialisieren konnten, daß sie imstande waren zu sprechen, zu sitzen und sogar ein festes Mahl
unter den Bäumen einzunehmen. Doch jenen, die mit den
heutigen psychischen Phänomenen vertraut sind, wird dieses
Geschehen keineswegs unbegreiflich erscheinen. Er (Abraham) fühlte ganz sicher, daß sein himmlischer Führer mit ihm
war. So begann er ihn anzureden, als wenn er einen sichtbaren
Freund an seiner Seite anreden würde« (5/144).

Auf dem Berg der Verklärung sagte Petrus zu Jesus: »Meister, hier
ist gut sein. Lasset uns drei Hütten machen: Dir eine, Mose eine und
Elia eine.« Elliot bemerkt dazu:

> »Denn erfahrungsgemäß waren die abgegrenzten ›geheiligten‹
> Orte‹ besonders geeignet, die Medialität bzw. die übersinnli-
> chen Funktionen zu verstärken und zu erhalten, wie es Mose
> mit seinem tragbaren Zelt in früheren Tagen erfahren hatte«
> (5/147).

Im Blick auf Zeichen und Wunder des Neuen Testaments, die von
Spiritualisten ebenfalls gedeutet werden, schreibt H. Martensen-
Larsen ironisch:

> »Dieselben. – O ja. Wenn ein Kind Striche in ein Heft krit-
> zelt, so ist es dasselbe, wie wenn ein Dichter sein Werk
> schreibt – beides ist ja Schrift. Und wenn der Straßenjunge
> seinen Gassenhauer pfeift, so ist es dasselbe, wie wenn eine
> Sonate von Beethoven gespielt wird. Beides ist ja Musik! Und
> wenn bei der spiritistischen Sitzung die Gitarre oder Violine
> in der Luft herumfliegen oder das Medium an der Zimmer-
> decke schwebt, so ist es dasselbe, wie wenn der Herr auf dem
> Meere wandelt oder auf gen Himmel fährt« (5/148).

Ironische Sätze, die aber den Nagel auf den Kopf treffen! Was sagt
die Bibel? Im Alten Testament finden wir zwei häufig wiederkeh-
rende Ausdrücke: »ob« und »yiddeoni«. Der Sinn von »ob« ist un-
gewiß, doch bedeutet ein ähnliches arabisches Wort »zurückkehren«. Es ist nahezu sicher, daß das zweite Wort mit dem hebrä-
ischen Zeitwort für »wissen« verwandt ist. Die Art, in der diese beiden Wörter verwendet werden, läßt darauf schließen, daß sie sich
auf einen sich mitteilenden Geist beziehen (6/63).

3. Mose 19, 31:
> »Ihr sollt euch nicht an die Totengeister (ob) und an die
> Wahrsagegeister (yiddeoni) wenden, ihr sollt sie nicht befra-
> gen und euch so an ihnen verunreinigen.«

3. Mose 20, 6:
> »Wenn sich jemand an die Totengeister und Wahrsager wendet und sich ihnen hingibt, so werde ich mein Angesicht wider einen solchen wenden und ihn aus seinem Volk ausrotten.«

3. Mose 20, 27:
> »Wenn in einem Mann oder Weib ein Totengeist oder Wahrsagegeist ist, so sollen sie getötet werden.«

5. Mose 18, 10–12:
> »Es soll in deiner Mitte kein Wahrsager, Zeichendeuter, Schlangenbeschwörer oder Zauberer, kein Bannsprecher oder Geisterbeschwörer gefunden werden, keiner, der Wahrsagegeister befragt oder sich an die Toten wendet; denn ein Greuel ist dem Herrn ein jeglicher, der solches tut...«

1. Samuel 28, 3:
> »Saul hatte das Land von den Totenbeschwörern und Wahrsagern gesäubert.«

1. Samuel 28, 7:
> »Suchet mir ein Weib, das Macht hat über Totengeister, daß ich zu ihr gehe und sie befrage. – Ein Weib, das Macht hat über Totengeister, gibt es in Endor.«

1. Saumel 28, 8:
> »Wahrsage mir doch durch den Totengeist und bringe mir den herauf, den ich dir nenne.«

1. Chronik 10, 13. 14:
> »Also starb Saul..., weil er einen Totengeist befragt hatte, um eine Offenbarung zu bekommen, beim Herrn aber nicht Rat geholt hatte; darum ließ er ihn umkommen.«

2. Könige 21, 6:
> »Manasse... hielt Totenbeschwörer und Wahrsager.«

Jesaja 8, 19:
> »Wenn sie zu euch sagen: Befrage die Totengeister und Wahrsagegeister, die da flüstern und murmeln! Soll nicht ein Volk seine Ahnengeister befragen, die Toten für die Lebendigen? – Zur Weisung und zur Offenbarung! Wenn sie nicht also sprechen, gibt es für sie keine Morgenröte.«

Jesaja 29, 4:
> »Dann wirst du tief unten am Boden liegen, reden und in

den Staub gesunken eine bescheidene Sprache führen, und deine Stimme wird wie die eines Totengeistes aus der Erde hervorkommen und deine Rede aus dem Staub heraus flüstern.«

J. Stafford Wright schreibt dazu in »Der Christ und das Okkulte«:

»Wenn wir diese Stellen genau betrachten, dann haben wir den Eindruck, daß »ob« und »yiddeoni« Namen von kommunizierenden Geistern sein könnten. Da »ob« zuweilen für sich allein steht, während »yiddeoni« immer mit »ob« zusammen genannt wird, scheint es vernünftig, »ob« als den herrschenden Geist zu betrachten und »yiddeoni« als andere Geister, die vom beherrschenden herbeigerufen werden. Die meisten Medien unserer Zeit stehen anscheinend unter der Kontrolle von ein oder zwei Geistern. An den alttestamentlichen Stellen, die von der Säuberung des Landes von »ob« und »yiddeoni« sprechen (1. Sam. 28, 3 und 2. Kön. 23, 24) müßten die beiden Wörter wohl mit »Medien« übersetzt werden. Zwar wird an den beiden Stellen ein unterschiedlicher Ausdruck für »Säuberung« verwandt, der Sinn ist jedoch derselbe. Die ursprüngliche Bedeutung ist leicht verständlich: Man säubert ein Land tatsächlich von den Geistern, wenn man es von den Medien säubert, die ihre Vermittler sind« (6/65).

»Spiritualisten berufen sich immer wieder auf den Befehl, wir sollten die Geister prüfen (1. Joh. 4, 1)... Der Zweck der Prüfung besteht nicht darin, zu entscheiden, ob der Kommunikator ein irreführender, ein böser Geist ist oder der Heilige Geist Gottes. Kein anderer als der Heilige Geist inspiriert einen echten Propheten: Botschaften von einem verstorbenen Juden oder Christen stehen gar nicht zur Diskussion. Das unterscheidet den Propheten Gottes vom Medium« (3/66).

Alles das macht deutlich, daß dort, wo die Parapsychologie hinter spiritistischen Phänomenen entweder »Restenergien Verstorbener« oder »außerkörperliche Intelligenzen« vermutet, die Bibel sehr viel genauer von Geistern redet und die Erscheinung Verstorbener – wenn auch sparsam – bezeugt (1. Sam. 28, 7–9 und Matth. 17, 1–8). Damit stehen wir vor der Frage, ob es einen Zwischenzustand, einen Zwischenbereich, eine Wartezone für Verstorbene gibt, oder ob wir mit einer »totalen Existenzvernichtung« rechnen müssen. Blumhardt – so Wilhelm Horkel in seinem Buch »Botschaft von drüben« – hat damit gerechnet, daß die unselig Verstorbenen beunruhigend, verwirrend auf die Nachlebenden einwirken. Befreit von der alten Leiblichkeit, können sie sich gerade um so tätiger machen auf dem Kampffeld des Geistes und der Geister, denn böse Geister haben den Drang nach Verleiblichung in sich, wollen unter Menschen wohnen (die Besessenen des Neuen Testaments!) (1/145). Viele Fragen brechen an dieser Stelle auf, die im einzelnen nicht beantwortet werden können. Eine grundsätzliche Klärung aber ist möglich, wenn wir uns darüber informieren, was die Bibel über die Seele und den Zwischenzustand aussagt.

Seele heißt wörtlich übersetzt Hauch, Lebenshauch, Atem. Sie umfaßt sowohl die Lebensgrundlage als auch das Bewußtsein. In der alten griechischen Literatur wird die Seele als mit dem Leib zusammenhängend vorgestellt. Sie kann das Innere des Menschen bedeuten, seine Persönlichkeit. Seele und Person sind also gleich. Später wird der Begriff der Seele zu dem des Charakters und der Gesinnung. Die Seele ist Sitz der Empfindungen, des Verlangens und Vergnügens, des Genusses. Die griechische Philosophie vertritt die Auffassung, daß die Eigenschaften der Seele Bewegung, Wahrnehmung, Empfindung, vor allem Unkörperlichkeit sind.

In der Septuaginta (griechische Übersetzung des Alten Testaments) kommt das Wort Seele 900mal vor. Am häufigsten ist es für »naephaesch« verwandt, was ursprünglich Kehle, Gurgel, dann Hauch und Atem bedeutet. Das Wort »naephaesch« bezeichnet das, was einen Körper – gleich, ob Tier oder Mensch – zu einem lebendigen Wesen macht. Die Psyche als Übersetzung von »naephaesch« ist das Empfindsame in der Lebendigkeit des Ichs, Sitz der Affekte, der Liebe, der Sehnsucht und der Freude. Die Psyche als der innere Mensch mit den verschiedenen Kräften steht dem Leib gegenüber (17/1112 f.).

Wie wenig das Alte Testament eine einheitliche Vorstellung über Gestalt und Sitz der Seele im Menschen hat, zeigt sich daran, daß es heißt: »Sie werde verhaucht« (entsprechend ihrer Gebundenheit an den Atemvorgang). Das Blut wird übrigens mit Seele geradezu gleichgesetzt. Daneben kennt das Alte Testament auch die Seele als das Organ der Empfindungen im Menschen, wobei das Wort bedeutungsgleich mit Herz oder Gemüt verwandt werden kann. »Naephaesch« bezieht sich ursprünglich nicht auf eine Sache, sondern auf einen Zustand bzw. einen Vorgang. Über die Seele werden folgende Aussagen gemacht:

1. Sie ist jene Kraft, die aus einem Körper ein lebendiges Wesen macht und den Lebensvorgang bewirkt und erhält.

2. Eine Seele kann einfach jemand bedeuten. Auch der tote Mensch wird als eine Seele bezeichnet.

3. Seele meint immer den ganzen Menschen. Der Ausdruck »Leib und Seele« darf nicht im Sinne der Trennung dieser beiden, sondern muß gerade als Betonung der ganzheitlichen Zusammengehörigkeit verstanden werden. Selbst nach dem Tod wird vom Menschen ganzheitlich gesprochen.

4. Innerhalb der Ganzheit der Person wird unter Seele die den Lebensvorgang gestaltende Kraft, also das Leben selbst, verstanden.

5. Die Rückkehr der Seele meint Fortdauer, das Wiederaufflammen des Menschenlebens (1. Kön. 17, 21). Immer ist der Mensch in seiner Gesamtexistenz gemeint, wobei die Seele als Organ des Denkens, Erkennens und des Willensentschlusses gilt (16/1171).

Auch im Neuen Testament gilt die Seele als tragende Kraft des geschöpflichen Lebens und kann die menschliche Person meinen. Auch hier hat Seele die gleiche Doppelbedeutung wie Leben, indem es sowohl den Menschen in seiner vergänglichen Existenz wie in seinem gottgewirkten neuen Leben meint, über das der Tod keine Macht hat. Die Seele wird unterschieden vom Geist (pneuma), wo der menschliche Geist als die durch Überlegung wirksame Steuerungskraft des Denkens und der Entscheidung gemeint ist, im Gegensatz zur Seele als der lebenserhaltenden Kraft und dem Organ der Empfindung. Auch im Neuen Testament gehört zur Seele durchaus der Leib, dem sie verfallen und von dem sie beherrscht werden kann. An der Seele, als der das menschliche Leben am meisten bestimmenden Kraft, nimmt Gottes Heiligung ihren Ansatzpunkt. Hier erfährt der Mensch seine Wiedergeburt (16/1272).

»Vom Ergehen der Seele nach dem Tode spricht die Schrift in verschiedener Weise. Hält man sich vor Augen, daß hinter Seele immer der ganze Mensch steht, so wird deutlich, daß die Heilige Schrift an einer speziellen Seelenlehre, die von der Ganzheit des Menschen absieht, nicht interessiert sein kann und deshalb die in der Philosophie erdachte und in manchen Religionen vertretene Existenz der Seele an sich, also ohne Beziehung zu der Gestalt eines bestimmten Menschen, nicht kennt. Das zeigt vielleicht am deutlichsten 1. Thessalonicher 5, 23, wo es um die Bewahrung des Menschen nach Geist, Seele und Leib geht. Nicht nur der Leib, sondern auch die Seele ist der Errettung und der Erlösung bedürftig, und vor dem Throne Gottes stehen nicht nur Seelen, sondern wiederum ganze Menschen. Für das, was nach dem Tode geschieht, reichen unsere Begriffe und Vorstellungen zur Erklärung nicht aus. Aber wie schon im Alten Testament wird auch im Neuen Testament dem verstorbenen Menschen ein Dasein zugeschrieben. Denen, die das neue Leben nicht erhalten haben, gilt hier die Trennung von Gott und Totenreich, bis sie nach der Wiederkunft Christi zum letzten Gericht erscheinen müssen; denen aber, die im Glauben sterben, ist die Gemeinschaft mit Gott verheißen. Sie sind dem Gericht entkommen. Daß auch im Neuen Testament die Vorstellung vom Blut als Träger der Seele nachwirkt, zeigt Offenbarung 6, 9, wo von den Seelen der Märtyrer am Altar Gottes gesprochen wird: Sie befinden sich da, wo im Alten Testament das Blut der Opfer hinfließt; wo sie ihr Leben für Gott hingegeben haben, ist es nicht verloren, sondern erhalten« (16/1274).

Die Bibel unterscheidet mithin zwischen Leib, Seele und Geist, sieht aber den Menschen immer in ganzheitlichen Bezügen. Dort, wo die Seele durch den Heiligen Geist erneuert wird, weiß sie um ein unvergängliches Leben, das die Todeslinie durchbricht.

Im Alten Testament bedeutet *Leben* zunächst den durch Tod und Geburt begrenzten Ablauf des natürlichen Lebens. Neben dem natürlichen Leben, dessen Anfang und Ende durch die natürliche Geburt und den natürlichen Tod bestimmt werden, kennt die Bibel – vor allem das Neue Testament – ein anderes Leben, das mit einer übernatürlichen Geburt beginnt (Joh. 3, 3. 5): das Leben aus Gott, das vor allem in den Schriften des Johannes seine besondere Rolle spielt. Im Glauben ist das neue Leben Wirklichkeit, weil der Glaube die Verbindung mit dem herstellt, der dieses neue Leben aus Gott selber ist. Mit dem Glauben ist in dem zeitlichen Ablauf des natürlichen Lebens etwas völlig Neues gekommen. Daß das neue Leben so zwar einen Anfang hat, aber doch ohne Ende sein soll, ist bei aller Widersinnigkeit für unseren menschlichen Verstand Gottes kraftvolle Möglichkeit und Wirklichkeit (16/831).

Im *Tod*, der als eine personhaft gottwidrige Macht verstanden wird, leben alle Menschen, soweit sie von Gott getrennt sind. Der geistliche Tod wird aufgehoben, wo der Mensch durch Gottes Gnade zu neuem Leben in der Wiedergeburt errettet wird und damit vom Tod zum Leben hindurchgeht (Joh. 5, 24). Dieses neue Leben kann nicht getötet werden. Der Tod hat über den Gläubigen keine Macht (Offb. 20, 6), denn Jesus Christus, der sich selbst in die Gewalt des Todes begab, hat dem Tode die Macht genommen. Für Paulus ist sowohl das Sterben als auch das Leben Lobpreis Christi und Gottes (Phil. 1, 20); denn seine Liebe zu Christus übertrifft die zum eigenen Leben. Er weiß, daß sein Tod das eigentliche Leben, die Gottesgemeinschaft nicht aufhebt (16/1415).

Bereits dieser lexikalische Befund zeigt, daß wir uns nicht dogmatisch auf die »totale Existenzvernichtung des Menschen« festlegen dürfen. Für eine bestimmte theologische Richtung gibt es keinen Zwischenzustand. Sie meint, Gott werde ein neues eschatologisches Schöpfungswort sprechen und dann erneut die Toten zum Leben erwecken. Von diesem Ansatzpunkt aus kann man sich allerdings zur animistischen Deutung spiritistischer Phänomene bekennen, ist aber genötigt, 1. Samuel 28, 17–19 und Matthäus 17, 1–8 wegzuexegesieren, weil sich diese Bibelstellen nicht in das vorgegebene Schema einfügen. Das Neue Testament dagegen bezeugt, daß mit dem Tod nicht alles aus ist (Matth. 10, 28): »Fürchtet euch nicht vor denen, die den Leib töten und die Seele nicht töten können; fürchtet euch aber vielmehr vor dem, der Leib und Seele in der Hölle verderben kann.« Während sonst im neutestamentlichen Text Seele = psyche für leibliches Leben steht (vgl. auch Vers 39!), ist hier mit Seele = psyche das bleibende und unzerstörbare, das ewige Leben gemeint, das vom vergänglichen Leib unterschieden wird (vgl. Luk. 12, 4. 5) (19/139).

Lukas 16, 19–31:
»Zwischen den Seligen und Unseligen im Hades ist eine große Kluft befestigt, die keine Willkür und kein Mitleid durchbricht. Es ist ein unüberschreitbarer, weitgähnender, tiefreichender, überall brückenloser Zwischenraum der Scheidung. Durch die ›große Kluft‹ wird die Trennung des Ortes der Seligen vom Ort der Verdammten als eine unabänderliche Weltordnung bezeichnet. Die Gewährung der Bitte des Reichen ist aus diesem Grunde unerfüllbar« (22/396).

Lukas 23, 43:
»Der Herr versprach ihm (dem Schächer) das Paradies, und zwar noch für heute und in der Gemeinschaft mit ihm. Ungereimt ist die Satzverbindung: ›Ich sage dir heute‹, um das Weilen mit Jesus im Paradiese bis auf eine fernliegende Zukunft hinauszuschieben. Dem Wörtlein ›heute‹ eine solche Bedeutung beizulegen, entspricht gar nicht dem Sprachgebrauch des Lukas-Evangeliums. Jesus spricht zu dem Schächer von dem Zustand, in dem die Seelen der Gläubigen durch ihr Sterben eingehen. Wie das selige Fortleben der alttestamentlichen Frommen nach dem Tode ein Ruhen im Schoße Abrahams ist (Luk. 16, 22), so gehen die an Jesus Glaubenden im Augenblick ihres Sterbens ins Paradies, um ›mit Christus‹ zu sein, so wie es Paulus in Philipper 1, 23 sagte. Der Schächer, der sein qualvolles Leiden mit ihm teilte, der in demütiger Reue seine Schuld und Jesu Unschuld be-

zeugte, der auf ihn als den König hoffte und sich gläubig im Gebet an ihn wandte, sollte auch die Seligkeit mit ihm teilen, in welche Jesus durch sein Sterben gelangte« (22/530).

Johannes 11, 25–26:

»Jesus spricht zu ihr: Ich bin die Auferstehung und das Leben. Wer an mich glaubt, der wird leben, ob er gleich stürbe; und wer da lebt und glaubt an mich, der wird nimmermehr sterben. Glaubst du das?«

Das leibliche Sterben kann unsere Verbundenheit mit Jesus nicht lösen und darum auch ein Leben nicht antasten, das in Jesus sein Wesen und seinen Bestand hat. Wenn heute vielfach gelehrt wird, der ganze Mensch sterbe im leiblichen Tode und werde erst am Jüngsten Tage in der Auferstehung aus dem Nichts neu hervorgeholt, so widerspricht das den Aussagen Jesu fundamental. Es wirft uns auch praktisch auf jenes ›Wissen der Marter‹ zurück, das keine Kraft des Trostes in sich trägt. W. Stählin sagt zu dieser Frage: »Das Prinzip der ersten Schöpfung ist die Creatio ex nihilo (die Schöpfung aus dem Nichts), das Prinzip der zweiten Schöpfung die Verwandlung« (23/29).

Philipper 1, 21. 23:

»Denn Christus ist mein Leben, und Sterben ist mein Gewinn. Denn es liegt mir beides hart an: Ich habe Lust abzuscheiden und bei Christus zu sein, was auch viel besser wäre.«

Voreilige Systematisierung ist dem Neuen Testament gegenüber immer vom Übel und steht dem Ausleger nicht zu. Paulus spricht hier von einem »Gewinn«, den ihm das Sterben und nicht erst die Wiederkunft des Herrn bringt. Und in seinem Verlangen, das er bezeugt, faßt er das »Aufbrechen« und das »Mit-Christus-Sein« so eng in eines zusammen, daß wir kein Recht haben, es durch eine lange Zeit des Todseins oder des Seelenschlafs auseinanderzureißen. Die Stelle verlöre dadurch ihre eigentliche Kraft im ganzen Zusammenhang der Aussagen. Wir können nur feststellen, daß die Hoffnung des Paulus reicher war als wir in unserer Systematik so oder so wahrhaben wollen.

Mit voller Kraft hat er auch beim Schreiben an die Philipper die Erwartung der Parusie festgehalten und erst in ihr und der mit ihr erfolgenden Vollendung der Gemeinde, auch durch das Geschenk eines neuen Lebens, das erfüllende Ziel gesehen.

Aber er hat zugleich eine solche Lebensverbindung mit Jesus gehabt, daß auch das leibliche Sterben sie nicht zerreißen, sondern nur vertiefen konnte. Er ist dann »mit Christus« in einer Weise, wie er es jetzt in dieser Welt noch nicht sein konnte, obwohl er auch hier schon »in Christus« ist.

Darum ist für ihn persönlich das Sterben ernsthaft und unge-künstelt »Gewinn«, und er kann sich tatsächlich nach diesem »Aufbruch der Herzen« sehnen. Er kann es mit einem fast unübersetzbar knappen und starken Satz sagen: »Denn um vieles besser (wäre das)!« Die manchmal versuchte Auskunft, Paulus habe sich durch das Ausbleiben der Wiederkunft Jesu und angesichts seines eigenen nahen Todes genötigt gesehen, nun doch in die Linie einer rein persönlichen Unsterblich-keitshoffnung abzubiegen, ist angesichts von Philipper 3, 20. 21 ganz unmöglich. Ebenso vergewaltigt aber auch die theo-logische Systematik, die den völligen Tod des ganzen Men-schen beim Sterben im Neuen Testament gelehrt findet, un-sere Stelle, wenn sie unausgesprochen in den Text eingefügt lassen will: »Ich habe das Verlangen, aufzubrechen und (spä-ter einmal bei der Auferstehung der Toten) mit Christus zu-sammen zu sein« (24/61).

1. Thessalonicher 4, 14:

»Denn so wir glauben, daß Jesus gestorben und auferstanden ist, also wird Gott auch die da entschlafen sind, durch Jesum mit ihm führen.«

Der schwebende Ausdruck »mit ihm zusammen führen« wäre ein ganz knapper Blick in den »Zwischenzustand«. Die Entschlafenen sind und bleiben zwar hier Tote; das steht durch Vers 16 eindeutig fest. Aber »Tote« heißt keineswegs »Nichtseiende«. Es heißt auch nicht »Schlafende«, da die Verwendung des Wortes »entschlafen« in unserem Brief le-diglich dem allgemeinen griechischen Sprachgebrauch ent-spricht und sachlich über den Zustand nach dem Tode nichts aussagt. Und »Christen« sind auf jeden Fall »Tote in Chri-stus«, also Tote, über die »Jesus Christus der Herr« ist wie über die Lebenden. Sie sind auch als Tote von Christus unge-trennt, also umfaßt von seiner Herrschaft, seinem Frieden, seinem Schutz (25/81). »Die Christen sind in Wahrheit nicht tot, sie sind Schlafende, weil Jesus als der Herr lebt. Sie haben eine Existenzweise, die sich von der des physischen Lebens unterscheidet, aber sie haben in Wahrheit, wenn dieser Tat-bestand von Gott her gesehen wird, nicht eigentlich die Todeslinie überschritten. Die wird nur dann überschritten, wenn Gott und Christus die Verbindung mit einem Menschen lösen, weil der Mensch sie längst gelöst hat. Wirklicher Tod ist im Sprachgebrauch des Johannes »der zweite Tod«, der nach dem Endgericht die völlige Vernichtung der Existenz bedeutet« (18/64).

Offenbarung 6, 9 u. 10:

>»Und da es das fünfte Siegel auftat, sah ich unter dem Altar die Seelen derer, die erwürgt waren um des Wortes Gottes willen und um des Zeugnisses willen, das sie hatten. Und sie schrieen mit großer Stimme und sprachen: Herr, du Heiliger und Wahrhaftiger, wie lange richtest du nicht und rächest unser Blut an denen, die auf der Erde wohnen?«

Ihm (Johannes), wurden beim Anblick des Blutes die Menschen bewußt, deren Tod Sterben am Altar, d. h. unschuldiges Opfer für Gott gewesen war, und die in eine besondere Nähe Gottes gelangt waren. Der Tod hatte sie nicht von Gott getrennt. Blut schreit zu Gott (1. Mose 4, 10; Hebr. 12, 24), und das Schreien der Gerechten greift in die Endereignisse ein (26/202).

Zusammenfassung:

Die Bibel unterscheidet zwischen psyche und pneuma. Die Seele ist das im Menschen, was ihn zu einer Person macht samt alledem, was zum Personenleben des Menschen gehört. Die Seele hat die Fähigkeit zu empfinden, zu denken, zu wollen, ein reiches Innenleben zu entfalten; sie verfügt über allerlei schöpferische Kräfte und Gaben, also auch über die verschiedenen ›geistigen Gaben‹. Und doch steht im Neuen Testament neben der Seele als etwas Besonderes der Geist (pneuma) da. Der Geist ist das im Menschen, wodurch er Gott benachbart ist, wodurch er zu Gott in Beziehung treten kann. Der Heilige Geist, wenn er über den Menschen kommt, knüpft an den menschlichen Geist an (Röm. 8, 16). Durch den Geist wird dann die ganze Persönlichkeit oder Seele des Menschen göttlich erleuchtet und belebt« (21/160). Man müßte ergänzen: erneuert. Die Seele hat dann eine Qualität, die vom Tod nicht zerstört werden kann.

Deutlich unterscheidet das Neue Testament im Totenreich zwei Orte. An dem einen warten solche, die sich schon zu Lebzeiten bewußt Jesus Christus angeschlossen haben, auf den »geistlichen Leib« (1. Kor. 15, 46). An dem anderen bleiben bis zum letzten Gericht (Offb. 20, 11–15) alle, die nicht zum auferstandenen Herrn gehören. Obschon uns keine Details genannt werden, ist im Zwischenbereich das Bewußtsein vorhanden und die Persönlichkeit erkennbar. Wenn je davon gesprochen werden könnte, daß »der Mensch als ganzes Wesen dem Tod verfällt« (27/1451), dann träfe das auf Menschen zu, die keine Verbindung zu Jesus Christus hatten, also *nur* psychisch waren. Wer im Kraftfeld des Auferstandenen lebt, darf mit Paulus bekennen:

> »Denn ich bin gewiß, daß weder Tod noch Leben, weder Engel noch Fürstentümer noch Gewalten, weder Gegenwärtiges noch Zukünftiges, weder Hohes noch Tiefes noch keine andere Kreatur kann uns scheiden von der Liebe Gottes, die in Christus Jesus ist, unserem Herrn« (Röm. 8, 38–39).

Die Gemeinschaft mit Jesus bleibt über den Tod hinaus erhalten, auch wenn wir im einzelnen nicht wissen, wie das aussieht. Auf keinen Fall ist die Seele im absoluten Sinne tot. Sie gehört zum pneuma und ist in diesem Sinne unsterblich. Man sollte beachten, was Professor Köberle zu diesem Fragenkreis geschrieben hat:

> »Die christliche Kirche sollte der spiritistischen Zuversicht nicht die von den Zeugen Jehovas am heftigsten vertretene Überzeugung von einer totalen Existenzvernichtung des Menschen im Tod entgegenstellen. Wohl aber haben wir bei dieser Verkündigung darauf hinzuweisen, daß die Botschaft ›Die Toten leben‹ noch lange keine Heilsbotschaft ist. Es kann nach dem Zeugnis der Heiligen Schrift auch ›schrecklich sein, in die Hände des lebendigen Gottes zu fallen‹, wenn der Feind wird das Leben verklagen. Allein der Rechtfertigungsglaube schenkt die Gewißheit, daß der Mensch im Sterben nicht ins Bodenlose stürzt, vielmehr eine Heimat bei Gott auf uns wartet, zu der uns Jesus Christus durch sein Versöhnungsleiden den Zugang geöffnet hat. Wir sollen den Spiritismus nicht mit Rationalismus bekämpfen, sondern mit dem freudigen Zeugnis, daß unsere ›Namen im Himmel angeschrieben sind‹« (5/149).

Aus alledem zu folgern, man dürfe mit Verstorbenen spiritistische oder spiritualistische Kontakte pflegen, wäre nicht nur falsch, sondern zugleich gefährlich. Es bleibt bei 5. Mose 18, 10–14:

> »Es soll sich niemand in deiner Mitte finden, der seinen Sohn oder seine Tochter als Opfer verbrennen läßt, niemand, der Wahrsagerei, Zeichendeuterei oder Beschwörungskünste

oder Zauberei treibt, niemand, der Geister bannt oder Totengeister beschwört, keiner, der einen Wahrsagegeist befragt oder sich an die Toten wendet; denn ein jeder, der sich mit solchen Dingen befaßt, ist für den Herrn ein Greuel, und um dieser Greuel willen vertreibt der Herr, dein Gott, diese Völker vor dir her. Du sollst dem Herrn, deinem Gott, gegenüber unsträflich dastehen, denn diese Völker, die du verdrängen wirst, hören auf Zeichendeuter und Wahrsager. Dir aber gestattet der Herr, dein Gott, derartiges nicht.«

In Jesaja 8, 19 läßt Gott durch den Propheten verkündigen:

»Wenn sie aber zu euch sagen: Ihr müßt die Totengeister und Beschwörer befragen, die da flüstern und murmeln, so sprecht: Soll nicht ein Volk seinen Gott befragen oder soll man für Lebendige die Toten befragen?«

Die Bibel verbietet ausdrücklich, an irgendeinem Grenzübergang das Reich der Geister zu betreten. Gott richtet Warnschilder auf. Wer Tote befragt, gerät in den Machtbereich finsterer Gewalten. Mit spiritistischen Experimenten lockt der Teufel viele in die Klauen der Dämonie. Die Neugier wird befriedigt, dann aber schnappt die Falle zu, man kann nicht mehr zurück. Ungezählte sind so zu Gefangenen des Satans geworden. Saul, der sich von der Hexe zu Endor den verstorbenen Samuel heraufholen ließ, endete am nächsten Tag im Selbstmord.

Spiritisten meinen zwar, daß aus den Medien Totengeister, Geister aus dem Jenseits, Geister der Verstorbenen und nicht inkarnierte Geister sprechen, also Geisterwesen, die nie Menschen waren. Sie behaupten auch, daß sie keine Totengeister aus dem Totenreich, sondern nur lebendige Geister aus dem Totenreich rufen. Das ändert aber nichts an der Tatsache, daß es uns untersagt ist, mit den Verstorbenen irgendwelche Kontakte aufzunehmen. Wer das trotzdem versucht, gerät in die Dämonie, ruiniert seine seelische Gesundheit und hat es schwer, sich für Jesus Christus zu entscheiden. Manche Spiritisten sind ständig von Dämonen umsessen, wenn nicht gar besessen. Also Hände weg vom Spiritismus, ganz gleich, in welcher Form er sich anbietet: ob Pendeln oder Tischrücken, automatisches Schreiben oder Gläserln! Mit allen diesen Praktiken versucht man, in die Region der Verstorbenen vorzustoßen, gerät aber zugleich in den Sog finsterer Mächte.

Wir sind auf spektakuläre Jenseitsauskünfte der Spiritisten nicht angewiesen, denn die Bibel sagt uns: »Was kein Auge gesehen hat und kein Ohr gehört hat und in keines Menschen Herz gekommen ist, was Gott bereitet hat denen, die ihn lieben: Uns aber hat es Gott offenbart durch seinen Geist« (1. Kor. 2, 9. 10a). Es genügt uns zu wissen, daß wir auf einen neuen Himmel und auf eine neue Erde warten dürfen, in der Gerechtigkeit wohnt (2. Petr. 3, 13). Dort »wird Gott alle Tränen abwischen; der Tod wird nicht mehr sein noch Leid noch Geschrei noch Schmerz wird mehr sein; denn das Erste ist vergangen« (Offb. 21, 4).

Der Sohn Gottes ist stellvertretend in die Todeszone gegangen. Er ist am Kreuz für uns verblutet, hat uns dadurch von jedem Anspruch des Satans freigekauft und jede Schuld getilgt. Sünde, Tod und Teufel sind entmachtet. Nur er war diesen Gewalten gewachsen. Niemand kann ihm seinen Sieg streitig machen. Seitdem er auferstanden ist, gibt es im »Jenseits« eine völlig neue Situation. Der auferstandene Herr hat die Schlüssel der Hölle und des Totenreiches. Er ist der Richter der Lebendigen und der Toten. Ihm ist alle Gewalt gegeben im Himmel und auf Erden. Bis in die »untersten Örter der Erde« ist Jesus »hinabgefahren«. Seitdem zittern die Dämonen vor dem Namen Jesu. Sie müssen ihm gehorchen, ob sie wollen oder nicht. Wie sehr der gekreuzigte und auferstandene Herr die Situation im Totenreich verändert hat, berichtet das Matthäus-Evangelium:

>»Und die Erde erbebte, und die Felsen zerrissen, und Gräber taten sich auf, und standen auf viele Leiber der Heiligen, die da schliefen, und gingen aus den Gräbern nach seiner Auferstehung und kamen in die heilige Stadt und erschienen vielen« (Matth. 27, 52. 53).

Sterbend ging Jesus ins Totenreich und »hat den Geistern im Gefängnis gepredigt, die vorzeiten nicht glaubten, da Gott harrte und Geduld hatte zu den Zeiten Noahs« (1.Petr. 3,19. 20). Noch einmal: Jesus Christus ist der unumschränkte Herr im Diesseits und im Jenseits. Weil ihm alles untersteht, reißt er seine Leute über die Todeslinie hinweg in sein ewiges Reich. Der Tod ist Durchgang zum Leben. Alle, die zu Jesus Christus gehören, werden mit einem geistlichen Leib beschenkt, der unabhängig ist von Raum und Zeit, keine Krankheit kennt, nicht sündigt, nicht mehr verwest. Warum also pendeln, den Tisch rücken, auf Klopfzeichen achten, Geister fragen, an spiritistischen Sitzungen teilnehmen? Menschen, die zu Jesus umgekehrt sind, bekennen:

>»Denn unser keiner lebt sich selber, und keiner stirbt sich sel-

ber. Leben wir, so leben wir dem Herrn; sterben wir, so sterben wir dem Herrn. Darum, wir leben oder sterben, so sind wir des Herrn. Denn dazu ist Christus gestorben und auferstanden und wieder lebendig geworden, daß er über Tote und Lebendige Herr sei« (Röm. 14, 7–9).

Und darum können Menschen, die sich mit dem ewigen Leben beschenken ließen, an der Todeslinie – jener unentrinnbaren, existentiellen Grenzsituation – in der Gewißheit heimgehen:

»Wir sind nun Gottes Kinder, und es ist noch nicht erschienen, was wir sein werden. Wir wissen aber, wenn es erscheinen wird, daß wir ihm gleich sein werden; denn wir werden ihn sehen, wie er ist« (1. Joh. 3, 2).

Wer von Jesus allerdings nichts wissen will, wird je und dann in der Stunde des Todes vom Grauen gepackt. Karl IX., der im Jahre 1572 zur Pariser Bluthochzeit eingewilligt hatte, sagte kurz vor seinem Sterben: »O wieviel Blut! Welch ein Morden! Was muß ich tun? Ich bin verloren, ewig verloren! Ich weiß es.« Voltaire, zu Lebzeiten ein Gottesleugner, fluchte angesichts des Todes so entsetzlich, daß seine Bediensteten weggelaufen sind. Goethe rief: »Mehr Licht!« Elisabeth, Königin von England, flehte auf dem Totenbett recht unköniglich: »Alle meine Schätze für eine einzige Minute!« Wie so ganz anders sind mitunter die letzten Worte solcher, die um die Vergebung ihrer Sünde wissen.

Königin Luise von Preußen:
»Herr Jesu, mach es kurz!«

Blaise Pascal, ein christusgläubiger Wissenschaftler:
»Gott möge mich nie verlassen.«

Heinrich Wichern:
»Unser Glaube ist der Sieg, der die Welt überwunden hat.«

Gottfried Arnold:
»Frischauf, frischauf! Die Wagen her und fort!«

Gerhard Tersteegen:
»O Gott, o Jesu, süßer Jesu!«

Adolf Monod:
»Der Herr überschüttet mich mit den Schätzen der brüderlichen Liebe. Jetzt, wo ich mehr als je zuvor meine Unwürdigkeit empfinde, umgibt mich die Liebe Gottes und der Menschen in ungeahnter Fülle. Mein letzter Atemzug darf nur

Lob und Dank ausströmen. Lamm Gottes, dich beten wir an. In dir wollen wir sterben und leben, mit dir leiden und zur Herrlichkeit eingehen.«

Emil Frommel:
»Aus Gnaden werde ich angenommen, allein aus Gnaden.«

Hermann Bezzel:
»Ich kann im Blick auf mein Leben nur sagen: Ich habe ihm unaussprechlich viel zu danken. Warum er in der Hälfte meiner Jahre abbricht, weiß ich nicht. Aber es ist sein Erbarmen. Er hat mich sehr gnädig geführt. Heim! Laßt zu meinem Herrn mich ziehen.«

Gewiß sterben Christen auch anders. Nicht alle sind in den letzten Stunden des Lebens noch imstande, einen Satz zu formulieren. Aber sie wissen: »Mein Sterben ist ein Erben.« Der Tod ist und bleibt zwar der letzte Feind. Weil ihn aber der auferstandene Herr besiegt hat, bricht die Ewigkeit in die Zeit auch dort ein, wo zu einer lebendigen Hoffnung wiedergeborene Menschen biologisch sterben.

In diesem Zusammenhang sei auf zwei Fragen geantwortet:

»Darf man für Verstorbene beten?«

In 1. Petrus 3,19. 20 wird von Jesus Christus ausgesagt: »Sein Leib wurde in den Tod gegeben. Aber im Geist ist er lebendig gemacht und ist hingegangen und hat den abgeschiedenen Geistern im Gefängnis (des Totenreiches) die Frohe Botschaft verkündigt. Sie waren einst ungehorsam, als Gott in den Tagen Noahs in großer Geduld wartete, nachdem dieser die Arche gebaut hatte.« Eine ergänzende Aussage steht in 1. Petrus 4, 6 und lautet: »Denn dazu ist ja auch den Toten die Heilsbotschaft gesagt worden, damit sie dem Geist nach göttliches Leben gewinnen könnten, auch wenn sie dem Leibe nach schon dem Todesgericht verfallen sind.« Beide Bibelstellen sagen sehr deutlich, daß mit dem Tod nicht alles aus ist. Jesus hat den Toten das Evangelium gepredigt. Nirgends aber wird im Neuen Testament behauptet, daß die Gemeinde eine ähnliche Aufgabe habe. An keiner Stelle der Bibel wird empfohlen, für Verstorbene zu beten. Abraham, der vom reichen Mann im Jenseits gebeten wird, dafür zu sorgen, daß Lazarus seine Fingerspitze ins Wasser tauchen und dem Gequälten die Zunge kühlen möge, sagt: »Außerdem ist eine große Kluft zwischen uns und euch. Wir können unmöglich zu euch kommen, und auch die, die von euch zu uns kommen wollen, können es nicht« (Luk. 16, 26).

Das Fürbittegebet für Tote ist neutestamentlich nicht zu begründen. Auch die Lehre vom Fegefeuer – die in abgewandelter Form auch im Islam zu finden ist – entbehrt jeder biblischen Grundlage. Wer zu seinen Lebzeiten von Jesus Christus hört, muß sich für oder gegen ihn entscheiden. Der Hebräerbrief sagt eindringlich: »Heute, wenn ihr seine Stimme hören werdet, so verstocket eure Herzen nicht.« Es gibt ein Zuspät. Daran dürfen wir nicht rütteln. Wir können das nicht deutlich genug, nicht eindringlich genug, nicht ernst genug sagen. Wer das Angebot des Evangeliums mißachtet, kann nicht damit rechnen, nach seinem Tod gerettet zu werden. Darum können wir von unserer Verantwortung gegenüber solchen, die Jesus Christus nicht kennen, nicht groß genug denken.

Aber auch das andere gilt: Wir können nicht groß genug von der Gnade denken. In Offenbarung 22, 2 wird gesagt: »Die Blätter des Baumes dienen zur Gesundung der Völker.« Bekanntlich wird dort von dem neuen Himmel und der neuen Erde gesprochen. Gewiß dürfen wir vermuten, daß unser Herr auch in der zukünftigen Welt solchen das Evangelium zugänglich machen kann, die zu Lebzeiten keine Möglichkeit hatten, von Jesus Christus zu hören. Daraus aber zu folgern, man könne sich nach dem Tode für Jesus Christus entscheiden, obschon man zu Lebzeiten die Möglichkeit dazu hatte, ist falsch. Ebenso irrig ist die Meinung, wir dürften für Tote beten. Von einer Erlösung aller Toten redet die Heilige Schrift nirgends. Wir müssen deshalb unsere Toten getrost dem Herrn überlassen, der keine Fehler macht.

Die zweite Frage lautet:

> »Darf man in besonderen Notsituationen den Beistand der Heiligen erbitten?«

Davon weiß die Bibel nichts. Es gibt zwischen Gott und den Menschen nur *einen Mittler:* unseren Herrn Jesus Christus. In 1. Timotheus 2, 5. 6 ist zu lesen: »Denn es ist *ein* Gott und auch nur *ein* Mittler zwischen Gott und den Menschen, nämlich der Mensch Christus Jesus, der sich selbst zum Lösegeld für alle dahingegeben hat, daß solches zu seiner Zeit gepredigt würde.« Nach dem Verständnis des Neuen Testaments sind alle heilig, die durch den Heiligen Geist wiedergeboren sind und ihr Leben für Gott abgesondert haben. In diesem Sinne nennt Paulus beispielsweise die Korinther »berufene Heilige«.

Jesus Christus ist gekommen, um die Werke des Teufels auf allen okkulten Teilgebieten zu zerstören, ganz gleich, ob es sich dabei um

Aberglaube, Magie oder Spiritismus handelt. Ein Beispiel dafür ist Resene Rojas, der seit mehreren Monaten mit seiner Frau in Patto Pranco arbeitet. Er berichtet:

>>Am 29. Mai 1935 wurde ich in einer spiritistischen Familie geboren. Mein Vater und meine Mutter waren spiritistische Medien, und so wurde ich schon früh in die Praktiken des Spiritismus eingeführt und erhielt dort auch die Taufe. Mit 20 Jahren lernte ich meine Frau kennen, die ebenfalls aus einer spiritistischen Familie stammte. Nun begann ich ernsthaft, unsere religiöse Tradition zu überdenken. Mir genügte es nicht, nur einfach den elterlichen Glauben zu übernehmen. So kam ich zu dem Entschluß, gründlich die Lehren des Spiritismus zu studieren. Wenn dies wirklich die einzig richtige Religion war, wollte ich spiritistischer Leiter werden.

Ich begann mein Studium an der Federacao Espirita do Brasil (Spiritistische Föderation Brasiliens). Meine Mutter besaß eine sehr alte, gut erhaltene Bibel. Wir glaubten, daß sich der Spiritismus fundamental auf die Bibel gründet. Anhand der Bibel meiner Mutter studierte und verglich ich das gesamte Unterrichtsmaterial und alle Bücher, die ich von der Föderation erhielt. Dieses Material enthielt viele biblische Referenzen. Zum erstenmal in meinem Leben begann ich die spiritistische Lehre im Licht der biblischen Wahrheit zu studieren.

Nach zwei Jahren intensiven Studiums befand ich mich in einem großen geistlichen Dilemma. Die Bibel lehrte mich etwas völlig Ungewöhnliches. Ich begann, dem Spiritismus zu mißtrauen. Dennoch kam ich nicht von ihm los. Ich fing an, mit der Direktion der Föderation zu diskutieren und hielt ihr die absurden Lehren des Spiritismus entgegen, die in klarem Widerspruch zur Bibel stehen. Daraufhin wurde mir das Bibellesen verboten. Ich protestierte.

Dann geschah etwas Eigenartiges. In der zweiten Unterrichtsstunde des gleichen Abends gab Gott mir die erste Antwort. Wir waren etwa 200 Studenten in dem Saal. Der Dozent stand unter dem Einfluß eines Beschützers, d. h. sein Körper wurde von einem Licht-Geist beherrscht. Am Schluß der Stunde wurde uns Gelegenheit gegeben, Fragen zu stellen oder eigene Erfahrungen auf diesem Gebiet mitzuteilen. Ohne zu zögern stellte ich die Frage, ob Jesus wirklich in Fleisch und Blut gekommen sei. Die Antwort kam nicht von unserem Dozenten, sondern von Gott selbst. Der Geist, der sich als Licht-Geist ausgegeben hatte, verließ das Medium auf der Stelle. Der Dozent fiel wie tot auf den Boden. Ein Herr, der in dieser Stunde den Vorsitz hatte, bat mich um Entschuldigung dafür, daß die Antwort auf meine Frage aufgrund der völligen physischen Erschöpfung des Mediums im Augenblick nicht gegeben werden könne. Niemand verstand diese sonderbare Situation. Doch für mich war die Antwort klar, nämlich daß dieser Geist nicht von Gott war (1. Joh. 4, 2–3).

Am Ausgang rief mich dieser Dozent, um mir ein anderes Evangelium anzubieten: Das Evangelium des Spiritismus. Während er das Buch holte, bat ich Gott, mir die Seite zu zeigen, wo es heißt, daß wir kein anderes Evangelium annehmen sollen. Als der Dozent mit dem Buch zu mir kam, öffnete ich meine Bibel, und meine Augen fielen genau auf die Verse Galater 1, 8–9. Ich legte meinen Finger auf die Stelle und bat ihn, sie selbst zu lesen. Da erhielt ich die zweite Antwort Gottes. Mir wurde die Entscheidung überlassen, entweder die Bibel oder den Kursus an der Föderation aufzugeben. Ich wählte letzteres.

Traurig und niedergeschlagen überquerte ich den Platz und sah eine Menschenansammlung. Als ich näher trat, erkannte ich zu meinem Erstaunen jemanden, der mit einer Bibel in der Hand zu den Menschen sprach. Er las die Geschichte vom blutflüssigen Weib (Luk. 8, 43–48) und betete anschließend. Während er den Text erklärte, erhielt ich die dritte Antwort Gottes. Ich erkannte und glaubte, daß Jesus Christus die Kraft Gottes ist. Ihn nahm ich als meinen Erretter in mein Herz auf und ging weinend vor Freude nach Hause. An der Haustür kamen mir plötzlich Bedenken: Meine Eltern waren ja noch Spiritisten. Ich bat Gott um Weisheit, denn ich wollte auch meine Eltern, meine drei Schwestern und meine Braut von der Kraft Gottes umgewandelt sehen. Während meine Mutter das Essen zubereitete, erklärte ich ihr, was ich dort auf dem Platz gehört hatte. Um niemanden zu beeinflussen, sagte ich nichts von meiner Bekehrung.

Jeden Abend besuchte ich Glaubensgeschwister, die die Bibel lasen und berichtete darüber zu Hause meinen Angehörigen. Das ging einige Monate hindurch. Als meine Mutter eines Abends Jesus ihr Leben übergab, erzählte ich auch von meiner Bekehrung. Von da an besuchten wir regelmäßig die Gottesdienste der nahegelegenen Methodistengemeinde. Dort bekannten wir öffentlich unseren Glauben an Jesus Christus: Meine Eltern, meine drei Schwestern, meine Braut und ich.

1959 heirateten wir und zogen in einen Stadtteil, in dem es noch keine Gemeinde gab. So begann ich, in meinem Haus das Wort zu verkünden. Sechs Jahre später konnte dort ein Gemeindesaal eingeweiht werden. Ich erhielt den Ruf Gottes für den vollzeitlichen Dienst und trat 1964 in das Instituto Biblico do Brasil ein. Man überwies mich an die Mission »Brato da Hora Final do Brasil« (»Ruf in der letzten Stunde«). Während der Zeit meines Bibelstudiums arbeitete ich schwer in einer Plastikfabrik. Wir begannen eine evangelistische Arbeit in einem anderen Stadtteil und konnten dort 1969 ebenfalls einen Gemeindesaal einweihen« (35).

Ein Bericht, der dokumentiert, daß auch dort, wo sich die Mächte der Finsternis breitmachen, das Evangelium seine sieghafte Kraft beweist. Noch immer nimmt sich unser Herr die »Starken zur Beute« (Jes. 53, 12) und »bricht dem Gewappneten, Starken ins Haus«. So erlebte ich es zusammen mit einigen anderen Seelsorgern während einer Zeltevangelisation in Berlin. K. S., damals noch spiritistisches Medium, kann inzwischen bezeugen:

»Mit 14 Jahren kam ich mit einer Lehrerin in Berührung, die uns Schülern von okkulten Dingen berichtete. Diese Lehrerin war eine Spiritistin. Sie las uns aus den Händen und stellte Horoskope. Ich kam dadurch in einen Bann, aus dem ich mich nicht mehr zu lösen vermochte. Nach meiner Schulentlassung kam ich mit einem jungen Mädchen in Verbindung, dessen Tante einen spiritistischen Zirkel leitete. In diesen Zirkel wurde ich eingeführt und mußte mich mit meinem Blut dem Teufel verschreiben. Nach einiger Zeit wurde ich auf den Namen des Teufels getauft und wurde dadurch Mitglied eines spiritistischen Zirkels, zu dem Männer und Frauen aus allen Schichten der Bevölkerung gehörten.

Wenn wir beieinander saßen, sangen wir zunächst ein geistliches Lied. Dann wurde ein Wort Gottes gelesen und gebetet. Ein Teufelstrick! Dann reichten wir uns die Hände, um damit die mediale Verbindung herzustellen. Einige fielen dabei in Trance. So begann die Verbindung mit den Geistern.

Es kam dabei zu Telepathie, Tischrücken und Gläserrücken. Wir mußten auch Weiße und Schwarze Magie treiben. Auf diesem dunklen Gebiet, zu dem uns satanische Mächte trieben, wurde nichts ausgelassen. Es war die Hölle auf Erden. Immer wieder mußte ich eine Blutsverschreibung an den Teufel vornehmen. Nach jeder Sitzung mußten wir uns mit Männern abgeben. Zweimal spürte ich, daß ich Mutter wurde, und mußte Abtreibungen vornehmen lassen.

Während einer Sitzung fiel ich in Trance und bekam Befehle von Geistern, die ich ausführen mußte. So wurde ich ein Medium. Was ich dann erlebte, war furchtbar und grausam zugleich. Über diese Zeit könnte ich mehrere Bücher schreiben. Ich war unruhig, schrie, fluchte, lästerte und konnte weder glauben noch beten. Ich habe geraucht und mich betrunken, um alles zu vergessen, und unternahm mehrere Selbstmordversuche. Nachts konnte ich nicht schlafen. Schlechte Träume plagten mich. Ich hörte Klopfgeräusche und sah Zahlen. Es war furchtbar. Punkt 24 Uhr ging der Höllenlärm los. Ich wurde von den Geistern geschlagen und gewürgt – schrie auf. Körperlich war ich am Ende, spritzte mir Morphium und konnte nicht mehr arbeiten.

Acht Jahre lang ging das so. Ich sehnte mich nach Befreiung. Mein Herz schrie zu Gott. Dann kam Gottes Stunde. Wieder einmal lag ich im Krankenhaus wegen eines Selbstmordversuches und einer Abtreibung. Es ging auf Leben und Tod. Ich wollte nicht mehr in diesen Zirkel gehen. Aber ich mußte es. Als ich einen der Befehle nicht mehr ausführte, wurde ich magisch mit einem Bann belegt, so daß ich eine Zeitlang weder sprechen noch hören konnte.

Während einer Zeltevangelisation hörte ich Gottes Wort. Dabei setzte ein Kampf ein zwischen satanischen Mächten und Jesus. Ein Gebetskreis betete für mich. Während der Verkündigung des Wortes Gottes wurde ich sehr unruhig, konnte nicht mehr sitzen und den Namen Jesus weder hören, lesen, schreiben noch singen. Eines Tages aber kam der Name Jesus doch über meine Lippen. Ich schrie ihn förmlich heraus und wurde frei. Meine okkulten Bücher und Hefte, Amulette, Pendel und Fetische gab ich heraus. Zur Ehre Gottes möchte ich froh bekennen, daß er mich frei gemacht hat vom Bann dämonischer Mächte. Es gibt eine Hilfe und Befreiung: sie heißt Jesus Christus. Er ist der Sieger. Es ist mein Wunsch, daß Menschen den Weg zu Jesus Christus finden. Nunmehr gehöre ich einer bibeltreuen Gemeinde an, in der ich seelsorglich betreut werde. Ich bin frei bis heute, frei!«

Hinzugefügt werden muß, daß diese Befreiung weniger ein spontan abgeschlossenes, punktuelles Ereignis war, sondern eher ein Prozeß, der im Anfangsstadium einer unterbrochenen Linie glich. Seelsorglich verantwortungsbewußte Menschen haben dieses ehemalige spiritistische Medium monatelang betreut. Mir selbst wurde dabei deutlich, daß die Seelsorge an okkult Gebundenen nicht nur eine verbale Dimension hat, sondern ebenso Sache des Herzens, der Hände und der Füße ist, des praktischen Einsatzes also vor Ort.

Aberglaube, Magie und Spiritismus provozieren jeweils die Gemeinde Jesu. Sie sollte bewußt um die Gabe der Geisterunterscheidung bitten, für neutestamentlich ausgerichtete Krankenheilungen offen sein und nicht zuletzt auch die christliche Hoffnung entdekken. Jahrzehntelang hat man die letzten Kapitel der Bibel in die theologische Mottenkiste gepackt, weil man sich nicht in »Jenseitsromantik« verlieren wollte. Inzwischen wird das Evangelium diesseitsbezogen interpretiert und mitmenschlich umgebogen. Übriggeblieben sind ein paar Imperative, die man auch in heidnischen Religionen oder bei einigermaßen respektablen Philosophen finden kann. Kein Wunder, daß sich ausgerechnet Intellektuelle, die – wie viele andere auch – im inneren Lebensraum verkümmern, für magische Experimente und spiritistische Manipulationen interessieren. Während eine bestimmte Theologie nur eine horizontale Hoffnung anzubieten hat, verkünden Okkultbewegungen höhere »Wirklichkeiten, die ihrem Verständnis gemäße vertikalen Hoffnungsperspektiven«. Die Okkultlehren besetzten den Raum, in dem die Theologie keine Antwort mehr wagte, und die Metaphysik verstummte« (33/16). Kurt Hutten stellt fest:

> »Das ist tröstlich zu wissen, daß alles sich wandelt – nicht nur wissenschaftliche Weltvorstellungen, sondern auch theologische Lehrmeinungen. Die Stunde wird kommen, in der man erkennt, daß die Verabsolutierung der Horizontalen letzlich in eine sterile, weil religiös ausgeblutete Geschäftigkeit führt und daß sie nur dann eine lebendige Motivkraft behält, wenn sie eng mit der Vertikalen verbunden bleibt. Die ›verlorene Dimension‹ (Paul Tillich) zurückzugewinnen, wird die Aufgabe einer kommenden Theologie der Hoffnung sein . . . Sie wird vor allem die überweltlichen Elemente in den biblischen Zeugnissen wieder aufsuchen und ernst nehmen und dabei auch den Zugang zu ihren christologischen Aussagen neu finden. Sie wird sich darum bemühen, von der Gestalt und Sendung Christi her die horizontale und die vertikale Hoffnung

zu begründen, zu orientieren und zu einer spannungsvoll-fruchtbaren Einheit zusammenzuschließen« (33/22).

Verkündigung und Seelsorge sollten sich angesichts eines im Vormarsch befindlichen Spiritismus auf den neuen Himmel und die neue Erde besinnen und dabei auch nicht die so oft verpönten »goldenen Gassen« und »Perlentore« unterschlagen. Die Offenbarung des Johannes ist nun einmal für die angefochtene Gemeinde das Trostbuch mit weiten Horizonten, die gerade dann aufleuchten, wenn das Dunkel der Todeslinie in Sicht kommt. Gewiß enthält das letzte Buch der Bibel sowohl Bildworte als auch Vergleiche, die sich in unserem raumzeitlich-orientierten Denken nicht immer unterbringen lassen. Das, was Gott denen bereitet hat, die ihn lieben, hat eben keiner gesehen, keiner gehört, ist in keines Menschen Herz gekommen (1. Kor. 2, 9). Unser Herr erwartet nicht, daß wir die Aussagen über die Ewigkeit in unseren begrifflichen Schubladen unterbringen; er möchte, daß wir staunen und im guten Sinne sprachlos werden vor Freude über das Ziel aller Dinge. Wir müßten neu davon reden, daß der Plan Gottes auf ein »himmlisches Jerusalem« abzielt; auf eine Lichtwelt, in der mit Unverweslichkeit bekleidete Menschen mit dem Namen Gottes an ihren Stirnen Jesus sehen und ihm von Ewigkeit zu Ewigkeit dienen.

Dieser Zielpunkt wird ansatzhaft schon jetzt sichtbar bei solchen, die durch die Auferstehung Jesu Christi »zu einer lebendigen Hoffnung wiedergeboren sind« (1. Petr. 1, 3). Das gilt es angesichts einer totalen Hoffnungslosigkeit fröhlich zu bezeugen.

> Ja, Jesus siegt! Wir glauben es gewiß,
> und glaubend kämpfen wir.
> Wie du uns führst durch alle Finsternis,
> wir folgen, Jesu, dir,
> denn alles muß vor dir sich beugen,
> bis auch der letzte Feind muß schweigen.
> Ja, Jesus siegt!

VII. Befreit aus teuflischen Zwängen

Der Teufel bittet – nein, er zerrt zur Kasse. Er befriedigt zwar ego-
istische Wünsche, geht darauf ein, wenn man im Sicherungsfimmel
magisch experimentiert oder halb neugierig, halb skeptisch spiritistisch manipuliert. Aber er präsentiert Rechnungen, bei denen seinen Opfern das Hören und Sehen vergeht. Er ruiniert ihre Nerven,
versklavt in Süchte, jagt in den Selbstmord.

Im Alten Testament werden okkulte Praktiken, die sämtlich gegen
das erste Gebot verstoßen, von Gott verboten, weil er nicht will,
daß sein Volk in den Fangarmen der Dämonie zugrunde geht. Götzendienst ist Dämonendienst. Der Stier-Kalb-Kult Jerobeams wird
verächtlich ein Kult für die Feldgeister genannt (2. Chron. 11,15) –
(28/14); ein folgenschwerer Kult, denn die Anbetung des Goldenen
Kalbes ist mit Unzucht gekoppelt, die Anbetung des Baal mit Mo-
loch-Opfern und der Bilderdienst (Hes. 8, 10) mit einer verhäng-
nisvollen Verwechslung zwischen Tempel und Götzendienst. Immer und immer wieder predigen die Propheten, warnen, bitten, rufen. Umsonst. Die Führungsspitze, bestehend aus gewissenlosen
Königen, unentschlossenen Priestern und falschen Propheten sind
»Diebsgesellen«, die bei üppigen Gastmählern und politischen
Schachzügen moralisch so absacken, daß Jesaja einem von der Bosheit infizierten Volk sagen muß:

> »Ihre Füße laufen zum Bösen, und sie sind schnell, unschul-
> dig Blut zu vergießen; ihre Gedanken sind Unrecht, ihr Weg
> ist eitel Verderben und Schaden. Sie kennen den Weg des
> Friedens nicht, und ist kein Recht in ihren Gängen – sie sind
> verkehrt auf ihren Straßen; wer darauf geht, der hat nimmer
> Frieden« (Jes. 59, 7–8).

Israel ist genau genommen an den Folgen okkulter Praktiken völ-
kisch gescheitert; mußte in die Verbannung, damit »ein Rest« üb-
rigbleibe. Die Geschichte dieses Volkes zeigt, daß Dämonie und
Okkultismus einerseits, sittliche Fäulnis und Brutalität andererseits
miteinander verkettet sind.

Die einzelnen Folgeerscheinungen okkulter Grenzüberschreitungen sollen nun im einzelnen aufgezeigt werden.

Widerstand gegen alles Göttliche. In vielen evangelistischen Einsätzen habe ich beobachtet, daß sich okkult belastete Menschen gegen

das Evangelium sperren, während der Verkündigung unruhig werden, stören, mitunter den Raum verlassen. Der Teufel macht für das Wort vom Kreuz immun. In einer Briefzuschrift war zu lesen:

> »Mein Bruder, 17 Jahre, Gymnasiast, ist in spiritistische Sitzungen geraten. Außerdem beschäftigt er sich mit der Parapsychologie. Er lehnt jedes Gespräch ab, ebenso geistliche Literatur. Christen, so sagt er, seien nicht objektiv.«

Okkultisten aller Schattierungen widersetzen sich dem Evangelium. In Apostelgeschichte 13, 8 ist zu lesen: »Da widerstand ihnen der Zauberer Elymas . . .«

Heilsungewißheit. Dazu zwei Beispiele aus der seelsorglichen Korrespondenz. Zu lesen war:

> »Etwa 40 Jahre lang hatte ich Kontakte zur christlichen Wissenschaft und bin dabei auch mit okkulten Praktiken in Berührung gekommen. Bei meiner Entscheidung für Jesus fehlt die frohe Heilsgewißheit.«

Oder:»Es fällt mir schwer zu glauben, daß Jesus meine Sünde gesühnt hat. Obwohl ich mich schon lange für Jesus Christus entschieden habe, treten diese Zustände immer wieder auf, in denen ich zweifle, ob ich überhaupt noch ein Gotteskind bin. Als junges Mädchen war ich einmal bei einer Kartenlegerin.«

Okkulte Praktiken aller Art verhindern das frohe Wissen: »Meine Schuld ist vergeben, ich gehöre zu Jesus Christus.« Darum müssen alle Brücken zur Dämonie radikal abgebrochen werden. Am Beispiel des Zauberers Simon (Apg. 8, 21) wird das deutlich.

Mangelndes geistliches Unterscheidungsvermögen. Als sich Israel um das Goldene Kalb sammelte, aß und trank, sang und tanzte, sagte das Volk: »Das sind deine Götter, Israel, die dich aus Ägyptenland geführt haben« (2. Mose 32, 4). Unbegreiflich! Nach allem, was sich in Ägypten und am Roten Meer ereignet hat, erwartet man eigentlich eine andere Reaktion. Aber so ist es immer: Satan macht geistlich blind, verschiebt Grenzen, verbiegt Maßstäbe, verwischt Leitlinien.

Ichbezogene Frömmigkeit. Paulus sieht sich genötigt, den Korinthern zu verbieten, an heidnischen Götzenopfermahlzeiten teilzunehmen (1. Kor. 10, 21). Ausgerechnet diese mit Gnadengaben beschenkte Gemeinde ist »fleischlich«, lebt also nach dem »Lustprinzip«, spaltet sich in Interessengruppen, duldet Blutschande, behandelt den Apostel Paulus geringschätzig, kann nicht so recht an die

Auferstehung glauben und mißachtet bei den Abendmahlsfeiern die Bruderschaft. Wenn Götzendienst zugleich Dämonendienst ist, müssen wir folgern, daß die Korinther okkult gefährdet waren. Viele Mißstände in Korinth wären demnach die Folge unerlaubter Kontakte mit »Götzendienern«.

Okkulte Praktiken sind mitunter in der Gemeinde ein verborgener Achansmantel, der evangelistische Vorstöße abstoppt und geistliche Niederlagen verursacht.

Angst. In einer Briefzuschrift standen diese Sätze:

> »In meiner Jugend habe ich Zaubereisünden begangen: Kartenlegen, Besprechen, Tischrücken und Glasrücken. Ich erwache mit   schrecklichen Angstgefühlen, kann kaum glauben, finde keine Ruhe und keinen Frieden, bin immer schlechter geworden und verzweifle an mir selbst.«

Neurotische Störungen. J. Staffort Wright schreibt:

> »So schrieb mir zum Beispiel ein Geistlicher von vier Studenten, die nach ein oder zwei Seancen ›deprimiert und von Selbstmordgedanken und Zwangsvorstellungen geplagt waren‹. Unter anderem waren sie einfach gezwungen, vor bestimmten Häusern stehenzubleiben. Zwei Mädchen wurden von Geistern, die vorgaben, ihre Väter zu sein, gedrängt, Selbstmord zu begehen; eine von ihnen machte tatsächlich einen Selbstmordversuch« (6/75).

Lästergedanken. Wer okkult Belasteten seelsorglich zu helfen hat, weiß, daß es Menschen gibt, die von abscheulichen Lästergedanken gequält werden. Diese Lästerungen richten sich gegen Gott, Jesus Christus und den Heiligen Geist. Gelegentlich berichtete mir jemand, daß er bei einer bestimmten Bibelstelle, die eine wichtige Aussage über das Blut Jesu macht, geradezu gezwungen wurde, an ein Wort aus dem sexuellen Bereich zu denken. Man kann das freilich als eine neurotische Fehlhaltung bezeichnen, packt aber dabei das Übel nicht an der Wurzel. Dämonische Mächte können durchaus einen Menschen mit Lästergedanken quälen.

Sexuelle Perversionen (pervers = geschlechtlich verkehrt, entartet, verdorben, widernatürlich). Okkultismus und sexuell abnormes Verhalten, Dämonie und sittliche Fäulnis gehören zusammen. Die Kanaaniter waren nicht nur dem Götzendienst verfallen, der weithin aus Fruchtbarkeitsriten (Festen, Gebräuchen, Worten und

Handlungen) bestand, sondern ebenso abscheulichen sexuellen Lastern. Auf den Zikkuratentürmen in Babylon befragten Astrologen nicht nur die Sterne; man huldigte zugleich der Tempelprostitution. Wenn wir bedenken, daß die Antike zur Zeit der Apostel vom Götterglauben = Götzenglauben geprägt war, dann ist es nicht verwunderlich, wenn Paulus in Römer 1, 24–27 in seinem Lasterkatalog auch die Homosexualität erwähnt. Seelsorger wissen längst, daß es zwischen okkulten Praktiken und Homosexualität bzw. lesbischer Liebe zuweilen eindeutige Zusammenhänge gibt. Noch einmal: Sexuelle Perversionen – auch eine unnatürlich zwanghafte Sexualität – sind zuweilen Folgeerscheinungen okkulter Grenzüberschreitungen. In einem Pressebericht war zu lesen:

»Spielarten des Gruppensex – verknüpft mit sakralen Riten – gehören zu den am besten gehüteten Geheimnissen der Eingeweihten. Die Teilnehmer versammeln sich um einen Altar zu Okkultorgien, sprechen bei Kerzenschein selbstverfaßte obszöne Gebete und steigern sich in sexuell-religiöse Ekstase.«

In seelsorglichen Briefen war zu lesen:

»Ich bin eine 74jährige Frau. Über 20 Jahre habe ich dem Herrn gedient. Ich bin in Sünde gefallen. Ich komme einfach nicht weiter. Ich habe mir Handlinien lesen lassen und mußte feststellen, daß einiges von dem eintraf, was man mir voraussagte. Ich heiratete innerhalb eines Jahres. Dann beging ich Ehebruch.«

In einem anderen Brief standen diese Sätze:

»Im 16. Lebensjahr wollte mir eine Zigeunerin die Handlinien lesen. Ich ließ das auch geschehen, obschon ich darüber lachte und nicht daran glaubte. Mit 17 Jahren kam es zu sexuellen Erfahrungen. Es blieb nicht bei einem Mal. Das Weinen um diese Sünde geht mit mir durchs Leben.«

Solchen Menschen ist mit ein paar frommen Trostpflastern nicht geholfen. Sie suchen nicht nur Vergebung. Nach Befreiung sehnen sie sich, weil sie in den Zwängen der Sexualität leiden und gleichsam vergeblich an den Gitterstäben rütteln. Wenn der okkulte Hintergrund aufgehellt ist, die Brücken zur Dämonie abgebrochen sind, kann der Weg in die Freiheit und damit in die sieghafte Nachfolge beschritten werden. Damit soll nicht gesagt sein, daß Sexualität in jedem Fall ein dämonisches Vorzeichen hat. Die sexuelle Kraft ist eine Gabe Gottes, mit der wir verantwortungsbewußt umgehen haben. Vielfach aber kann man auf sexuellem Gebiet erst dann sieghaft sein, wenn okkulte Bindungen – wo sie bestehen – gelöst sind.

Jähzorn. Damit sind nicht die gelegentlichen Wutausbrüche der sogenannten Choleriker gemeint, sondern Szenen, die mitunter eine ganze Familie zerstören können. In einem Rundfunkinterview sagte Pastor Spieker aus Sao Paulo:

>»Mit einem unserer Nachbarn bin ich seit einigen Jahren im Gespräch. Seine Frau ist praktizierende Spiritistin; er selbst ist mehr oder weniger in die Dinge hineingerutscht. Aus nächster Nähe erleben wir Auftritte mit, die man geradezu als hysterische Anfälle bezeichnen könnte. Wenn es in der Familie Krach gibt, schlägt die Frau das Kind – sie haben einen Jungen – oft solange, bis es nahezu zusammenbricht. Man möchte manchmal am liebsten dazwischengehen. Diese Leute sind nie ausgeglichen, haben immer irgendwelche Probleme, leiden dauernd unter einem gewissen Verfolgungswahn.«

In einer Briefzuschrift war zu lesen:

>»Vor etwa 20 Jahren habe ich eine Wiedergeburt erlebt. Trotzdem fehlt mir die Gewißheit der Sündenvergebung. Mir ist es, als ob ich geistlich blind wäre. Nach meiner Bekehrung habe ich mir Handlinien lesen lassen. Ich habe Streit mit den Angehörigen. In geistlicher Hinsicht komme ich nicht weiter.«

Ohne Zweifel läßt sich manches auf diesem Gebiet psychologisch erklären. Aber mit der Formel: »Frustrationen führen zu Depressionen oder Aggressionen« kann nicht beantwortet werden, warum sich Jähzornige auf okkulter Basis so und nicht anders verhalten. Wenn die okkulte Belastung aufhört, kann ein psychischer Gesundungsprozeß beginnen, bei dem sich dann auch der Jähzorn verliert.

Das *Fluchen* als zwanghaftes Verhalten. Auch dazu einige Sätze aus der seelsorglichen Korrespondenz.

>»Mein Bruder ist vor einigen Jahren schwer erkrankt. Gelegentlich ging er zu einem ›Wunderdoktor‹, der bei seiner ›Behandlung‹ ein Pendel benutzte, ihm aber keine Medizin gab. Geholfen hat das alles nichts. Nun wird es mit meinem Bruder immer schlimmer. Wenn er nicht liegt, rennt er unruhig im Zimmer auf und ab. Ruhig sitzen kann er nicht. Er hat

Angst, nervenkrank zu werden. Der Teufel plagt ihn mit schlechten Gedanken und Flüchen.«

Der Heilige Geist erreicht alle Bewußtseinsschichten. Wer sich seinem Wirken öffnet, erlebt, daß man nicht mehr zu fluchen braucht, statt dessen aber segnen kann.

Suchtdisposition. Geschrieben wurde:

> »Meine Bekannte ist friedlos, heimatlos, krank und tablettensüchtig. Sie hat ihren toten Vater befragt und auch über Lebende Auskunft erhalten, Buchstaben auf den Tisch geschrieben und das Glas gerückt.«

Nicht wenige verfallen dem Alkohol – nachdem sie sich in okkulte Praktiken eingelassen hatten – oder dem Rauschgift. Es gibt nicht nur eine Beziehung zwischen Okkultismus und abnormer Sexualität, sondern ebenso zwischen Aberglaube, Magie, Spiritismus einerseits und bewußtseinserweiternden Drogen andererseits. In der Seelsorge habe ich das mehr als einmal festgestellt. Die »Rauschgiftwelle« hat sicherlich auch eine okkulte Unterströmung, die mitbedacht werden muß, wenn man den Drogenabhängigen wirksam helfen will. Der Trip ins Drogenparadies wird weithin zu einem Todesmarsch in die Rauschgifthölle, weil er von dämonischen Mächten begleitet wird.

Okkulte Praktiken schaffen eine Disposition für Süchte aller Art. In diesem Zusammenhang ein weiteres Beispiel aus der Briefseelsorge:

> »Meine Tochter und ich gehören zu Jesus Christus. Wir sorgen uns um meine Enkelin B., 11 Jahre alt, die mondsüchtig ist. In meiner Jugend galten Tischrücken, Gläserln, spiritistische Sitzungen, Bleigießen usw. als Gesellschaftsspiele. Auch meine Tochter wurde magisch besprochen und ließ sich Karten legen. Von meinem Vater weiß ich von einer Totenbefragung, und B.'s Oma väterlicherseits ist abergläubisch und beschäftigt sich mit Horoskopen und Traumbüchern. Sollten sich diese ›Sandkörner‹ bei B. zum ›Sandhaufen‹ vereinigt haben? Übrigens hat B. ein großes Geltungsbedürfnis und beschäftigt sich gern mit Zaubertricks.«

Erbbiologisch bedingte Folgen können durch eine »familiäre Tendenz« (5/17) weitergegeben werden und wirken sich so und ähnlich aus. Seelsorgern bleibt zuweilen nichts anderes übrig, als je und dann einem okkult Belasteten zu raten, daß er sich von den Sünden der Vorfahren bewußt lossagt. Dadurch wird der Weg zur Entlastung frei.

In 2. Mose 20, 5 wird gesagt:

> »Bete sie nicht an und diene ihnen nicht. Denn ich, der Herr, dein Gott, bin ein eifriger Gott, der da heimsucht der Väter Missetat an den Kindern bis in das dritte und vierte Glied, die mich hassen.«

Die seelsorgliche Erfahrung zeigt, daß diese Bibelstelle auf okkulte Praktiken anwendbar ist.

Dämonische Belästigung. Dazu auszugsweise drei Beispiele aus der Rundfunkseelsorge. Zu lesen war:

> »Das, was ich früher getrieben habe, beunruhigt mich immer noch. Vor kurzem hatte ich eine nächtliche Vision, bei der eine schwarze Hand mit einem verlängerten Arm und ein Verlobungsring zu sehen war. Dieser Arm brachte mir auch den Tisch und die Gläser vor Augen, mit denen ich okkult praktiziert hatte.«

In einem anderen Brief standen diese Sätze:

> »Meine Tante erzählt mir von nächtlichen Belästigungen. Eine unsichtbare Macht ziehe sie an den Haaren. Sie leidet oft an Alpdruck. Sie spricht oft davon, daß ihr verstorbener Mann, der Freimaurer war, nachts erscheint. Übrigens hat sie Kontakte zu Leuten der Mazdaznan-Bewegung und der Anthroposophie.«

Eine weitere Zuschrift:

> »Des Nachts sehe ich häßliche Bilder. Manchmal wird auch etwas gesagt. Ich schrecke dann auf. Auch am Tage höre ich des öfteren hinter mir ein merkwürdiges Pfeifen. Mit einer Nachbarstochter bin ich gelegentlich zu einer Kartenlegerin gegangen. Als mein Mann in Gefangenschaft war, habe ich mich dazu verleiten lassen, ebenfalls mit einer Nachbarin eine Kartenlegerin aufzusuchen.«

In seelsorglichen Gesprächen haben mir okkult Belastete ähnliche Vorkommnisse unabhängig voneinander so oft berichtet, daß ich überzeugt bin: es handelt sich um objektive Tatbestände. Selbst wenn man in dem einen und andern Fall Eidetik oder Halluzinationen vermuten könnte, reicht diese Erklärung nicht immer aus. Dämonen können sich sichtbar machen und quälen – im Gegensatz zu den Engeln –, ihre Opfer mit einer satanischen Zermürbungstaktik so lange, bis sie psychisch krank werden und zuweilen freiwillig ihrem Leben ein Ende machen. Und doch: Vor dem Namen Jesus zittert die Hölle. Wer sich bewußt für den auferstandenen Herrn entscheidet, darf im Namen Jesu allen finsteren Mächten gebieten. Sie müssen weichen. In der Kraft des Blutes Jesu können Menschen, die früher okkult belastet waren, dämonische Belästigungen abwehren.

Mit *incubi succubae* wird ein dämonischer Geschlechtsverkehr bezeichnet, bei dem »männliche oder weibliche Dämonen« in Aktion sind. Vermutlich läßt sich 1. Mose 6, 4 in dieser Richtung deuten. »In der christlichen Zeit lief dieses Motiv der Dämonenehe weiter. In der Legende vom heiligen Antonius erscheint der Teufel u. a. in der Gestalt eines verlockenden Weibes. Im Volksglauben des Mittelalters hielt sich das Motiv. Im 6. Buch Mose, im 6. Kapitel wird berichtet, wie die Dämonen in schöner Mädchen- und Jünglingsgestalt Menschen nachts sexuell heimsuchen. Beispiel: »Eine Frau erlebt oft nächtliche Spukszenen. Im Wachzustand sieht sie fünf Eber auf sich zustürzen, die sie schänden wollen. Die Frau schreit darüber laut um Hilfe. Es gelingt ihrem Ehemann kaum, sie zu beruhigen. Der Mann sieht die Eber nicht. Er hört nur seltsame Geräusche« (12/140). Es handelt sich dabei um die gräßlichsten Folgen okkulter Praktiken, die mit sexuellen Halluzinationen nicht verwechselt werden dürfen. Ob man das »telepathischen Beischlaf« nennt oder geneigt ist, von einer »Exkursion der Seele« zu sprechen, ist letztlich belanglos. Menschen, die in dieser Weise gequält werden, wünschen sich nichts sehnlicher, als eine bleibende Befreiung. Sie ist möglich, weil Jesus Christus auferstanden ist.

Mediale Fähigkeiten – das wird in der Parapsychologie anscheinend zu wenig beachtet – sind ebenfalls Auswirkungen okkulter Experimente. In einem Brief war zu lesen:

> »Ich leide unter unreinen Gedanken, Zwangsvorstellungen, geistlichem Hochmut, Eifersucht und Begehrlichkeit. Geistlichen Dingen gegenüber bin ich unempfänglich. Manchmal meinte ich schon, ich sei von einem Wahrsagegeist beherrscht. Den Namen Jesu anzurufen, macht mir zwar keine Mühe, aber das Bibellesen bereitet mir Schwierigkeiten. Ist die okkulte Behaftung der Grund dafür, daß mir der innere Friede fehlt?«

Telepathie, Hellsehen, Telekinese, Exkursion der Seele, »Rutenfühligkeit« und anderes mehr ist bei den Okkultisten aller Schattierungen zu finden (Apg. 16, 16–17). Das sollte uns hellhörig machen. Es ist uns einfach verwehrt, diese und andere mediale Fähigkeiten als »paranormale Funktionen« zu etikettieren und dabei zu meinen, es gebe eine »neutrale Zone«. Auch Satan »beschenkt« seine Leute, die sich ihm verschreiben; aber nicht, um sie und andere zu beglücken; vernichten will er sie, und zwar grausam, brutal, endgültig. Wer zu Jesus Christus umkehrt und unter medialen Fähigkeiten leidet, darf den erhöhten Herrn darum bitten, daß er ihn von diesen »Begabungen« befreit.

Dämonische Übertragung. »Die Mediumität läßt sich oft in vier Generationen einer Familie nachweisen. Einerseits trägt die Erbmasse diese dunklen Fähigkeiten weiter; andererseits werden diese Kräfte durch Sukzession weitergetragen. Man versteht darunter den Brauch, daß der sterbende Vater dem ältesten Sohn oder einer Tochter seine magischen Fähigkeiten anhängt, um ruhig sterben zu können. Wenn die Kinder diese Fähigkeit nicht wünschen, spielen sich oft Tragödien im Sterbezimmer ab. . . . Das Sterben solcher Magier zögert sich oft wochenlang hin, bis die ›Amtsnachfolge‹ geregelt ist. Es gibt also nicht nur eine apostolische, sondern auch eine diabolische Sukzession« (5/119).

Daneben gibt es eine dämonische Übertragung anderer Art. Eine Frau berichtete mir, daß sie satanisch angefochten werde, nicht beten könne, an Zwangsgedanken leide und keine feste Verbindung zu Jesus Christus habe. Vor Jahren verliebte sie sich als Hausgehilfin in den Hausherrn. Es kam zu sexuellen Beziehungen. Der Mann – gelegentlich durch magische Methoden geheilt – sagte bei seinem Tode, sein Geist solle in Frau N. hineinkommen.

Ein anderes Beispiel. In falsch verstandener Nächstenliebe bat eine Frau im Gebet, der Unglaube eines Mannes, zu dem sie sich hingezogen fühlte, möge sich ihrer bemächtigen. Nach der ersten intimen Beziehung mit diesem Mann – so wurde berichtet – hatte sie den Eindruck, »als ob ich durch die Hölle geschleift werde. Ich kann das mit Worten nicht wiedergeben«. Paulus schreibt den Korinthern: »Wisset ihr nicht, daß euer Leib Christi Glieder sind. Sollte ich nun die Glieder Christi nehmen und Hurenglieder daraus machen? Das sei ferne! Oder wisset ihr nicht, daß wer an die Hure hangt, der ist ein Leib mit ihr? Denn es werden, sagt die Schrift, die zwei ein Fleisch sein. Der aber dem Herrn anhangt, der ist ein Geist mit ihm. Flieht die Hurerei! Alle Sünden, die ein Mensch tut, sind außer seinem Leibe. Aber wer hurt, der sündigt an seinem eigenen Leibe« (1. Kor. 6, 15–18). Es wäre demnach durchaus denkbar, daß sich Männer bei Prostituierten je und dann dämonisch infizieren, zumal Leib und Seele zusammengehören.

Horoskophörigkeit. Viele Seelsorger wissen, wie fatal sich Horoskope auswirken. Zunächst ist man neugierig, dann interessiert und zuletzt horoskophörig. Während Gottes Geist leitet (Röm. 8, 14), die Persönlichkeit respektiert und niemals gewaltsam zwingt, versklaven die Dämonen ihre Opfer. Paulus erinnert die Korinther an ihren früheren Zustand und schreibt: »Ihr wisset, daß ihr Heiden gewesen seid und hingegangen zu den stummen Götzen, wie ihr *getrieben* wurdet« (1. Kor. 12, 2).

Geistlicher Stillstand. Die bisher erwähnten Briefzuschriften zeigen, daß okkulte Manipulationen sowohl eine Entscheidung für Jesus Christus erschweren als auch ein gesundes Glaubenswachstum behindern. Darüber hinaus können sie sich lähmend auf die geistliche Entwicklung einer ganzen Gemeinde auswirken. Ein befreundeter Äthiopienmissionar schrieb mir:

> »Der Brunnen unserer Missionsstation wurde durch Rutengänger gefunden. Aber seitdem geht die blühende Gemeinde zurück. Es gibt Streit und Reibereien. Ein Missionar, der vor uns den Dienst zu tun hatte, wurde verklagt und mußte von der Station fliehen.«

Diese Zuschrift macht übrigens deutlich, daß auch die »Rutenfühligkeit« durchaus nicht so neutral ist, wie das manche wahrhaben wollen. Mediale Fähigkeiten können leicht zum Einfallstor für dämonische Mächte werden. Für uns ist wichtig festzustellen, daß an diesem Beispiel klar wird, wie die geistliche Entfaltung einer Gemeinde durch Rutengänger abgestoppt wurde.

Spuk. In einer Zuschrift war zu lesen:

> »Ich bin in einem Haus beschäftigt, in dem unheimliche Dinge passieren: Es poltert, Schubladen werden aufgezogen und zugestoßen, Schritte und Klopfen sind zu hören, auch wenn niemand außer mir im Haus ist.«

Längst ist erwiesen, daß Spuk und Spiritismus aufeinander bezogen sind. Es mag durchaus der Fall sein, daß vermeintliche Spukphänomene nichts anderes als Halluzinationen sind. Und doch läßt sich nicht bestreiten: Wo Tote befragt werden, zeigt sich mitunter ortsgebundener Spuk.

Besessenheit. Zweifellos wird man mit diesem Wort in der Seelsorge behutsam umgehen müssen und nicht vorschnell einen Menschen für besessen erklären dürfen, der es gar nicht ist. Andererseits sollten wir wissen, daß es auch heute – vielleicht wieder in zunehmendem Maße – Besessenheit gibt.

Als die ersten Christen in Asien und Europa das Evangelium ver-
kündigten, stießen sie auf Dämonenglauben. Bei der Christianisie-
rung der Germanen war es ähnlich: »Energisch gingen die Christen
gegen Totenopfer, Hexenwahn, Wahrsagerei und Teufelsspiele
vor. Im Mittelalter trieb der Aberglaube seine sonderbarsten Blü-
ten, und hinter den Hexenverfolgungen steckte eine unüberbietbare
Teufelspsychose« (5/155). Gewiß hat man sich oft geirrt. Und doch
gab und gibt es Besessene, auch wenn das eine bestimmte theologische Richtung nicht gelten läßt. Der Parapsychologe Dr. Ringger
berichtete über einen, wie er meinte, schwersten Fall von Besessenheit in unserer Zeit und in Europa:

> »Eine Prostituierte wurde in einem evangelischen Erho-
> lungsheim aufgenommen. Sie hatte entsetzliche dämonische
> Attacken zu überstehen, wobei die merkwürdigsten Erschei-
> nungen passierten. Der zuständige Pfarrer berichtete dar-
> über: ›. . . Sie hatte rostige Nägel und ein halbes Hufeisen
> erbrechen müssen, und eine Weile nach dem Nachtessen ka-
> men aus ihrem Munde – zu meiner Überraschung – wieder
> eine alte Schraube, krumme Nägel und ein Stück eines kleinen
> Hufeisens zum Vorschein.‹ Auch an den darauffolgenden
> Tagen erinnerte sich der Pfarrer, daß wiederum Nägel aus
> Nasenlöchern und Augenhöhlen getreten seien. Dabei blu-
> tete die Besessene jedesmal aus vielen Wunden, die ihr nach
> Ansicht des Pfarrers von Dämonen beigebracht worden wa-
> ren.«

Dr. Ringger stellte die Frage, ob man im medizinischen Sinn hier
noch von Hysterie sprechen könne, jener ›Rumpelkammer für alles
medizinisch Unerklärliche‹. Er läßt die Möglichkeit offen, daß die
Frau nicht an Persönlichkeitsspaltung litt, wie die meisten Durch-
schnittsärzte diagnostizierten, sondern daß sie Opfer höllischer
Mächte geworden sei (5/154).

Professor Oesterreich, der über die charakteristischen Kennzeichen
der Besessenheit gearbeitet hat, berichtet von einer besessenen Frau
folgende typische Merkmale:

> »Ohne besondere Ursache bekam die Frau plötzlich konvul-
> sivische (krampfartige) Zuckungen. Eine fremde Stimme
> sprach aus ihr und stieß Verwünschungen gegen Gott aus.
> Wenn die Besessene beten wollte, wurde sie mit Gewalt daran
> gehindert. Das Gebet wurde durch teuflisches Gelächter un-
> terbrochen« (7/262).

In seinem reichhaltigen Material berichtet er von der Besessenheit
einer Vierundzwanzigjährigen:

»War das Mädchen im Normalzustand eine fromme Beterin, so ergoß sich aus ihr im Besessenheitsanfall bitterer Hohn über alles Religiöse. Außerdem sprach dann eine tiefe Männerstimme aus ihr« (7/262).

Ärzte sind geneigt, Besessenheitsphänomene in bestimmte Krankheitsbilder einzuordnen. Das gelingt allerdings durchaus nicht immer. Professors Frei schreibt aus eigener Erfahrung:

»Man muß gewisse Reaktionen solcher Patienten auch auf leise gesprochene Gebete, auf Gebete in fremden Sprachen, auf die gläubige Nennung des Namens Jesu selbst gesehen und erlebt haben, um zu sagen: Wir dürfen es uns phänomenologisch (das Erscheinungsbild betreffend) nicht zu leicht machen . . . Es geht hier zunächst gar nicht um eine Frage des Glaubens, sondern zunächst nur um wissenschaftliche Sauberkeit« (7/263).

An mehreren Stellen wird im Neuen Testament berichtet, wie sich Besessenheit äußert. W. C. van Dam hat die Besessenheitsphänomene in seinem Buch »Dämonen und Besessene« zusammengefaßt:

1. Heftiges Widerstreben gegen alle göttlichen Einflüsse (Mark. 1, 24; 5. 7; Matth. 8, 29; Luk. 4, 34; 8, 28).

2. Eine auffallend starke Körperkraft (Mark. 5, 3; Apg. 19, 16).

3. Störungen in den organischen Funktionen (Mark. 9, 17. 25; Matth. 9, 32; 12, 22; Luk. 11, 14).

4. Das Sprechen eines anderen aus dem Besessenen (Mark. 1, 24. 34; 3, 11; 5, 7. 9. 12; Matth. 8, 29; Luk. 4, 34. 41; 8, 28; Apg. 16, 17; 19, 15).

5. Selbstverwundungen (Mark. 5, 5) und Selbstmordversuche (Mark. 9, 22).

6. Ein unruhiges, aggressives Verhalten, eine wütende Erregung (Mark. 1, 23; 5, 7; 9, 18. 20).

7. Ein geschärftes Wahrnehmungsvermögen, übernatürliche Kenntnisse, Wahrsagen (Mark. 1, 24. 34; 3, 11; 5, 7; 9, 20; Luk. 4, 41; Apg. 16, 17; 19, 15).

8. Besondere Erscheinungen beim Ausfahren des Dämons (Krämpfe, Schreien, zu Boden fallen) – (Mark. 1, 26; 5, 13; 9, 26; Luk. 4, 35. 41; Apg. 8, 7).

9. Erschöpfung, aber völlige Genesung nach erfolgter Austreibung (Mark. 5, 15; 7, 30; 9, 26 ff.; Apg. 5, 16) (28/112).

W. C. van Dam gliedert die wichtigsten Merkmale der Besessenheit in fünf Gruppen:

1. Religiöse Symptome: Gotteslästerliche Gedanken, Gotteslästerung, Flüche, Gespött und Obszönitäten, Gebetsverhinderungen, Abscheu gegenüber Christen, Wüten gegen religiöse Gegenstände und Handlungen, Widerstand gegen den Gottesdienst.

2. Körperliche Symptome: Starke Körperkraft, Sinnesstörungen, plötzliche Änderungen im Gesicht und in der Stimme, Schwellungen, Freßsucht, kein Gewichtsverlust bei Nahrungsentzug, Gestank, stockender oder jagender Atem, gebremste oder gesteigerte Geschlechtlichkeit.

3. Psychische Symptome: Wütende Erregung, Selbstverwundungen und Selbstmordversuche, Depressionen, Gebundenheiten – Rauschgift, Alkoholismus –, erhöhte Wahrnehmungsfähigkeit.

4. Parapsychische Symptome: Übernatürliche Kenntnisse, Hellsehen, Wahrsagen, Sprachkenntnisse, Elevationen, Verwundungen, Telekinese.

5. Dämonische Belästigung und dämonische Gebundenheit: Kleptomanie, Reinheitszwang, Lustmordneigung, Homosexualität, Depressionen (28/115–161).

Wer in der konkreten Situation Fehlurteile vermeiden möchte, sollte sich mit dieser Übersicht eingehend beschäftigen. Manche sind geneigt, allzuschnell die Besessenheit in psychiatrische Krankheitsbilder einzuordnen; andere dagegen tun das Gegenteil – nicht minder verhängnisvoll – und reden viel zu rasch von Besessenheit. Beides ist falsch. Es kann gewiß nichts schaden, wenn sich Seelsorger die wichtigsten Merkmale der Besessenheit gut einprägen:

1. Die Besessenen wehren sich mit großer Kraft gegen jede Berührung mit dem Namen Jesu Christi, mit dem Schriftwort oder dem Gebet. Die »Resistenz der Besessenen ist völlig verschieden von den religiösen Wahnideen des Psychotischen«.

2. Ungewöhnliche Veränderungen der Gesichtszüge, der Sprechweise, des körperlichen Verhaltens zeigen sich beim Anfall, und oft scheinen viele Dämonen den Besessenen zu »besitzen« (»Legion heiße ich, denn wir sind viele« – Mark. 5, 9).

3. Überstarke Körperkräfte machen sich bemerkbar.

4. »Ausgetriebene Geister« suchen sich gleichsam eine neue Wohnung; auch Tiere im Stall werden plötzlich unruhig nach einer Heilung, die im Hause stattgefunden hat.

5. Überintelligenz und Hellsichtigkeit ist zu beobachten; im Neuen Testament erkennen die Dämonen *vor* den Jüngern, daß Jesus der Sohn Gottes ist.

6. Die Heilung geschieht im Gegensatz zu Geisteskrankheiten plötzlich und vollkommen, wenn ein Geistesmächtiger im Namen Jesu die Dämonen besiegt (4/168).

Wer Besessenen seelsorglich zu helfen hat, muß gleichsam den Nahkampf mit der Dämonie aufnehmen; ein Kampf, der mitunter längere Zeit andauern kann, uns ganz fordert, das Letzte abverlangt, zugleich aber auch erkennen läßt, daß Jesus der Sieger war, ist und bleibt. In der Krankheitsgeschichte der Gottliebin Dittus berichtet Pfarrer Johann Christoph Blumhardt:

> »Um 2 Uhr morgens brüllte der angebliche Satansengel, wobei das Mädchen den Kopf und Oberleib über die Lehne des Stuhls zurückbog, mit einer Stimme, die man kaum bei einem menschlichen Kind für möglich halten sollte, die Worte heraus: ›Jesus ist Sieger! Jesus ist Sieger‹, Worte, die – soweit sie ertönten – auch verstanden wurden und auf viele Personen einen unauslöschlichen Eindruck machten. Nun schien die Macht und Kraft des Dämons mit jedem Augenblick mehr gebrochen zu werden . . . Das war der Zeitpunkt, da der zweijährige Kampf zu Ende ging. Daß dem so sei, fühlte ich so sicher und bestimmt, daß ich nicht umhin konnte, am Sonntag, tags darauf, da ich über den Lobgesang der Maria zu predigen hatte, meine triumphierende Freude merken zu lassen. Es gab freilich hintennach noch mancherlei aufzuräumen, aber es war nur der Schutt eines zusammengestürzten Gebäudes« (29/71).

Zu den Folgeerscheinungen okkulter Praktiken gehören auch *Selbstmordversuche*. Saul ist dafür ein Beispiel. Der Besessene, den das Markus-Evangelium in Kapitel 9, 14–28 erwähnt, wird in »Feuer und Wasser geworfen«. Selbstmordabsichten müssen nicht immer durch okkulte Grenzüberschreitungen verursacht sein, sind es aber häufig. Die bereits angeführten Briefauszüge haben das gezeigt. Noch einmal: Der Teufel bittet – nein, zerrt zur Kasse! Er ruiniert systematisch nach Leib, Seele und Geist, jagt in die Verzweiflung, stößt in den Selbstmord, treibt in die Hölle.

Es gibt eine Hölle, auch wenn sie aus lauter Angst, man könnte den Leuten die »Hölle anheizen«, in der Verkündigung kaum noch erwähnt wird. Die Hölle als Vokabel hält sich hartnäckig. Je weniger auf den Kanzeln davon zu hören ist, um so mehr schreien es uns die Film- und Buchtitel, die Blätter- und Zeitungsüberschriften in die Ohren. Von der Hölle ist die Rede, wenn es heißt: »Verdammt in alle Ewigkeit.« Von Dante bis Sartre wird sie beschrieben als der Ort – um es mit Bert Brecht zu sagen – »wo das Dunkel und die große Kälte ist«. Während sich theologisch denkende Menschen überlegen, ob es ihnen und ihren Zeitgenossen noch zumutbar ist, von der Hölle zu sprechen; sich fragen, ob man diese harte Vokabel nicht durch einen milderen Ausdruck ersetzen müßte, reden die Menschen um uns herum ganz frei heraus, daß ihnen die Hölle in Stalingrad, in Auschwitz und in Vietnam entsetzliche Schrecken einflößt. Ein Reporter meint: »Hölle heißt: immer an einem dünnen Faden über einem unendlichen Abgrund hängen.« Man spricht von einer Feuerhölle und einer Geräuschhölle. Alles in allem: Das Wort Hölle ist kein überholter Begriff. Sie wird verstanden als äußerste Qual und unendliche Pein, aus der es kein Entrinnen gibt.

Aber so schrecklich die Ereignisse auch sein mögen, die man mit Hölle bezeichnet: An dem, was die Bibel darunter versteht, geht man mit solchen und anderen Begriffen letztlich vorbei. Das gilt auch für den Versuch, von der Hölle als dem Ort grenzenloser Einsamkeit zu sprechen oder von einem Zustand, in dem man den Namen Jesus nicht mehr hören kann. Hölle ist viel mehr. Die Bibel spricht von einem See, der mit Feuer und Schwefel brennt. Für das Neue Testament ist die Hölle die gehenna. Dieses Wort geht ursprünglich auf das hebräische gehinnom zurück; ein Tal südlich von Jerusalem, in dem Kinderopfer dargebracht wurden. Dreizehnmal erwähnt die Bibel das Wort gehenna als feurigen Abgrund. Jesus sagt, daß dort äußerste Finsternis herrschte und zugleich Zähneknirschen und Weinen. Er erwähnt das im Matthäus-Evangelium viermal. Im Markus-Evangelium bezeichnet er dreimal hintereinander die Hölle als ein »ewiges Feuer, in dem der Wurm nicht stirbt und das Feuer nicht verlöscht«. Dieses Feuer ist auch dem Teufel und seinen Engeln zur Strafe bestimmt: »Und ihr Verführer, der Teufel, wurde in den Feuer- und Schwefelsee geworfen, in welchem sich auch das Tier und der Lügenprophet befindet. Dort werden sie bei Tag und bei Nacht in alle Ewigkeit gepeinigt werden. Und der Tod und das Totenreich wurden in den Feuersee geworfen. Das ist der zweite Tod, der Feuersee. Wenn jemand nicht im Lebensbuch geschrieben stand, wurde er in den Feuersee geworfen« (Offb. 20, 10. 14. 15).

Ohne alle diese Aussagen zu entstellen wird man nicht wagen dürfen, auch nur mit Wahrscheinlichkeit eine zeitliche Begrenzung der Höllenstrafen zu behaupten. Alle Stellen sprechen in einem furchtbaren Ernst, der die Gnade Gottes um so heller leuchten läßt, von einem abschließenden, endgültigen, bedingungslosen Urteil von ewiger Schmach und Schande (16/628). Die Botschaft von der Liebe Gottes bedeutet keine Verharmlosung Gottes: Gott ist und bleibt der heilige Gott.

Jesus kann diesen letzten Ernst der Entscheidung so beschreiben, daß er von der »Finsternis« redet, »wo Heulen und Zähneknirschen herrscht«. Wo immer Ferne von Gott, Gottverlassenheit, Unglaube und Sünde herrschen, steht der Mensch im Bannkreis der Hölle. Hölle ist nicht einfach nur Zukunft, sondern sie ist der Ausdruck für die Erfahrung einer gottfernen, gottfremden Wirklichkeit, in der Gnade, Güte, aber auch die Schönheit des Lebens fehlen. Der Mensch ist dabei auf sich selbst gewiesen, allen bösen Mächten preisgegeben, auch allen Folgeerscheinungen der Sünde (30/715).

Manchmal ragt die endzeitliche Hölle in die Gegenwart hinein (Phil. 1, 28; Jak. 3, 6). Die Pforten der Hölle (Matth. 16, 18) können die bedrängte Gemeinde niemals vernichten.

Alles das, was zu diesem Thema biblisch-theologisch erarbeitet worden ist, sollte uns erneut bewußt werden, damit in Verkündigung und Seelsorge die endzeitlichen Dimensionen des Evangeliums wieder aufleuchten. Es geht der Bibel nicht nur um »Lebenshilfe« und »bessere mitmenschliche Beziehungen« – so erstrebenswert sie auch sein mögen –, sondern letztlich um Rettung und Verdammnis, Himmel und Hölle, Tod und Leben. In diesen scharfen Kontrasten dachten die Männer der Bibel. Es stände uns gut an, es ihnen gleichzutun.

Der Teufel ist eine Realität. Folgeerscheinungen okkulter Praktiken zeigen sich nicht nur in psychischen Störungen. Besessenheit ist mehr als Hysterie, Epilepsie oder Schizophrenie. Gewiß sollten wir das eine vom anderen zu unterscheiden versuchen; vor allen Dingen aber müssen wir vollmächtig helfen, damit sich solche, die im Machtbereich der Dämonie gequält werden, »bekehren von der Finsternis zum Licht und von der Gewalt des Satans zu Gott, zu empfangen Vergebung der Sünden und das Erbe unter denen, die durch den Glauben an Jesus Christus geheiligt sind« (Apg. 26, 18).

Wo das geschieht, schenkt der erhöhte Herr mitunter erweckliche Aufbrüche. In der Blumhardt-Biographie von Fr. Zündel ist zu lesen:

> »Oft schmerzte es Blumhardt, daß manche Leute immer mehr vom Kampfe als von der Erweckung wissen und reden wollten, und einmal, als ihm ein alter Freund das Manuskript der Krankengeschichte zur Einsicht abbettelte, gab er's ihm ungerne mit der fast befehlenden Bemerkung: ›Aber du weißt: Das ist nicht Möttlingen.‹ ›Möttlingen‹ – das heißt das Erlebnis, welches der Name Möttlingen ihm ins Gedächtnis rief, auf das er auch seine großen Hoffnungen baute und dem er bis ans Ende seines Lebens eine hohe Bedeutung für die christliche Kirche zuschrieb, war nicht der Kampf, sondern die *Erweckung*« (32/125).

George Steed, Superintendent in Indonesien, erwähnt, daß es Mitte 1967 auf Westborneo zwanzig Gemeinden gab. Er berichtet, daß der Durchbruch ins tiefste Heidentum anfing, »als die Diener des Herrn begonnen hatten, öffentlich die Kraft der Finsternis herauszufordern und im Namen unseres sieghaften Herrn den Dämonen befahlen, aus Besessenen auszugehen. Die Tore der Hölle wankten, und Gefangene wurden frei. Das machte diese finstere Gegend zu einem der Lichtorte in der Missionsarbeit der letzten Jahre.«

Ob es richtig ist, die Dämonie bewußt herauszufordern, wird von Fall zu Fall entschieden werden müssen. Tatsache aber bleibt, daß der auferstandene Herr seiner Gemeinde zusagt:

> »Die Zeichen, die da folgen werden denen, die da glauben, sind die: In meinem Namen werden sie Teufel austreiben . . .« (Mark. 16, 17).

Einen ähnlichen Auftrag bekamen die Jünger bei ihrer Aussendung:

> »Geht aber und predigt und sprecht: Das Himmelreich ist nahe herbeigekommen. Macht die Kranken gesund, reinigt die Aussätzigen, weckt die Toten auf, treibt die Teufel aus . . .« (Matth. 10, 7–8).

Die Siebzig melden nach ihrem Missionseinsatz: »Herr, es sind uns auch die Teufel untertan in deinem Namen« (Luk. 10, 17). Wenn man bei diesen neutestamentlichen Belegstellen bedenkt, daß in der Apostelgeschichte (8, 7; 13, 8; 16, 17; 19, 13–20) ebenfalls vom Sieg über dämonische Mächte berichtet wird, kommen wir zu dem Ergebnis: Zur bevollmächtigten Verkündigung des Evangeliums gehört allemal auch die Befreiung okkult Belasteter.

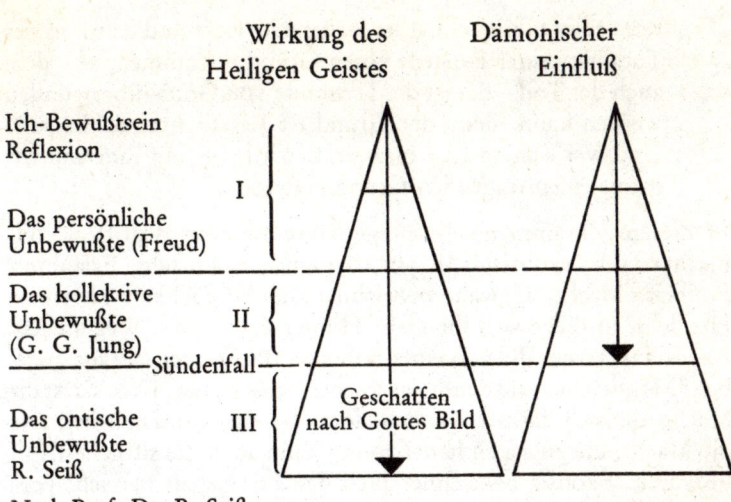

Nach Prof. Dr. R. Seiß.

Prof. Dr. Seiß erläutert diese Skizze wie folgt:

I   Speicherung von Erfahrungen aus dem individuellen Lebensweg mit Ungewußtem und Vergessenem einerseits und dem Unbewußten, dem Verdrängten (d. h. nicht ohne Überwindung eines inneren bewußtseinsfähigen Widerstandes [S. Freud]) andererseits.

II Speicherung von Erfahrungen auf dem Wege der Menschheit, sogenanntes Gattungsgedächtnis (Instinkte). C. G. Jung nennt es das kollektive Unbewußte.

III Speicherung von Erfahrungen auf dem Wege der Menschheit, die zurückreichen bis vor das Urereignis der Trennung des Menschen von Gott (Sündenfall). R. Seiß nennt es das ontische Unbewußte.

Das kollektive Unbewußte kann vom Geist des Menschen im Umgang miteinander aktiviert werden und stellt uns für Grenzprobleme und Krisen unserer Existenz die Erfahrungen der Gattung zur Verfügung. Hier ist auch der Ort der Dämonie und der tiefen Zweifel an der Liebe Gottes. Das ontische Unbewußte kann nur durch Gottes Geist aktiviert werden; die aus Gott geboren sind, hören seine Stimme. Es ist der zentrale Ruf ins Dasein: »Adam (Mensch), wo bist du?«

Der Mensch, der aus tiefster Tiefe seiner Existenz, aus einer Erinnerung, die er selbst nicht mehr aktivieren kann, antwortet: »Hier bin ich«, hat in der letzten Tiefe und damit in der Totalität seiner Existenz einen Grund bekommen, von dem auch der Tod – das ist die Trennung von Gott – überwunden werden kann, denn der Grund ist Jesus Christus. Er ruft. Und wer seinem Ruf antwortet, wird eins mit ihm und hat damit einen tragenden Grund gefunden.

In diesem Zusammenhang einige Sätze zu dem Begriff: »Vollmacht«. »Die exousia = ›Recht, Befugnis, Vollmacht, Erlaubnis, Freiheit, Macht, Gewalt‹ bezeichnet die Möglichkeit zu einem Handeln, insofern sich ihr keine Hindernisse in den Weg stellen. Exousia ist ferner die von einer höheren Macht oder Instanz gegebene Möglichkeit und damit das Recht, etwas zu tun. Exousia ist die Macht, die sich darin zeigt, daß einem Befehl gehorcht wird, also die Macht, die zu sagen hat. Exousia kann auch die sittliche Kraft bedeuten. Exousia bezeichnet auch den Herrschaftsbereich, vom Staate (Luk. 23, 7) wie vom Geisterreich (Eph. 2, 2; Kol. 1, 13). Exousia – als Macht, die zu sagen hat – eignet sich in besonderer Weise dazu, die unsichtbare Macht Gottes auszudrücken, dessen Wort schöpferische Macht ist. Bei Jesus zeigt sich die exousia darin, daß er Sünden vergibt (Mark. 2, 10), Dämonen austreibt (Mark. 3, 15) und den Tempel reinigt (Joh. 2, 15). Exousia setzt göttlichen Auftrag und Bevollmächtigung voraus, die zugleich Macht ist. Das Besondere dieser exousia ist, daß sie von der Verkündigung, daß das Reich Gottes ›nahe ist‹, nicht zu trennen ist. Exousia kann nicht willkürlich gebraucht werden. Auch in ihrer Verwendung bleibt der Apostel gebunden an seinen Herrn; andererseits setzt exousia selbständig-verantwortlichen Gebrauch voraus« (34/559 f.).

Diese in Stichworten zusammengefaßte Übersicht neutestamentlicher Aussagen zeigt, daß die Verkündigung des Evangeliums auch den Sieg über dämonische Mächte proklamiert, den »Gebundenen die Freiheit predigt« (Luk. 4,18) und damit rechnet: »Wenn ein Stärkerer über ihn kommt, so wird er ihn besiegen, er wird ihm seine Rüstung abnehmen, auf die er sich verließ, und wird die Beute verteilen« (Luk. 11, 22).

An diesem Geschehen will uns der erhöhte Herr beteiligen, und zwar immer dann, wenn wir uns auch zu solchen senden lassen, die aus okkulten Zwängen befreit werden wollen. Dazu zwei Briefzuschriften:

»Wenn ich beten oder in der Bibel lesen will, ist es, als ob mir jemand den Hals zudrückt. Ich habe dann das ganze Leben satt und möchte am liebsten alles wegwerfen. Aber ich will Frieden finden!«

Diesen Frieden schenkt Jesus Christus. Viele haben sich davon überzeugt. Zu ihnen gehört auch ein junger Mann, der wie folgt geschrieben hat:

> »Früher habe ich Horoskope gelesen und Anleitungen zum Handlinienlesen studiert. Ich ließ mir sogar ein Lebenshoroskop anfertigen und besiegelte es mit meinem Blut. Nach einem mißlungenen Selbstmordversuch wurde ich zu einem Gottesdienst eingeladen. Höflichkeitshalber ging ich mit und merkte sofort, daß diese Menschen anders waren. Mitglieder dieser Gemeinde haben mich aus Liebe zu Jesus Christus an Sohnesstatt angenommen. Nach zwei Jahren durfte ich auf einer Freizeit erleben, daß Jesus auch von okkulten Bindungen befreit. Unserem Herrn sei Dank dafür!«

Damit das noch viel häufiger geschieht, sollten wir die geistlichen Voraussetzungen kennen, ohne die vollmächtige Seelsorge an okkult Belasteten nicht möglich ist. Nur wer um die Vergebung seiner Sünden weiß, eine klare Beziehung zu Jesus Christus hat, jene Lebenswende kennt, die das Neue Testament mit *Wiedergeburt* bezeichnet, wird dämonisch gequälten Menschen wirksam helfen können. Dr. Riecker schreibt in seinem Buch »Das evangelistische Wort«:

> »Die Grundvoraussetzung jedes geistlichen Wirkens ist der pneumatische (geistliche) Stand des Trägers. Das Werkzeug ist nur dann ein zureichendes Vermittlungsorgan des reichen Maßes pneumatischer (geistlicher) Lebens- und Gestaltungsauswirkungen, wenn es selbst dem Wirken des Pneuma (des Heiligen Geistes) untersteht und sein Leben und Tun von diesem bestimmend getragen ist« (44/23). Erich Schnepel ergänzt: »Es ist ein irrationaler, geheimnisvoller Vorgang, der uns in die Gemeinschaft mit Jesus bringt. Die Bibel nennt ihn Wiedergeburt. – Nur wem selbst diese Wiedergeburt widerfuhr, weiß um diesen Lebensvorgang und hat einen Blick für ihn auch bei anderen Menschen. Da alle Seelsorge diesen grundlegenden Lebensvorgang als Zielpunkt hat, vermag Seelsorgedienst nur der zu tun, der um das Geheimnis der Wiedergeburt aus eigner Erfahrung weiß und die verborgene Beziehung eines Menschen zu Christus aus täglichem Umgang kennt« (12/263).

Mit dogmatischen Richtigkeiten ist es bei Befreiungsaktionen auf okkultem Gebiet nicht getan. Mehr als irgendwo sonst gilt hier der Satz aus 1. Johannes 1, 3: »Was wir gesehen und gehört haben, das verkündigen wir.« Nicht theologisches Wissen allein entscheidet den Kampf mit der Dämonie, sondern ein geistgewirkter Glaube, der die Welt überwindet (1. Joh. 5, 4).

Dazu gehört auch, daß wir in Christus bleiben und »aus seiner Fülle nehmen Gnade um Gnade« (Joh. 1, 16); also fortwährend die Vergebung unserer Sünden in Anspruch nehmen und zielklar auf Jesus Christus ausgerichtet sein. »Moralischer Sieg« ist die normale Voraussetzung für Autorität über böse Geister (28/232). Watchman Nee schreibt in seinem Buch: »In der Welt – nicht von der Welt«:

»Wir müssen ihm (dem Teufel) die Macht wieder entreißen, müssen ihn von seinem eigenen Territorium vertreiben. Wir müssen ihm seinen Besitz rauben und seine Gefangenen für Gott befreien. Es geht nicht nur darum, welchen Anteil wir an der Gewinnung von Seelen haben, sondern auch darum, welchen Einfluß wir im Reich der Fürstentümer und Gewalten besitzen. Und dafür muß ein Preis gezahlt werden.

Es ist oft möglich, Menschen in Bewegung zu setzen, wenn es völlig unmöglich ist, den Satan von der Stelle zu bewegen. Tatsache ist, daß es viel mehr kostet, sich mit dem Satan auseinanderzusetzen als Seelen zu gewinnen. Es erfordert das Äußerste eines gotthingegebenen Herzens, wenn dem Satan rechtskräftig die Basis in uns entzogen wird, auf deren Anspruch er pocht. Das kostet uns etwas! Gott kann aus seiner barmherzigen Liebe für die Verlorenen bei seinen Knechten oft etwas übergehen und nachsehen, das man als entsetzliche Schwachheit und sogar als Versagen empfinden könnte. Aber während er dies bei dem Seelengewinner tun mag, so sieht die Sache doch ganz anders aus, wenn es um die Auseinandersetzung mit dem Satan geht.

Böse Geister können durch das Zeugnis eines Menschen hindurchsehen. Sie können feststellen, ob es durch Halbherzigkeit oder Unaufrichtigkeit kompromittiert ist. Sie merken es, wenn wir einen Teil des schuldigen Preises zurückbehalten. Wenn sie uns ansehen, so erkennen sie genau, wem sie trotzen und wen sie einfach ignorieren können. Und umgekehrt wissen sie genau, gegen wen sie machtlos sind. ›Jesus kenne ich, und Paulus kenne ich, wer aber seid ihr?‹ (Apg. 19, 15). Weil sie glauben, wissen sie, wann sie zittern müssen. Lassen Sie mich noch das sagen: Da ihr Sturz unsere Hauptaufgabe ist, ist es wichtiger, das Zeugnis der bösen Mächte als das Lob der Menschen zu haben.

Aber der Preis für dieses Zeugnis an die Fürstentümer und Gewalten ist: – ich wiederhole es – die völlige, uneingeschränkte Hingabe an Gott. Wenn unsere eigenen Meinungen und Wünsche Vorrang haben und wir uns unseren wechselnden und widersprüchlichen Entscheidungen hingeben, so überlassen wir dem Feind das Feld. Dann lassen wir, kurz gesagt, unsere Beute fahren. In jeder Sphäre mag es vielleicht – ich weiß es nicht – in unseren Motiven Raum für eigene Interessen geben, ohne daß erheblicher Schaden entsteht. Aber nie – ich wiederhole es: nie hier! Ohne solche unbedingte Hingabe an Gott kann nichts erreicht werden, denn ohne sie machen wir selbst Gott machtlos gegen seine Feinde.«

Deshalb sage ich nochmals: Die Forderung ist sehr hoch. Sind Sie und ich hier auf der Erde zum Äußersten entschlossen, bis aufs letzte Gott hingegeben? Wenn dies so ist, dann schmecken wir jetzt schon die Kräfte der zukünftigen Herrlichkeit. Fordern wir vom Fürsten dieser Welt das Territorium zurück für den einen, dem es von Rechts wegen allein gehört? (36/114)

Corrie ten Boom hat deshalb die gute Gewohnheit, Gott zu bitten, ihr Herz zu untersuchen und ihr zu zeigen, ob darin noch verborgene Sünden sind (28/232).

Wir dürfen uns nicht mit der punktuellen Erfahrung der Wiedergeburt begnügen. Unser Leben muß sich gleichsam linear auf der neuen geistlichen Basis fortbewegen; muß zielgerichtet, geheiligt sein, an Jesus Christus abgegeben.

»Wenn wir nun in einer Kleinigkeit ungehorsam sind, werden wir zu Bundesgenossen des Feindes. Wir befinden uns auf einem gefährlichen Gebiet, und jedes Stückchen Selbstvertrauen, Geldliebe, Stolz, Furcht, Groll oder eine andere Sünde, die den Kanal verstopft, macht uns kraftlos und soll deshalb gleich unter das reinigende Blut Jesu gebracht werden... Wenn Dämonen einen schwachen Punkt im Seelsorger entdecken, greifen sie ihn an« (28/232).

Die Auseinandersetzung mit den Mächten der Finsternis – kein Hobby für Spezialisten, sondern vordringlicher Auftrag der Gemeinde Jesu – erfordert einen totalen Einsatz und die Bereinigung begangener Sünden. Darum sollten wir – wo nötig –, bevor wir okkult belasteten Menschen helfen, das seelsorgliche Gespräch suchen, Schuld bekennen, die Vergebung in Anspruch nehmen, begangenes Unrecht ordnen, Lügen klären, Spannungen beseitigen, mit einem Satz: den Kampfanzug anziehen und uns geistlich bewaffnen (Eph. 6, 10–17).

Das Schwert des Geistes ist und bleibt Gottes Wort. *Bibelkenntnis* ist mehr als wichtig, wenn wir die Schlacht gewinnen wollen. Es versteht sich von selbst, daß wir wissen müssen, was die Bibel über Sünde (Joh. 8, 34; 16, 9; Röm. 3, 23), das Kreuz (1. Petr. 1, 18; 2, 24;), die Gnade (Röm. 3, 24; 4, 25), die Vergebung (Jes. 1, 18; Jes. 44, 22; Micha 7, 19; 1. Joh. 1, 7; Eph. 1, 7) sagt. Übrigens, wußten Sie schon, daß man mit fünf Bibelstellen einem Menschen den Weg zu Jesus Christus zeigen kann: Röm. 3, 23; Jes. 53, 4–6; 1. Joh. 1, 9; Joh. 1, 12; Ps. 50, 23. Diese und ähnliche Bibelstellen müssen wir zur Hand haben. Satan weicht nicht vor unseren schönen oder klugen Formulierungen, aber in jedem Fall, wenn wir ihm mit dem Schwert des Geistes entgegentreten.

Dabei müssen wir mit der Kraft des Blutes Jesu rechnen. Blut und Leben haben in der Bibel geradezu die gleiche Bedeutung. Genauer gesagt: Das Blut ist der Sitz des Lebens. In 3. Mose 17, 11 steht der Satz: »Das Leben des Leibes liegt im Blut.« Das Alte Testament belehrt uns darüber, daß jeder, der sich gegen Gott versündigt, sein Leben verwirkt hat. Wer von der »Blut-Theologie« verächtlich spricht, vergißt, daß der alttestamentliche Opferkult dem Volk Israel immer beides einschärfen wollte: die Heiligkeit Gottes und zugleich die Möglichkeit der Sündenvergebung. »Das Blut der Opfertiere wurde entweder auf den Altar gesprengt, auf die Hörner des Altars gestrichen oder am Altar ausgegossen. Der Sünder, der das Opfertier zum Priester brachte, mußte bei der Schlachtung seine Hand auf den Kopf des Opfertieres legen und damit dokumentieren: »Eigentlich sollte ich sterben. Aber dieses Tier stirbt an meiner Statt – für mich« (16/236).

Die damit erlangte Vergebung war gleichsam schattenhaft abgebildet und wollte letztlich auf Jesus Christus, das Lamm Gottes, hinweisen. Indem der Sohn Gottes sein Blut am Kreuz vergießt und sein Leben zum Opfer darbringt, befreit er den Menschen von der Sünde und ermöglicht ihm dadurch die Gemeinschaft mit Gott. So wie der Alte Bund auf das Blut von Opfertieren gegründet war, so der Neue Bund auf das Blut Jesu. In Matthäus 26, 28 sagt Jesus beim Abendmahl: »Trinket alle daraus. Das ist mein Blut des Neuen Bundes, das vergossen wird für viele zur Vergebung der Sünden.« Das Blut Jesu ist gegeben zur Erlösung, zur Reinigung, zur Gerechtigkeit, zum Frieden, zur Heiligung, zum Eingang in das Heilige, zur Gemeins[...]ott und zur Überwindung. Das alles ist so wichtig, da[...]ntsprechenden Bibelstellen kennen sollten: Römer 5, 9[...], 7; Kolosser 1, 20; Hebräer 9, 14; 10, 19; Offenbarung [...]

»Wir empfang[...] durch Jesu Blut nicht nur die Vergebung unserer Schuld und die Erlösung von der zwingenden Macht der Sünde (1. Petr. 1, 18–19). Im Blut Jesu liegt auch die Kraft zur Heiligung (Hebr. 13, 12) und Überwindung aller gottfeindlichen Mächte. Eine umwandelnde und erneuernde Kraft strömt vom Sühnetod Jesu in unser Leben, wenn wir seine Erlösung im Glauben annehmen. So ermöglicht uns sein heiliges Blut auch ein Leben in der Gegenwart Gottes, es öffnet uns den Zugang zu Gott (Hebr. 10, 19; Eph. 2, 13 u. 18). Wir haben unmittelbaren Zugang zu seiner Herrlichkeit. Das alles wird uns nur durch das Blut Jesu zuteil, aber auch eben nur durch sein Blut. Das Blut Jesu ist nicht nur Zeichen und Ausdruck seines Opfertodes am Kreuz; man kann nicht ohne weiteres die Begriffe »Blut Christi« und »Tod« vertauschen. Blut Christi bedeutet mehr. Ihm kommt eigenständige geistliche Wirklichkeit zu.

Mose opferte nicht nur das Tier (Hebr. 9, 19–21), sondern er besprengte auch das Volk mit dem Opferblut, so daß die sühnende und reinigende Kraft jedem einzelnen Glied des Gottesvolkes persönlich zuteil wurde. Die Blutbesprengung ist als geistliche Wirklichkeit auch im neuen Gottesvolk wichtig (Hebr. 10, 22). Durch das Blut ist der Tod Jesu auf den einzelnen Menschen persönlich bezogen. Die sühnende und reinigende Kraft des Opfertodes wurde dem Opfernden durch die Blutbesprengung zugeeignet. Was sich im Bereich der alttestamentlichen Gemeinde mit Tierblut sinnbildlich wahrnehmbar vollzog, vollzieht sich im Bereich der neutestamentlichen Gemeinde mit dem Blut Jesu unsichtbar als geistliche Realität. Wenn wir das Blut Jesu für uns persönlich im Glauben in Anspruch nehmen, wird uns die Kraft seines Opfertodes in allen Auswirkungen zuteil« (37/182).

Noch einmal: Der Begriff »Blut Jesu« kann nicht einfach ersetzt werden durch die Begriffe »Kreuz« und »Auferstehung«. Paulus hat zwar Gottes Handeln in Christus zusammengefaßt im »Wort vom Kreuz«, verzichtet aber keineswegs auf den Begriff »Blut Jesu«. Auch wir sollten das nicht tun. Wenn bereits im Alten Testament Blut und Leben geradezu in einem Atemzug genannt werden, dürfen wir auf dem Hintergrund neutestamentlicher Aussagen folgern: »Die Kraft des Blutes Jesu ist sein Leben selbst.« Mit diesem Leben beschenkt er uns. Er wurde auf übernatürliche Weise gezeugt durch den Heiligen Geist. Sein Blut wurde nicht bestimmt von einem menschlichen Vater. Er war ganz Gott und ganz Mensch. Das bedeutet für uns: Jesus hat seine Sündlosigkeit bewährt in Haß und Feindschaft, in Anfechtung und Leiden. Die Kraft seines Blutes will uns an seinem Sieg beteiligen. »Und sie haben ihn überwunden« – den Satan – »durch des Lammes Blut und durch das Wort ihres Zeugnisses und haben ihr Leben nicht geliebt bis an den Tod« (Offb. 12, 11). Das zu wissen ist wichtig, wenn wir okkult belasteten Menschen dienen und damit rechnen müssen, daß uns Satan je und dann frontal angreift.

Zur Bibelkenntnis muß die *Sachkenntnis* hinzukommen. Wir sollten die wichtigsten Merkmale der Hysterie, Epilepsie und Schizophrenie kennen, damit wir psychische Erkrankung mit Dämonie möglichst nicht verwechseln.

Das Wort *Hysterie* – so ein medizinisches Fachbuch – wird nur noch für seelische Krisen gebraucht, die heute psychogene Reaktionen oder Neurosen genannt werden. Die seinerzeit auch von hervorragenden Ärzten gemachte Annahme, nur das weibliche Geschlecht sei für Hysterie anfällig, ist abwegig und inzwischen längst verlassen. Das Wort Hysterie hat also nur noch geschichtliches Interesse, ist sachlich falsch und sollte aus dem Sprachgebrauch verschwinden, weil es mit dem Werturteil »minderwertig« verknüpft wird (10/349). Trotzdem sollten wir wissen, wie sich Hysterie äußert. Professor V. D. Berg nennt sechs Symptome:

1. Kontaktbedürfnis
2. Unvermögen zum Kontakt
3. Unechtheit im Kontakt
4. Körperliche Beschwerden und Störungen
5. Angst
6. Bewußtseinsstörungen und erotische Schwierigkeiten

»Bei den körperlichen Störungen besteht keine nachweisbare Ursache im gestörten Organ. Hysterische Blindheit, Lähmung, Heiserkeit, Lauf- und Sehstörungen kommen meistens als körperlicher Ausdruck eines psychischen Problems vor. Sehr ernste körperliche Störungen werden mit Leichtigkeit ertragen. Während ihrer Bewußtseinsstörungen können bei den Hysterikern Stigmata, Schwellungen, Krämpfe und Verrenkungen auftreten. Unter den Körperverrenkungen kommt der sogenannte »hysterische Bogen« vor, in dem man rückwärts gebeugt mit dem Kopf den Boden berührt« (28/187).

Obschon die *Epilepsie* eine komplizierte Krankheit ist – es gibt Ärzte, die 65 Erscheinungsarten unterscheiden –, sollten wir in groben Umrissen wissen, wie sie sich äußert:

1. Der Epileptiker verliert plötzlich das Bewußtsein.
2. In Krämpfen und Verrenkungen knirscht er mit den Zähnen.
3. Auf seinen Lippen erscheint Schaum, gelegentlich streckt er die Zunge weit heraus.
4. Er bekommt eine abnorme Körperkraft.
5. Seine Persönlichkeit wird verdrängt.
6. Er wird überwältigt von Ideen, Gefühlen und Erinnerungen, die total anders sind als seine normalen und im Gegensatz zur Persönlichkeit des Epileptikers stehen (28/181).

Die *Schizophrenie* (Spaltungsirresein) ist ein Sammelname für sehr verschiedenartige, ihrem Wesen und ihren Ursachen nach noch wenig erforschte Krankheitszustände. Man unterscheidet im allgemeinen:

> die Hebephrenie, die im jugendlichen Alter beginnt, bösartige Verlaufsformen hat und zur Verblödung führt;

> die Katatonie, gekennzeichnet durch Bewegungsstörungen, große Unruhe und Erregung;

> die paranoide und paraphrene Schizophrenie, bei denen Wahn und Sinnentrug (Halluzinationen) vorherrschen (10/614).

Obschon nicht alle Symptome der Schizophrenie aufgezählt werden können – das wäre Sache des Facharztes –, sollen die wichtigsten genannt werden:

1. Der Zusammenhang zwischen Denken, Fühlen und Handeln geht verloren und kommt auf eine für Außenstehende schwierig zu fassende Ebene.

2. Oft hat der Patient das Gefühl, daß sein Denken gesperrt wird, seine Gedanken ihm von einem feindlichen Einfluß geraubt werden.

3. Schizophrene haben mitunter religiöse Wahnideen.

4. Der Geisteskranke hält sich manchmal für einen Besessenen, dessen Gedanken und Taten von einem Dämon veranlaßt werden. In seltenen Fällen bildet er sich ein, ein Tier zu sein.

5. Der Schizophrene hört Stimmen und hat Wahnvorstellungen.

Die Worte, die er hört, entsprechen seinen Wahnvorstellungen, sind aber meistens nicht gottwidrig, wohl oft unsinnig.

6. Seine Visionen sind Halluzinationen; sie werden nicht von Zeugen wahrgenommen und bestätigt (28/191).

»Bei der Schizophrenie kann ein gefühlsmäßiger Verfall der Persönlichkeit beobachtet werden. Ein Geisteskranker ist wirklich krank, auch wenn er einige der Besessenheit ähnliche Züge aufweisen sollte. Ein Besessener dagegen ist geistig gesund, auch wenn ihm zeitweise seelisch anormale Zeichen anhaften sollten« (28/193).

Es versteht sich von selbst, daß diese knappe Übersicht niemals die fachliche Beurteilung eines Arztes ersetzen kann. Diese Aufzählung soll lediglich Orientierungspunkte andeuten, die gelegentlich zu Grenzpunkten werden können; dann nämlich, wenn psychische Krankheitssymptome dämonisch verursacht sind.

Wir sollten auch wissen, daß man *Depressionen* nicht in jedem Fall als Folgeerscheinung okkulter Praktiken ansprechen darf. Bei den endogenen Depressionen beispielsweise handelt es sich um anlagebedingte Schwermutszustände, die vermutlich mit Stoffwechselstörungen des Gehirns zusammenhängen. Reaktive Depressionen dagegen sind rein seelischen Ursprungs. Sie erklären sich als Reaktion auf abnorme Erlebnisse oder Konflikte. Erschöpfungsdepressionen und involutive Depressionen (Involution = Rückbildung) haben körperliche Ursachen.

Im seelsorglichen Gespräch müssen wir darum bemüht bleiben, – soweit das einem Laien möglich ist, zu differenzieren. Depression ist nicht gleich Depression. Wer voreilig jede psychische Erkrankung auf dämonische Ursachen zurückführt, kann an einem seelisch Leidenden schuldig werden. Umgekehrt ist es verantwortungslos, okkult bedingte Depressionen mit dem Etikett »neurotische Störungen« zu versehen. Das eine ist so falsch wie das andere. Natürlich kann man darüber streiten, wer in dem jeweiligen »Fall« zuständig ist – ob der Arzt oder der Seelsorger. Mit Recht hat man festgestellt: Der Streit um die Zuständigkeit wird vermutlich nie ein Ende nehmen. Vor Verwechslungen und falschen Diagnosen ist weder der Arzt noch der Seelsorger sicher. In der Seelsorge an okkult Belasteten können verhängnisvolle Fehler gemacht werden. Aber auch Psychiater können irren, indem sie Besessene für Geisteskranke halten und sie in eine psychiatrische Heilanstalt schikken, aus der sie nie mehr herauskommen. Mit psychiatrischen Diagnosen kann man zuweilen die Probleme verschieben, keinesfalls aber immer lösen. Darum sollten in Zweifelsfällen Arzt und Seelsorger zusammenarbeiten.

Die Beter mobilisieren. Seelsorge an okkult Belasteten sollte im Team geschehen, und zwar deshalb, weil der einzelne dem Ansturm der Dämonie durchaus nicht immer gewachsen ist. Wenn irgend möglich, müßte man vor einem Einsatz auf okkultem Gebiet erfahrene Christen bitten, anhaltend und gezielt für die Betreffenden zu beten.

> »Wo zwei auf Erden eins werden, worum es ist, daß sie bitten, das soll ihnen widerfahren von meinem Vater im Himmel« (Matth. 18, 19).

Während einer Evangelisation, in der es viele seelsorgliche Gespräche mit okkult Gebundenen gab, kam es zum entscheidenden Durchbruch, als einige wiedergeborene Menschen beteten und fasteten. Es gibt Situationen, auf die das Wort Jesu anwendbar ist: »Aber diese Art fährt nicht aus denn durch Beten und Fasten« (Matth. 17, 21).

In solchen Gebetszellen kann dann die seelsorgliche Betreuung an solchen, die von okkulten Bindungen frei geworden sind, kontinuierlich fortgesetzt werden. Das ist wichtig, denn in der Regel bleiben okkult Belastete nach der Befreiung längere Zeit gefährdet.

Die charismatische Befähigung. Markus 16, 17–18 ist nicht an einen einzelnen adressiert. Diese Zusagen gelten der Gemeinde. Jeder kann in eine seelsorgliche Situation geführt werden, in der es gilt, einen anderen aus den Zwängen dämonischer Bindungen herauszuholen. Gleichwohl werden in 1. Korinther 12, 10 Gnadengaben (Charisma = Gnadengabe) erwähnt, die in besonderer Weise zur Seelsorge an okkult Belasteten befähigen.

Sachkenntnis und geistliche Befähigung schließen einander nicht aus. Andererseits muß festgestellt werden, daß es auf okkultem Gebiet mit psychologischer Sachkenntnis allein bei weitem nicht getan ist. Wilhelm Löhe schrieb: »Erkenntnis und gläubige Erkenntnis sind so verschieden wie ein Gemälde von einem Menschen und der Mensch selbst« (12/268).

Die Gabe der Geisterunterscheidung. Das griechische Wort diakrinein bedeutet so viel wie: auseinanderscheiden, absondern, trennen, auswählen, unterscheiden, entscheiden, beurteilen.

Paulus erwähnt in 1. Korinther 12, 10 die Gabe der Unterscheidung der Geister. Hier steht der Plural (die Mehrzahl), um anzudeuten,

»daß es nicht um eine gleichbleibende Qualität einzelner Gemeindeglieder geht, sondern um immer erneute ›Zuteilungen‹, die immer wieder ›einem andern geschenkt werden können‹« (38/204). Diese Gabe wird also der gesamten Gemeinde zugeschrieben. Daraus dürfen wir folgern, daß auch das seelsorgliche Gespräch mit okkult Belasteten nicht Sache einzelner Spezialisten sein darf. Die Unterscheidung von Geistern scheint in der Regel durch Propheten stattgefunden zu haben (39/116). Wichtig ist diese Gnadengabe, weil sie befähigt, trennscharf zu unterscheiden zwischen dem, was menschlich, dämonisch und göttlich ist.

Die Gabe der Prophetie. »Die Prophetie wurzelt nicht in der eigenen Entschließung oder Überlegung des Propheten, sondern in einer von ihm unabhängigen Macht, welche sich seines Geistes bemächtigt und ihn treibt, zu reden und so auf die andern einzuwirken« (39/116). Mitunter können okkult Belastete über ihre Vergangenheit nichts aussagen. Man könnte manchmal meinen, der Teufel verschließe ihnen den Mund. Sie haben Angst, das eine und andere preiszugeben, schämen sich, sind gehemmt, zu einem »Beichtgespräch« geradezu unfähig. Wem es dann geschenkt wird, verborgene Sünden beim Namen zu nennen, ohne daß er die Lebensgeschichte des okkult Belasteten kennt, räumt Barrieren zur Seite, die den Weg zur Befreiung versperren.

Die Gabe der Krafttaten. »Paulus denkt hier an die Fähigkeit, alle möglichen Wundertaten – abgesehen von den bloßen Heilungen – zu verrichten; Taten, die dazu dienen, in verschiedenen Lagen, in die ein Diener Jesu Christi kommen kann, der jeweiligen Not abzuhelfen. Dahin gehören Totenerweckungen, Austreibungen von Dämonen, Verhängung von Strafgerichten über Ungläubige oder Gegner« (39/116).

Die Austreibung der Dämonen ist nicht jedermanns Sache. Für das Wort »Krafttaten« steht in der Sprache des Neuen Testaments energemata dynameon. Das eine Wort kann mit Wirksamkeit, Kraft, Macht übersetzt werden, das andere mit Möglichkeit, Gewalt, Fähigkeit, Wunderkraft. Alle diese Ausdrücke, die sich gegenseitig ergänzen, zeigen, daß Seelsorger, die Besessenen zu helfen haben, in besonderer Weise bevollmächtigt sein müssen.

»Der Heilige Geist schenkt demjenigen, den er erfüllt, Charismen, Gnadengaben. Dazu gehört die Verleihung von machtvoll wirkenden Kräften und auch die so wichtige Unterscheidung der Geister . . . Wir meinen mit der Erfüllung des Heiligen Geistes weder etwas, das jeder sogenannte

Christ automatisch besitzt, noch etwas, das in einem Ritus geschenkt wird, sondern das, was Jesus, die Apostel und viele andere Christen aller Zeiten erfahren haben« (28/235).

In der Seelsorge an okkult Belasteten stößt man sehr bald an letzte Grenzen menschlicher Möglichkeiten. Psychologische Kenntnisse und theologisches Wissen sind zwar wichtig, können aber eine Erfüllung mit dem Heiligen Geist nicht ersetzen. Jesus sagt:

>»Bittet, so wird euch gegeben; suchet, so werdet ihr finden; klopfet an, so wird euch aufgetan. – So denn ihr, die ihr arg seid, könnt euren Kindern gute Gaben geben, wieviel mehr wird der Vater im Himmel den Heiligen Geist geben denen, die ihn bitten« (Luk. 11, 9. 13).

Die *Diagnose* (unterscheidende Beurteilung). Wie bereits erwähnt, müssen wir zwischen körperlich-seelischen Symptomen und dämonischen Einwirkungen unterscheiden, damit wir nicht vorschnell alles »verteufeln«. Ebensowenig sollten wir eindeutig okkulte Belastungen in psychotische Krankheitsbilder unterbringen wollen. Damit weder das eine noch das andere geschieht, müssen wir uns für das seelsorgliche Gespräch Zeit nehmen. Noch immer ist die recht verstandene »Beichte« – niemals Zwang, auf keinen Fall mit einem verdienstlichen Vorzeichen versehen – die beste Möglichkeit, den jeweiligen Sachverhalt abzuklären.

Wie können okkulte Belastungen festgestellt werden? Eine wichtige Frage, zumal der okkult Behaftete durchaus nicht immer Farbe bekennt und mit der eigentlichen Problematik – meist geschieht das unbewußt – zurückhält.

1. Es empfiehlt sich, anhand eines kleinen Katalogs (siehe Seite 118) gleichsam den Patienten auf okkulte Praktiken hin »abzuklopfen«. Wenn wir systematisch fragen – das habe ich oft beobachtet –, wird zuweilen geantwortet: »Stimmt, das habe ich ganz vergessen!« Genau diese Reaktion ist beabsichtigt. Einzelne okkulte Grenzüberschreitungen sollen wieder bewußt werden. Wenn je auf einem Gebiet der Satz aus 1. Johannes 1, 9 gilt, dann auf dem okkulten: »Wenn wir aber unsere Sünden bekennen, so ist er treu und gerecht, daß er uns die Sünden vergibt und reinigt uns von aller Untugend.«

2. Die Lebensgeschichte eines Menschen kann mitunter die Frage beantworten, inwieweit neurotische Störungen vorliegen. Damit sind krankhafte Funktionsstörungen des Nervensystems ohne organische Ursachen gemeint, die hauptsächlich durch Fehlent-

wicklungen des Trieblebens oder durch unverarbeitete seelische Umweltkonflikte entstanden sind. Eine Depressionsneurose kann dann nicht immer einer okkult bedingten Depression gleichgesetzt werden. Nur wenn wir sorgfältig unterscheiden, kann der Punkt gefunden werden, an dem dann die seelsorgliche Betreuung zielstrebig anzusetzen hat. Eine Lebensbeichte macht es dem Seelsorger leichter, diesen Punkt zu finden. »Bei okkulter Behaftung wird stets beobachtet, daß die Hilfesuchenden, die eine Generalbeichte, welche nicht nur die okkulte Betätigung, sondern auch das übrige Leben betrifft, scheuen, nicht frei werden« (12/276).

3. In vielen Fällen muß gefragt werden, inwieweit die Vorfahren des Betreffenden okkult praktiziert haben (2. Mose 20, 5).

4. Folgeerscheinungen okkulter Praktiken lassen auf okkulte Belästigung schließen (siehe Seite 154–167).

5. Mangelnde Reaktionsbereitschaft im Blick auf geistlichen Zuspruch. In einem Rundfunkinterview sagte Pastor Spieker aus Sao Paulo:

»Man hat sehr schnell ein Empfinden dafür, ob eine Person okkult behaftet ist. Man spürt ein gewisses Mißtrauen, Schwerfälligkeit im Gespräch, Hemmungen im Blick auf den menschlichen Kontakt. Man hat den Eindruck, daß der andere Angst hat. Es ist so, als stünde eine Wand dazwischen. Man hat es schwer, mit einem solchen Menschen über den Glauben an Jesus Christus zu reden. Irgendwo schaltet er ab, als ob er nicht mehr folgen könnte. Das Verstehen fehlt.«

6. Der Widerstand gegen Gottes Wort kann herausgelockt werden durch Gebet und Schriftlesungen. Besessene reagieren oft mit Wut, wenn beispielsweise Kolosser 2, 14–15 gelesen wird (28/239). Dr. A. Lechler empfahl solche Bibelstellen, in denen besonders von Jesus, seinem Blut und seiner befreienden Macht die Rede ist: Epheser 1, 20–23; Philipper 2, 9–11; Kolosser 1, 14–16; 1. Petrus 1, 18–19; 1. Johannes 1, 3; Offenbarung 5, 6–14 und 12, 10–11. Zu den bewährten Bibelstellen gehören auch 5. Mose 18, Lukas 10, 18–19 und 1. Korinther 6, 20 (28/276).

7. Die Gabe der Geisterunterscheidung. »Diejenigen, die die Gabe der Unterscheidung haben, werden wohl öfter die geheime und furchtbare Anwesenheit Satans in Seelen verspüren, als der mittelmäßige Christ allgemein wahrhaben will. Diese Gabe ist besonders wichtig, um Einsicht in die dämonische Gebundenheit

zu bekommen. Sie kann durch Erfahrungen weiterwachsen«
(28/240).

8. Besessenheit zeigt in jedem Fall okkulte Belastungen an (siehe
Seite 164 od. 165). Wir sollten allerdings zwischen okkulter Belästigung und Umsessenheit und Besessenheit unterscheiden.
Wenn man sich den Menschen als eine Stadt vorstellt, ergibt sich
folgendes Bild: »Die Stadt wird belagert, der Feind steht draußen
vor den Toren und beschießt die Stadt. In diesem Fall kann man
von einer dämonischen Belästigung sprechen. Der Feind kann
aber auch in die Stadt eindringen und einige Straßen, ein Viertel
erobern. Hier würden wir von dämonischer Gebundenheit sprechen, die je nach dem Umfang des eroberten Gebietes leichter
oder schwerer sein kann. Bei dämonischer Besessenheit ist die
ganze Stadt in Feindeshand gefallen. Der Kampf um Befreiung
wird dann meistens schwer sein und auch länger dauern. Während bei der Besessenheit der Feind den Menschen erobert hat,
ihn beherrscht, wird er bei der Umsessenheit von außen her mit
Störungen und Verwirrungen angegriffen. Bei Besessenheit stellt
man sich den Dämon als permanent gegenwärtig vor, bei Umsessenheit ist er nur ab und zu da. Deshalb ist die Umsessenheit
schwieriger zu erkennen (28/151).

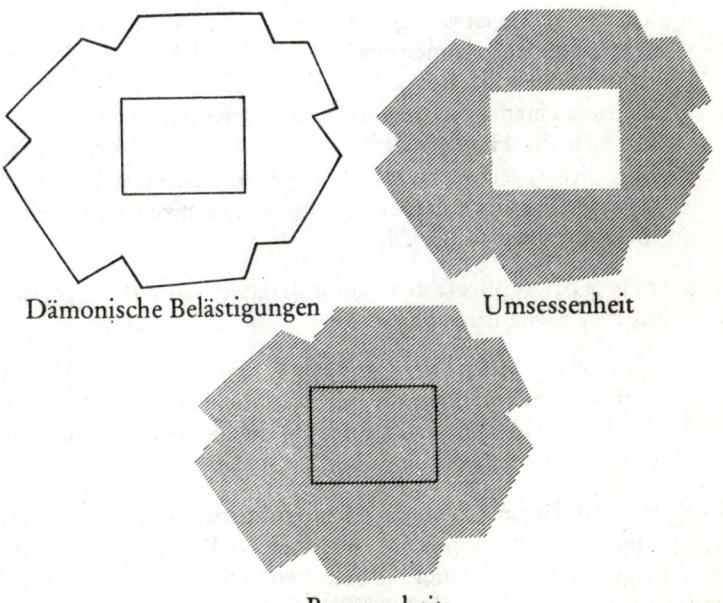

Dämonische Belästigungen   Umsessenheit

Besessenheit

Absage an den Teufel. Längst ist seelsorglich erwiesen, daß es keine Befreiung aus okkulten Bindungen gibt, wenn sich der Betreffende nicht bewußt vom Teufel und allen seinen Werken lossagt. Wenn Götzendienst im Neuen Testament dem Dämonendienst gleichgesetzt wird (1. Kor. 10, 1ff.; Offb. 9, 20), dann ergibt sich daraus: »Die okkulte Betätigung ist ein Vertragsschluß mit dem Reich der Finsternis. Dieser Vertrag muß aufgehoben, annulliert, gelöst werden durch eine bewußte Lossprechung von seiten des okkult Behafteten, nachdem von Christus schon die objektiven Voraussetzungen dafür geschaffen worden sind.« Dr. Riecker schreibt dazu: »Überall, wo magische, okkulte oder zauberhafte Handlungen vorgenommen wurden, kann auch ein offizielles Bekenntnis der Loslösung von allen dämonischen Mächten, eine Absage an den Teufel notwendig werden: Ich entsage dem Teufel und allen seinen Werken. Als biblische Begründung werden gewöhnlich Matthäus 25, 41; Johannes 12, 31 Epheser 6, 11–12 und 1. Johannes 2, 13 und 5, 19 genannt. Analysiert man den griechischen Begriff apotassesthai, was soviel bedeutet wie: aus der Schlachtreihe treten, dann begibt sich der okkult Belastete durch die Absage an den Teufel in die Nachfolge Jesu, wird also »Soldat Christi« und kämpft nunmehr unter einem anderen Herrn« (12/278 f.).

Dazu eine kirchengeschichtliche Information.

> »In den 40 Tagen vor Ostern mußten die Katechumenen zuerst fasten: Sie bekamen geweihtes Brot, Öl, Salz und Wasser; dann mußten sie sich jeden Morgen früh vor dem Gottesdienst in einem besonderen Raum in der Kirche versammeln, um sich die Hände auflegen und die Beschwörungsgebete über sich sprechen zu lassen. Bei dem Prüfungsexorzismus wird der Täufling mit Öl gesalbt und auch ›angeblasen‹, ehe er die Taufe empfängt« (28/98).

Pfarrer Hans Bruns pflegte den okkult Belasteten aufzufordern, das Lossagegebet nachzusprechen:

> »Ich entsage dem Teufel und allem seinem finsteren Wesen und Werken und übergebe mich dir, dreieiniger Gott, Vater, Sohn und Heiliger Geist, und will dir im Glauben und Gehorsam treu sein bis an mein Ende« (12/278).

Es kann nicht darum gehen, den Wortlaut genau festzulegen. Immerhin müßte das Lossagegebet zwei wichtige Elemente enthalten: die Absage an den Teufel und alle okkulten Praktiken der Vorfahren und die Übereignung sämtlicher Lebensbereiche an Jesus Christus.

Den Teufel direkt anzureden seitens des okkult Belasteten halte ich nicht für nötig. Auch scheint es mir richtiger zu sein, das Gebet mit der Übereignung an den auferstandenen Herrn zu beginnen.

Es gibt Situationen, in denen okkult Gebundene ein solches Absagegebet einfach nicht nachsprechen können, obschon sie das gern möchten. Sie schaffen es nicht, dem Teufel die Gefolgschaft aufzukündigen. Wiederholt habe ich das bei solchen beobachtet, die zum Satan gebetet, sich ihm verschrieben hatten oder an spiritistischen Praktiken beteiligt waren. Ein ähnliches Verhalten ist mir bei Umsessenen und Besessenen begegnet. Seelsorger können in einem solchen Fall als Einzelkämpfer kaum etwas ausrichten. Sie müssen:

1. andere Seelsorger hinzuziehen und eine Mannschaft bilden. Blumhardt wandte sich zuerst an den Schulvorsteher, »später standen ihm mehrere Helfer zur Seite« (28/243).

2. die Beter mobilisieren. Es ist nicht unbedingt nötig, daß alle Beter beim seelsorglichen Handeln anwesend sind. Sie können mit ihrer Fürbitte auch an einem anderen Ort zu einer vereinbarten Zeit die seelsorglichen Bemühungen begleiten. Je und dann empfiehlt es sich, auch zu fasten und zu beten (Matth. 17, 21).

3. okkulte Gegenstände vernichten. Ein spiritistisches Medium in Berlin wurde erst frei, als es bereit war, Blutsverschreibungen, Talismane und anderes mehr verbrennen zu lassen.

4. die Ursachen klären:
   a) Sünden
   b) Abfall vom Glauben
   c) Verfluchung
   d) Vertrag mit dem Teufel
   e) Anrufung des Teufels
   f) Okkultismus (28/260f.)

5. dem Satan gebieten. Seelsorger, die mit der Kraft des Blutes Jesu rechnen und sich geistlich rüsten ließen, haben über den Teufel und seine Dämonen im Namen Jesu auch Befehlsgewalt. Jesus gebot den Dämonen (Matth. 17, 18; Mark. 1, 25; Luk. 8, 33). Auch Paulus befahl finsteren Mächten (Apg. 13, 11; Apg. 16, 18). Gelegentlich hatte ich mit einer Gemeindehelferin ein seelsorgliches Gespräch, die mit einer südkoreanischen Irrlehre sympathisierte. Beim Lossagegebet wollte der Name Jesus nicht über die Lippen. Als ich sie bat, den Wortlaut der Absage an den Teufel aufzuschreiben, verkrampfte sich ihre Hand. In Gegenwart eines anderen Seelsorgers wurde den dämonischen Mächten

der Befehl erteilt, diesen Menschen freizugeben. Das geschah einige Male. Danach konnte jene Gemeindehelferin das Lossagegebet schreiben, und schließlich war sie auch in der Lage, den Namen Jesus auszusprechen. Sie wurde frei.

Der Zuspruch der Vergebung kann mit Matthäus 18, 18–20 und Johannes 20, 21–23 begründet werden und sollte in der Seelsorge an okkult Belasteten nicht fehlen. »Die Vergebung der Schuld ist der tiefste, tragende Grund, dem der Christ sein Leben verdankt, der zentralste Vorgang in der Seelsorge, der entscheidende Punkt bei der Hilfe an okkult Belasteten« (6/280 oder 12/284).

Der seelsorgliche Zuspruch kann mit folgenden Bibelstellen erfolgen: Jesaja 1, 18; 43, 25; 44, 22; Jeremia 31, 34; Micha 7, 18–19; Matthäus 9, 2; 26, 28; Lukas 7, 48; Johannes 1, 29; Römer 5, 20; Galater 1, 4; Epheser 1, 7; Kolosser 1, 14; 1. Petrus 1, 19; 2, 24; 1. Johannes 1, 7–9; 2, 2; Hebräer 1, 3; Offenbarung 1, 5. Es hat sich bewährt, wenn man diese und andere Bibelstellen in der Ich-Form liest, also (Jes. 53, 4–7): »Fürwahr, er trug *meine* Krankheit . . . er ist um *meiner* Missetaten willen verwundet . . . durch seine Wunden bin *ich* geheilt.« Wir sollten nicht versäumen, darauf hinzuweisen, daß Jesus Christus auf Golgatha alle Sünden gesühnt *hat*. Die Heilstatsachen sind perfekt, abgeschlossen, objektiv. Das gilt es zu betonen. Was Gott für uns bereithält, gilt es nunmehr zu nehmen: Matthäus 28, 18; Römer 3, 24; Römer 4, 25; Römer 5, 1; 1. Korinther 1, 30; Epheser 1, 7; Kolosser 1, 13; 1. Johannes 4, 9. Wir sollten deutlich machen: Glauben heißt Jesus aufnehmen, annehmen, was er für uns bereithält, ihm für Golgatha danken.

Im Namen Jesu dürfen dann auch okkult Belastete von ihren dämonischen Bindungen gelöst werden (Matth. 18, 18). Am besten geschieht das in Gegenwart seelsorglicher Menschen, also vor Zeugen, die übrigens auch bereit sein sollten, sich des Betreffenden in Zukunft anzunehmen.

Menschen, die an psychischen Folgeerscheinungen okkulter Praktiken leiden, sind dankbar, wenn man sie im Namen Jesu unter Handauflegung segnet.

»Im Alten Testament sind alle symbolischen Handlungen nicht nur bildhafte Darstellungen eines von ihnen unabhängigen Geschehens, sondern sie haben selbst Vollzugsgewalt und sind wesenhaft mit den entsprechenden geistlichen Ereignissen, die sie begleiten, verbunden. Bei der Handauflegung geht es um eine reale Übertragung: von geistlicher

Macht, Dienstvollmacht und göttlicher Kraft, von Segen und Verantwortlichkeit, aber auch von Schuld.

Im Neuen Testament wird durch ein Gebet, das mit der Handauflegung verbunden ist, Segen übertragen (Matth. 19, 13. 15). Jesus heilt Kranke durch Handauflegung (Mark. 5, 23) – ebenso Paulus (Apg. 28, 8). Mit der apostolischen Handauflegung war wohl in der Regel die Gabe des Heiligen Geistes verbunden (Apg. 8, 14–19) als Anfang des geistlichen Lebens (Hebr. 6, 2). Die Handauflegung der Apostel übertrug nach Apostelgeschichte 6, 6; 13, 3 auch Dienstvollmacht und vermittelte geistliche Gaben (1. Tim. 4, 14; 2. Tim. 1, 6).

Daß es sich bei der Handauflegung nicht nur um eine äußere Zeremonie handelt, sondern um wirklichen Vollzug geistlicher Wirkungen, macht die Warnung des Paulus an Timotheus verständlich, die Hände nicht vorschnell aufzulegen, um sich nicht fremder Sünde teilhaftig zu machen (1. Tim. 5, 22). Demnach kann dieses Eingreifen in den geistlichen Kampf wie auch die Krankenheilung (Apg. 19, 14–16) eine Rückwirkung auf den Ausübenden haben« (16/541).

Beim segnenden Gebet unter Handauflegung darf man darum bitten, daß Jesus Christus die Folgeerscheinungen okkulter Praktiken beseitigt – soweit das seinem Willen entspricht –, psychische oder körperliche Krankheiten heilt und den Befreiten mit seinem Heiligen Geist erfüllt.

Vernichtung okkulter Gegenstände.

In Apostelgeschichte 19, 18–19 ist zu lesen:

> »Viele aber von denen, die schon vorher gläubig geworden waren, kamen und bekannten, was sie früher getrieben hatten. Viele andere aber, die sich oft mit Zauberei abgegeben hatten, trugen die Zauberbücher zusammen und verbrannten sie öffentlich. Man errechnete einen Wert von fünfzigtausend Silbergroschen. So breitete sich das Wort des Herrn mit Macht aus und erwies sich als große Kraft.«

Zu okkulten Gegenständen gehören: Horoskope, Spielkarten, die zum Wahrsagen benutzt werden, Pendel, das 6. und 7. Buch Mose, Amuletts, Medaillons, sogenannte Himmelsbriefe, Brandbriefe, Kettenbriefe, Traumbücher und okkulte Literatur. Alles das muß beseitigt werden. Geschieht das nicht, startet die Dämonie erneut gefährliche Angriffe. Wir sollten wissen, daß okkulte Gegenstände, die Funktion eines Fetischs haben.

Ebenso müssen alle Kontakte zu Okkultisten abgebrochen werden. Wie wichtig das ist, wurde mir deutlich im seelsorglichen Gespräch mit einem Ehepaar, das freundschaftliche Beziehungen zu einem Spiritisten unterhielt. Weil sich das nicht gut auswirkte, entschloß man sich, die bestehenden Kontakte zu lösen.

Die geistliche Betreuung. »Wer die Seelsorge vorzeitig abbricht, gleicht dem Chirurgen, der die Wunde vernäht, noch ehe sich der Eiter vollständig entleert hat« (28/293). Die geistliche Betreuung ist wichtig, weil die Dämonie zur Gegenoffensive antritt, sobald sie feststellt: »Das Haus ist leer« (Matth. 12, 43 ff.; Luk. 11, 24 ff.).

Darum müssen solche, die okkult belastet waren, darüber informiert werden, wie man mit dem Heiligen Geist erfüllt werden kann (Eph. 5, 18–21). Außerdem sollten wir ihnen sagen, daß satanische Angriffe abgewehrt werden können, wenn wir für die Kraft des Blutes Jesu danken und den Dämonen im Namen Jesu gebieten (Matth. 4,10). Am Kreuz hat der Sohn Gottes der Schlange den Kopf zertreten und damit die Dämonie entmachtet. Ihm ist alle Gewalt gegeben im Himmel und auf Erden. »Er hat alle Mächte und Gewalten entwaffnet, an den öffentlichen Pranger gestellt und am Kreuz über sie einen Triumph davongetragen« (Kol. 2,15). Satan ist ein geschlagener Feind. Das Ende aller Dämonie ist beschlossen. »Denn ihr wißt doch: Gott hat auch die Engel, die gesündigt hatten, nicht verschont, sondern hat sie mit Ketten gebunden, an die Unterwelt dahingegeben, wo sie zum Endgericht in Haft behalten werden« (2. Petr. 2, 4). Es bleibt dabei: »Wer den Namen des Herrn Jesu anrufen wird, soll gerettet werden« (Apg. 2, 21).

Zur geistlichen Betreuung gehört auch, daß wir Menschen, die von okkulten Belastungen befreit worden sind, in das »christliche ABC« einüben (Apg. 2, 42). Wir müssen ihnen sagen:

1. Lesen Sie täglich und systematisch die Bibel.

2. Nehmen Sie sich Zeit zum Gebet. Je mehr Sie beten, um so besser werden Sie Jesus Christus kennenlernen.

3. Für das geistliche Wachstum ist die Gemeinschaft mit Gotteskindern wichtig. Der Bruder und die Schwester ergänzen das, was wir nicht haben, richten auf, wenn wir niedergeschlagen sind, korrigieren aber auch. Wir brauchen den andern; aber auch umgekehrt: der andere braucht uns. Der wiedergeborene Mensch darf ein aktives Glied am Leib Jesu Christi sein.

4. In Johannes 15, 14 ist zu lesen: »Ihr seid meine Freunde, wenn ihr tut, was ich euch gebiete.« Echter Glaube zeigt sich im Gehorsam. Darum sollten Sie beständig fragen: »Herr, was willst du, daß ich tun soll?«

5. Bekennen Sie sich zu Jesus Christus. Er sagt: »Wer mich bekennt vor den Menschen, den will ich bekennen vor meinem himmlischen Vater. Wer mich aber verleugnet vor den Menschen, den will ich auch verleugnen vor meinem himmlischen Vater.« Fürchten Sie sich nicht vor einem solchen Bekenntnis, denn »Bekennen befreit«!

6. Ordnen Sie Ihre Vergangenheit, damit der Teufel keine Angriffsflächen bekommt. Zachäus sagte: »Siehe, Herr, die Hälfte meiner Güter gebe ich den Armen, und wenn ich jemand betrogen habe, das gebe ich vierfältig wieder.« Geben Sie Gestohlenes zurück, seien Sie bemüht, Lügen richtig zu stellen, versöhnen Sie sich mit solchen, die an Ihnen schuldig geworden sind.

Damit sind keine neuen Gesetze gemeint, sondern eher Lebensregeln, die jeder beachten sollte, der geistlich weiterkommen will. Menschen, die aus okkulten Gebundenheiten kommen – sie bleiben mitunter drei bis vier Jahre hindurch gefährdet –, sind dringend darauf angewiesen, daß sie am Anfang ihres Glaubensweges von einem begleitet werden, der mit ihnen die ersten Schritte geht, für sie Zeit hat, auf Fragen eingeht, ermutigt, betet, korrigiert, kurz: der Freund und Bruder ist.

Diese geistliche Partnerschaft muß in die Gemeinde der Wiedergebornen einmünden. Der okkult Belastete muß wissen: »Wenn mich der Teufel isoliert, werde ich abgeschossen«. Darum kommt die geistliche Betreuung erst dann zum Zielpunkt, wenn der Befreite als »Sklave Jesu Christi« (Röm. 1, 1) anderen dient und sich der Gemeinde verpflichtet weiß. Nur wenn er als funktionsfähiges Glied am Leibe Jesu empfängt und weitergibt, kann er heranwachsen »zum Maß des vollkommenen Alters Christi« (Eph. 4, 13).

Hausbibelkreise, in denen okkult Befreite im besten Sinne des Wortes »aufgefangen« und betreut werden können, sollten als Brücke zur Gemeinde verstanden werden. Sie schaffen jene Atmosphäre, die es einem Außenstehenden leicht macht, über seine Probleme zu sprechen. Er lernt mit andern, wie man die Bibel liest, betet und sich in das »christliche ABC« einübt. Noch einmal: Menschen, die aus der okkulten Zone kommen, dürfen nicht allein gelassen werden.

Die Nachhutgefechte. Es ist wie bei einer verlorenen Schlacht: Dämonische Mächte mußten besetztes Gebiet freigeben und sind nunmehr auf dem Rückzug. Der ehemals okkult Gebundene ist frei und gehört zu Jesus Christus. Aber Satan läßt nichts unversucht. Er möchte – koste es, was es wolle – das verlorene Territorium zurückerobern. Er hat zwar den Rückzug angetreten – aber kämpfend. Sobald Menschen, die aus der okkulten Zone kommen, erneut in okkulte Praktiken einwilligen, hat der Teufel den Fuß in der Tür. Wiederholt ist mir in der Seelsorge aufgefallen, daß beispielsweise erneute Beschäftigung mit Horoskopen sofort zu einer neuen Belastung führt.

An dieser Stelle mag deutlich werden, daß auch das Gebiet des Aberglaubens bei weitem nicht so harmlos ist, wie das die meisten meinen. Was abergläubische Leute als »Spaß« abtun, wird vom Teufel blutig ernstgenommen. Er kennt keinen Spaß. Darüber müssen wir in der betreuenden Seelsorge gründlich informieren und eindeutig davor warnen auszuprobieren, »wie stark man ist«. Ein alter Trick Satans, auf den viele immer wieder hereinfallen. Übrigens: Man mag zwischen aufdeckender und zudeckender, betreuender und diakonischer Seelsorge unterscheiden und das direktive seelsorgliche Gespräch ängstlich meiden. In der Seelsorge an okkult Belasteten können wir nicht einfach – wie man heute gern empfiehlt – eine bunte Palette verschiedener Möglichkeiten anbieten mit dem Tip: »Such dir aus, was dir gefällt.« Ohne klare Anweisungen, die selbstverständlich liebevoll und verstehend weitergegeben werden müssen, kommen wir in der Seelsorge an okkult Belasteten nicht aus. Gewiß soll der Befreite geistlich mündig werden. Er ist aber bei den ersten Schritten in der Nachfolge für jeden eindeutigen Orientierungspunkt dankbar.

Vor Nachhutgefechten schützen sich Menschen, die okkult belastet waren, am besten dadurch, daß sie sich mündlich oder schriftlich von allen okkulten Kontaktpersonen trennen, und zwar sofort, radikal, unwiderruflich und dabei gleich bezeugen, wie Jesus Christus sie befreit hat. Die Brücken zur Vergangenheit müssen abgebrochen, alle Lebensbereiche dem auferstandenen Herrn untergeordnet werden. Geschieht das nicht, bildet sich sehr bald ein dämonischer Brückenkopf, von dem aus der Teufel mit gezielten Gegenangriffen ein Gebiet nach dem andern zurückerobert. Damit das nicht geschieht, müssen wir mit dem okkult Befreiten gleichsam die Stellung halten und ihm immer wieder sagen: »Jesus war Sieger. Jesus ist Sieger. Jesus bleibt Sieger!«

In dem Beitrag »Die Herausforderung an die Macht des Bösen«

schreibt Dr. A. Mader – seinerzeit Chefarzt der Klinik »Hohe Mark« – :

»Gerade an unseren Kranken in der Kuranstalt Hohe Mark erleben wir und erleiden mit, wie unbeschreiblich notvoll der herausgeforderte Böse sie bedrängt. Schwierig zu beurteilen ist die Lage bei denen, die, da schon rein anlagemäßig gefährdet, immer nah einer im einzelnen kaum beschreibbaren Grenze leben. Sie sind gleichsam von allen Seiten bedroht und wahrscheinlich schon von kleinauf den satanischen Einflüssen ausgesetzt.

Auffallend häufig stoßen wir dann auch auf Beziehungen zu Kartenlegen, Spiritismus und sonstigen okkulten Praktiken. Diese Belasteten versuchen, zwischen Licht und Finsternis zu balancieren. Immer ist eine Zwiespältigkeit nachzuweisen. Sie klagen – und ihre Not ist wirklich glaubhaft –, nicht lauter und echt reden und handeln zu können. Sie bejammern ihr Elend und tändeln zugleich mit ihm.

Daß der Feind hier von vornherein leichtes Spiel hat, solche Menschen zu umgarnen und zu verführen, liegt auf der Hand. Er bekommt im Laufe der Zeit immer größere Macht über sie. Und wenn ihm und seinen Machenschaften nicht radikal abgesagt wird, so kann Verhärtung des Herzens die Folge sein.

Wir haben mit diesen Leidenden Seite an Seite und Schritt um Schritt den Weg genauesten und geprüften Gehorsams zu gehen, damit sie lernen, dem Feind auch nicht in der kleinsten Kleinigkeit Raum zu geben. Hier geht es wirklich um einen Kampf auf Tod und Leben. Mit den uns Anvertrauten haben wir das Geheimnis der Nachfolge sehr gründlich zu erforschen. Es darf nie Theorie bleiben! . . .

Wo sich ein Mensch oft nach schweren Kämpfen und manchem Hin- und Hergerissensein durchgerungen hat und sich zu Christus hat hinretten lassen, indem er dem Feind und seinen Praktiken absagte, da fühlt Satan sich am stärksten herausgefordert. Er stürmt doppelt gegen den Befreiten, sich zu seinem rechtmäßigen Herrn Bekennenden an und möchte das Erreichte zunichte machen, da er unter allen Umständen der legitime Herr bleiben will. Darum pflegen wir auch jedem vom Bann Gelösten zu sagen: Sei auf der Hut! Der Feind wird mit verstärktem Angriff einsetzen. Sei wachsam! . . .

Je vielschichtiger und verfeinerter der Mensch ist (und das macht uns nicht zuletzt sein Leiden offenbar), um so sorgfältiger werden wir auf die raffinierten Winkelzüge des Satans zu achten haben . . . Zu alledem tritt noch die heilige Aufgabe, den Notleidenden auf seine persönliche Verantwortung aufmerksam zu machen, für die es keine Stellvertretung durch uns mehr geben darf (sonst machen wir uns schuldig!). Durch sein Leiden mag ihm ein Teil seiner Entscheidungsfreiheit genommen sein. Selten ist sie ganz geschwunden. Jesus aber will völlig – ohne den geringsten Abstrich – der Herr im Leben und Leiden jedes Menschen werden.

Wie sollte der Feind sich geschlagen geben, wenn der angefochtene Mensch nur unter sorgfältig beachtetem Vorbehalt sich zu Jesus stellt, wenn er vielleicht äußerlich und oberflächlich sein altes Leben ordnet und unter Umständen uns das Absagegebet nachplappert und nun mit magischen, also abergläubischen, vom Widersacher also beeinflußten Vorstellungen weiterlebt! Denn wenn die Absage an den Bösen nicht mit ganzem Ernst und ungeteiltem Herzen auf der Grundlage des mich völlig verpflichtenden Kreuzestodes Jesu erfolgt, dann artet sie zu einer magischen Handlung aus und wird zum fürchterlichen Bumerang . . .

Woher kommt es nun aber, daß wir in unserem seelsorglichen (auch ärztlich-seelsorglichen) Dienst an Angefochtenen und Leidenden so häufig versagen? An unserem Herrn kann es unmöglich liegen, unmöglich auch an einer Übermacht des Widersachers. Da täten wir ihm zu viel Ehre an! Also muß es an uns liegen; an unserer Untreue, an dem mangelnden Einsatz, der ungenügenden Fürbitte und der zu geringen Geduld, oft genug auch an dem zu schwachen Glauben und Für-Glauben; daran, daß wir dem Christus Gottes einfach nicht alle Gewalt zutrauen, daß wir etwa bei der durch wissenschaftliche Erkenntnis gesetzten Grenze stehenbleiben – (so bei seelisch Kranken und anlagemäßig Anfälligen), statt voll Glaubensmut gemeinsam mit Brüdern und Schwestern das »Dennoch« für den Bedrängten auszurufen.

Letztlich fehlt es an der Vollmacht. Wir erwägen nicht in ernstem Ringen, daß es nicht genügt, die Breite, Länge, Tiefe und Höhe des Erlösungswerkes zu erkennen, sondern daß wir nur als immer wieder und ganz und gar von Christus Abhängige den Sieg erringen können. Wir beten zu wenig um die

Gabe, Geister zu unterscheiden . . . Es ist mehr als gefährlich, in geistlichen Fragen zu vereinfachen. Vergessen wir nie: Solange wir ›heute‹ sagen dürfen, bleibt Jesus die Herausforderung an die Macht des Bösen: der lebendige Herr und seine lebendige Gemeinde!« (41).

Und dieser Herr befreit auch heute noch Menschen, die unter okkulten Bindungen und dämonischen Zwängen leiden. Hörer des Evangeliums-Rundfunks haben wie folgt geschrieben:

»Seit 20 Jahren bin ich bewußt Christ. Aber erst durch Ihre Sendungen bekam ich den Eindruck, daß in meinem Leben etwas nicht in Ordnung war. In mir wurde die Sehnsucht wach, Jesus ganz zu gehören. Er zeigte mir den dunklen Punkt. Früher las ich Horoskope und stellte mich – oft unbewußt – darauf ein. Als ich das bekannt hatte, kam ein unsagbarer Friede über mich. Seither hat sich mein Leben grundlegend verändert. Dort, wo ich mich früher vergeblich mühte, schenkt mir Jesus heute Sieg.«

Oder:

»Es waren Taue, mit denen mich Satan gebunden hatte. Aber im Namen Jesu bin ich von allen Gebundenheiten gelöst worden.«

Eine andere Zuschrift:

»Als ich von okkulten Bindungen gelöst wurde, meinte ich, der Ring um meine Brust sei gesprungen, so frei fühlte ich mich. Die Freude war unbeschreiblich.«

In einem Brief war zu lesen:

»Ich habe alles im seelsorglichen Gespräch bekannt, mich vom Teufel losgesagt und wurde in Vollmacht von diesen Mächten gelöst, ebenso mein Mann. Friede und Freude sind in mein Herz gekommen. Wir haben beide in ganz neuer Weise die freimachende Kraft des Blutes Christi erfahren.«

Sätze aus einem anderen Brief:

»Meine okkulten Belastungen bin ich los. Vor allen Dingen kann ich jetzt auch frei beten, ohne daß ich dabei diese dämonischen Anfechtungen erlebe.«

Berichtet wurde:

»Heute ist es genau zwei Jahre her, daß ich meine Entscheidung für Jesus Christus getroffen habe und unter Handauflegung von okkulten Bindungen gelöst wurde. Seitdem bin ich frei von Krankheiten, die ich schon seit meinem 15. Lebensjahr hatte.«

Befreit zum Dienst:

»Im seelsorglichen Gespräch wurde ich von der okkulten Vergangenheit gelöst und an Jesus Christus gebunden. In diesem Sommer nehme ich an einer evangelistischen Aktion teil. Wenn der lebendige und allmächtige Gott mich nicht von meinen Depressionen und ihren Wurzeln befreit hätte, könnte ich jetzt nicht von Haus zu Haus gehen und anderen in persönlichen Gesprächen und Straßeneinsätzen die Frohe Botschaft durch Bekenntnis, Zeugnis und Bücher weitergeben.«

Ein wichtiger Entschluß:

»Inzwischen kam es zur Aussprache. Vieles konnte beseitigt werden. Es waren Dinge, die ich allein nicht vernichten konnte. Was mich an meine Vergangenheit erinnern kann, will ich vernichten, damit es mich nicht erneut zu Fall bringt.«

Sätze zum Mitfreuen:

»Mein Mann hat die okkulten Gegenstände vernichtet. Dann haben wir gemeinsam von ganzem Herzen um Vergebung gebeten. Jesus Christus hat uns erhört.«

Sieg:

»Ich habe erlebt, wie Jesus Christus die Dämonen zur Flucht gezwungen hat.«

Ein Bekenntnis zum Weitersagen:

»Ich lebte unter der Macht Satans. Doch gelobt sei der Herr Jesus Christus, der mich erlöst hat.«

Alle diese Zuschriften zeigen: Jesus befreit. Mit ihm können wir auch in Nachhutgefechten siegen, und zwar dann, wenn wir uns geistlich bewaffnen lassen und dämonische Angriffe mit den unverbrüchlichen Zusagen Gottes abwehren.

Einige Fragen möchte ich – wenn auch nur knapp – abschließend beantworten.

Darf man für okkult Belastete beten?

Bei einem solchen Fürbittegebet sollte man mit der schützenden Kraft des Blutes Jesu rechnen und im Blick auf teuflische Anfechtungen wachsam sein. Gebet ist nicht nur Arbeit der Seele, sondern auch je und dann Kampf mit der Dämonie. Das sollte jeder wissen, der für okkult Belastete vor Gott eintritt. Es empfiehlt sich, einen Gebetspartner an diesem gezielten Fürbittegebet zu beteiligen.

Werden bei der Umkehr zu Jesus Christus nicht auch okkulte Grenzüberschreitungen vergeben?

Manche folgern: »Dann ist die okkulte Belastung automatisch erledigt. Wozu also Beichtgespräche, Lossagegebete und anderes mehr?« Gewiß vergibt Jesus Christus alles, sofort und gern. Es sei an jene Briefzuschriften erinnert, in denen die Heilsungewißheit erwähnt wurde. Nicht wenige kommen erst dann zur glaubensfrohen Gewißheit der Sündenvergebung, wenn sie ihre okkulte Vergangenheit aufarbeiten. Jesus vergibt dem Dieb, aber er erwartet, daß gestohlene Gegenstände zurückgebracht werden. Er tilgt schuldhafte Unversöhnlichkeit, aber er möchte, daß man sich versöhnt. Auch okkulte Sünden sind auf Golgatha grundsätzlich gesühnt. Aber sie müssen ausgesprochen werden, damit keine Randzonen bleiben, die Satan nur zu gern als Aufmarschgebiet für gezielte Gegenoffensiven benutzt. Wie wichtig es ist, okkulte Praktiken seelsorglich zu bereinigen, zeigt diese Briefzuschrift:

> »Vor 18 Jahren bin ich zu Jesus Christus umgekehrt und habe auch meine Vergangenheit, soweit das möglich war, in Ordnung gebracht. Und doch werde ich immer wieder an bestimmte Dinge erinnert. Als 19jähriges Mädchen war ich mit einer Kollegin bei einer Kartenlegerin. Ich kam auch mit dem Handlinienlesen in Berührung. Zwar habe ich das Jesus Christus im Gebet schon bekannt. Die Erinnerung an diese Dinge läßt mich aber nicht zur Ruhe kommen. Muß ich noch von einem Seelsorger von den okkulten Bindungen gelöst werden?«

Darauf kann man nur antworten: Ja! Unser Herr will, daß wir okkulte Praktiken erkennen, bekennen, hassen und lassen. Was ist das doch für ein Geschenk, wenn man okkulte Grenzüberschreitungen, die mitunter jahrelang verdrängt worden sind, endlich aussprechen darf und dann erfährt: das Blut Jesu macht rein von aller Sünde. (1. Joh. 1, 7 und 1. Joh. 1, 9)

Muß man unbedingt nachforschen, ob die Vorfahren okkult praktiziert haben?

Man sollte die Dinge nicht auf die Spitze treiben. Wenn sich das geistliche Leben normal entfaltet, kann man auf jede weitere Nachforschung verzichten. Ist das aber nicht der Fall, zeigen sich typische Folgeerscheinungen okkulter Belastungen, ist es empfehlenswert, einen seelsorglich erfahrenen Menschen aufzusuchen, mit dem man die Dinge im Detail abklärt. Wer immer um okkulte Grenzüberschreitungen seiner Vorfahren weiß, sollte sich im seelsorglichen Gespräch von diesen Sünden lossagen.

Können Besessene andere dämonisch infizieren?

Im letzten Stadium der Besessenheit von Gottliebin Dittus wurden ihre Geschwister Katharina und Hansjörg angesteckt. Hier war »deutlich der innere Zusammenhang zwischen diesen dreien zu erkennen«. Christen können angesteckt werden, wenn sie sich übermütig in das Gebiet des Feindes begeben und z. B. heidnische Feste oder Tempel besuchen. Der Apostel Paulus hat davor gewarnt (1. Kor. 10, 20; 2. Kor. 6, 15). Der Missionar Peterson erzählt über seine eigene Erfahrung. Er besuchte ein buddhistisches Dämonenfest, ohne vorher gebetet zu haben. Ein von Dämonen besessener Priester richtete seine Wut auf ihn, als er versuchte, Fotoaufnahmen von ihm zu machen. Peterson bekam das Gefühl, in einem dunklen Gefängnis eingeschlossen zu sein. Während einiger Stunden war er voller Ängste und Selbstmordgedanken. Um dieselbe Zeit veranlaßte der Heilige Geist zwei Freunde Petersons, den einen in den Vereinigten Staaten, den andern in Kanada, zur Fürbitte für ihn. Sofort wurde Peterson befreit; der Nebel verschwand . . . Nicht jeder ist ein Christ, der diesen Namen trägt. Die Gefahr der Ansteckung soll dazu mahnen, die vorbereitenden Schritte ernst zu nehmen (28/285).

Kann ein wiedergeborener Mensch von Dämonen besessen sein?

Nein. Der religiöse Mensch dagegen durchaus. Nicht jede Entscheidung für Jesus Christus ist ohne weiteres mit einer Wiedergeburt gleichzusetzen. In der Seelsorge muß das neu beachtet werden. »Wer Christi Geist nicht hat, der ist nicht sein« (Röm. 8, 9b). Menschen, die nicht wiedergeboren sind, haben ein psychisches Vakuum, das von Dämonen besetzt werden kann.

Führt Aberglaube automatisch zu okkulter Behaftung?

In der Regel ist das so, wobei allerdings der Grad okkulter Belastung verschieden sein kann. Wer nur gelegentlich ein Horoskop gelesen hat, wird die Folgeerscheinungen okkulter Belastung weniger zu spüren bekommen als einer, der spiritistisches Medium ist. Und doch: Belastung bleibt Belastung. Sie sollte in jedem Fall im seelsorglichen Gespräch geklärt werden.

Darf jeder, der sich Jesus Christus verpflichtet weiß, den seelsorglichen Dienst an okkult Belasteten übernehmen?

Die Aufträge sind verschieden. Nicht jeder ist zum Exorzismus (Geisteraustreibung) berufen. Gaben und Aufgaben sind durchaus aufeinander bezogen. Wenn aber andererseits Jesus auch den unerfahrenen Christen in die Seelsorge an okkult Belasteten führt, will er auch bevollmächtigen und Befreiung schenken. Nicht wenige haben dadurch neue geistliche Erfahrungen gemacht und wurden befähigt, von nun an auch bei anderen Gelegenheiten den Kampf mit der Dämonie aufzunehmen.

Dürfen sich Frauen am seelsorglichen Dienst an okkult Behafteten beteiligen?

Betend in jedem Fall. Ich habe den Eindruck, daß Gott barmherzig genug ist, um einer Frau den Nahkampf mit der Dämonie zu ersparen; obschon andererseits gesagt werden muß, daß der erhöhte Herr in einzelnen Fällen durchaus auch Frauen zum seelsorglichen Dienst an dämonisch Gebundenen befähigt hat.

Muß bei einem Rückfall erneut das Lossagegebet gesprochen werden?

Ja, denn der Teufel meldet sofort seine Ansprüche an, die in jedem Fall aufgekündigt werden müssen.

Sollen sich wiedergeborene Menschen mit der Parapsychologie beschäftigen?

Noch einmal sei darauf hingewiesen, daß sich die Parapsychologie mit der wissenschaftlichen Erforschung okkulter Phänomene (das sich den Sinnen Zeigende) beschäftigt. Sie unterscheidet psi-Phänomene (psi = Abkürzung für parapsychologisch), gamma-Phänomene (gamma = Abkürzung für ginoskein = erkennen), kappa-Phänomene (kappa = Abkürzung für kinein = bewegen). Die Parapsychologie will mithin wissen und erkennen, letzte Zusammenhänge durchsichtig machen, Gesetzmäßigkeiten aufspüren und allgemein gültige Formeln finden auf einem Gebiet, von dem die Bibel sagt: ». . . wer solches tut, der ist dem Herrn ein Greuel« – (er ist dem Herrn abscheulich) (5. Mose 18, 12 a).

Ich kann mir einfach nicht vorstellen, daß ein Mensch, dessen Lebensmitte der auferstandene Herr ist, magische oder spiritistische Experimente unbeschadet wissenschaftlich untersuchen darf. Er wird das auch kaum wollen; wer sich für parapsychologische Experimente interessiert, muß wissen, daß er – eher als ihm lieb ist – in das Gebiet der Magie und des Spiritismus hineinstolpert und dort zur Strecke gebracht wird. Noch einmal: es gibt keine neutrale Zone.

Wir sollten nicht vergessen:

1. Die Parapsychologie untersucht Objekte, für die es zum Teil noch immer keine angemessene wissenschaftliche Methode gibt. Die zu erforschenden Phänomene lassen sich in unsere dreidimensional bestimmte Begriffswelt nicht einordnen.

2. Die Parapsychologie kann immer nur die Außenseite okkulter Phänomene erforschen, vermag aber nichts über den »ungeklärten Rest« auszusagen.

3. Die Parapsychologie deutet einzelne Phänomene sehr unterschiedlich. Die Kluft zwischen der »animistischen« und der »spiritistischen« Richtung innerhalb der Parapsychologie ist nahezu unüberbrückbar.

4. Die Parapsychologie leugnet, daß sich Dämonen objektivieren können und bleibt damit bei allen ihren Erklärungsversuchen im Vorletzten.

5. Parapsychologische Begriffe werden von den Okkultbewegungen als willkommenes Tarnmaterial benutzt, um dämonische Tatbestände zu verschleiern.

Kritische Fragen im Blick auf parapsychologische Forschungsergebnisse sind auf Seite (67–69) erwähnt. Menschen, die sich Jesus Christus verpflichtet wissen, sollten den Okkultismus aller Schattierungen meiden und auch zu dem, was die Parapsychologie sagt, eine kritische Distanz wahren.

> Wie soll man sich verhalten, wenn man in der Seelsorge bei okkult Belasteten nicht weiterkommt?

In der Seelsorge läßt sich nichts erzwingen. Nicht der Seelsorger befreit, sondern Jesus Christus. Das dürfen wir nie vergessen.

Für Menschen, die seelsorglichen Bemühungen einen hartnäckigen Widerstand entgegensetzen, sollte man beten. Es empfiehlt sich, einen Gebetskreis zu mobilisieren, der auch bereit ist zum fastenden Gebet. Niemals sollte man aufgeben. Der okkult Belastete sehnt sich nach Befreiung, auch wenn sein Verhalten dagegen spricht.

Bleiben mediale Fähigkeiten auch nach der Befreiung von okkulten Behaftungen erhalten?

Das kann gelegentlich der Fall sein, nicht zuletzt dann, wenn sie im seelsorglichen Gespräch verschwiegen werden. Mediale Fähigkeiten sind alles andere als neutestamentliche Gnadengaben. Sie werden als Belastung empfunden; sind also meilenweit von Geistesgaben entfernt, die dazu bestimmt sind, die Gemeinde Jesu aufzubauen.

Was versäumt worden ist, muß nachgeholt werden. Im seelsorglichen Gespräch sollte man die einzelnen medialen Fähigkeiten beim Namen nennen und dann gemeinsam mit dem Seelsorger den erhöhten Herrn um Befreiung bitten.

Können mediale Fähigkeiten mit Gnadengaben verwechselt werden?

Anscheinend ist das möglich. Gelegentlich wurde mir von einem befreundeten Seelsorger berichtet, daß jemand, der von einer okkulten Belastung befreit worden ist, prophetische Weisungen gibt und dadurch in einer bibeltreuen Gemeinde eine ernst zu nehmende Verwirrung verursacht. Mit Menschenkenntnis, psychologischem Wissen und gesundem Menschenverstand kommt man in solchen Fällen nicht weiter; wohl aber mit der Gnadengabe der Geisterunterscheidung. Wir sollten sie bewußt vom erhöhten Herrn erbitten. Mehr als je zuvor sind wir auf diese besondere geistliche Befähigung angewiesen.

Vielschichtig ist der seelsorgliche Dienst an okkult Behafteten. Ein starres Schema gut eingespielter Routinefragen und erprobter Rezepte ist ebenso gefährlich wie die mit Bescheidenheit vorgetragene Feststellung: »Das ist nicht mein Auftrag, darum müssen sich andere kümmern!« Wir sollten den erhöhten Herrn bitten, Männer und Frauen für die Seelsorge an okkult Gebundenen vollmächtig auszurüsten, damit sich noch oft ereignet, was ein Hörer des Evangeliums-Rundfunks so beschreibt:

»Ich werde nie vergessen, wie mich Satan hin- und hergeworfen hat. Aber er hat das Feld räumen müssen. Dem Herrn sei Dank dafür! Jesus ist nun auch in meinem Leben Sieger. Wie freue ich mich darüber und bin ihm dafür dankbar. Er hat mir vergeben. Nun gehe ich an seiner Seite und weiß, daß er mein Leben führt«.

VIII. ». . . Das Feld muß er behalten«

Nicht alle geraten in den Sog okkulter Praktiken. Aber alle, die sich bewußt ihrem auferstandenen Herrn unterordnen, sind den massiven Angriffen des Teufels ausgesetzt. Paulus läßt die Epheser wissen:

> »Denn das ist nicht der eigentliche Kampf, wenn wir mit Fleisch und Blut zu tun haben, sondern wir haben zu kämpfen gegen die Übermächte und Gewalten, gegen die Herrscher der Finsternis und die Geister der Bosheit in den Himmeln« (Eph. 6, 12).

Wir leben Tag um Tag und Stunde um Stunde in »Feindberührung«. Der Weg zum Himmel ist nicht ein interessanter Urlaubstrip, sondern könnte eher einer schmalen Schneise verglichen werden, die mitten durch feindliches Territorium führt. Die Gemeinde Jesu wird links und rechts attackiert, »angeschossen«, »überfallen«. Darum müssen wir die Taktik des Teufels kennen. Sein strategisches Ziel ist unverändert das gleiche: Er will die Gemeinde Jesu zerstören. Seine Taktik aber – wörtlich: die Methode – kann von Situation zu Situation wechseln. Es kann jetzt nicht darum gehen, alle »listigen Anläufe« des Teufels im einzelnen aufzuzeigen; einige aber – vielleicht die wichtigsten – seien erwähnt, damit wir nicht unversehens von satanischen Überraschungsangriffen überrannt werden.

Noch einmal sei daran erinnert, daß Satan kein Es, sondern ein Er ist. Die Bibel spricht von ihm nicht in blassen Begriffen. Sie bezeichnet ihn als den Löwen, den Drachen, den Lügner, den Mörder von Anfang, den Fürsten, ja sogar den Gott dieser Welt. Der Teufel ist also keine blasse Idee, ein blutleerer Begriff, eine symbolische Figur oder gar ein Mythos, sondern eine widergöttliche Person, der ein gut organisiertes Heer von Dämonen untersteht. Er ist gewissermaßen der Oberkommandierende, der dem Reich Gottes einen unerbittlichen Kampf angesagt hat; einen Kampf allerdings, der seit Golgatha entschieden ist und mit dem Siege Gottes enden wird.

Noch aber leben wir in der Kampfzone und sollten wissen, wann, wie und wo Satan die Gemeinde Jesu überrennen will.

»Sollte Gott gesagt haben?« (1.Mose 3,1). Mit diesem uralten und

längst bewährten Manöver erringt Satan seit vielen Jahrtausenden seine Siege. Viele Neuauflagen hat die Frage »Sollte Gott gesagt haben?« inzwischen erlebt. Heute wird sie zuweilen so kommentiert: »Damals, zur Zeit des Neuen Testaments, lebten die Leute in einer anderen Situation und mußten sich dementsprechend verhalten. Inzwischen aber hat sich die Welt verändert, und darum müssen wir die Aussagen der Bibel der neuen Situation anpassen. Die Verfasser neutestamentlicher Schriften haben in den Begriffen ihrer Vorstellungswelt geschrieben. Und darum gilt es, den Wahrheitskern jeweils herauszuarbeiten. Man sollte auch bedenken, daß es überhaupt nichts gibt, was ein- für allemal falsch wäre. Unser Verhalten muß von der jeweiligen Situation bestimmt sein. Sittliche Normen sind schließlich für das menschliche Miteinander nur Spielregeln.«

Mit anderen Worten: »Damals ja – heute nicht.« Damit sind aber nicht nur dogmatische Aussagen gemeint, sondern letztlich ethische. Es geht dem Teufel nicht nur darum, die Gedanken zu verwirren; es geht ihm um die praktische Tat. Übrigens sollten wir nicht vergessen, daß es einen Zusammenhang gibt zwischen einem widergöttlichen Verhalten einerseits und einer pervertierten, entarteten Theologie andererseits.

Das Schlagwort »Damals ja – heute nicht«, bei dem man bemüht ist, den Menschen kein unnötiges »Joch« aufzubürden, bringt Ergebnisse, über die das Heer der Dämonen ein höllisches Freudengeheul anstimmt, denn: Die Menschen wissen nicht mehr, was Sünde ist. Sie reden nicht vom Geiz, sondern von der Sparsamkeit, nicht vom Neid, sondern von der Strebsamkeit, nicht von der Unzucht, sondern von der Vitalität, nicht von der üblen Nachrede, sondern von Konversation, nicht von der Arroganz, sondern von der Selbstachtung, nicht von Diebstahl, sondern vom »Organisieren«, nicht von der Lüge, sondern von der Intelligenz, nicht mehr von der Heuchelei, sondern von der Anpassungsfähigkeit. Man könnte diesen Katalog beliebig ergänzen.

Die Rundfunkseelsorge hat mir in vielen tausend Zuschriften gezeigt, daß Menschen, »die mit Ernst Christen sein wollen«, weithin nicht mehr wissen, was Sünde ist. Ein theologischer Relativismus, gepaart mit einer unerlaubten Toleranz, ist zum Pluralismus geworden, der die Sünde salonfähig gemacht hat. Grenzen werden verwischt, Maßstäbe verbogen und sittliche Grundsätze mit dem Schlagwort abgebaut: »Jeder kann nach seiner Fasson selig werden.« Wer gern ironisiert, pflegt hinzuzufügen: »Jeder ist auf seine Art komisch.«

Genau das will der Teufel. Mit der Frage »Sollte Gott gesagt haben?« demontiert er systematisch die Bibel. Niemand sollte sich zu schnell auf sein theologisches Wissen berufen. Wie oft hat die Theologie geirrt! Angepaßt an philosophische Modemeinungen wurden unter der Hand biblische Aussagen so verzerrt, daß vom Evangelium nicht mehr übriggeblieben ist als eine Handvoll »vernünftiger Lebensregeln«. Es ist erschütternd, wenn man feststellen muß: »Der eine Theologe weiß mit der Jungfrauengeburt nichts mehr anzufangen, für den andern stirbt der Mensch in seiner gesamten Existenz, und schließlich wird alles erledigt, was der moderne Mensch in seinen dreidimensional orientierten Begriffen nicht unterbringt« – als ob sich die Dimensionen der Ewigkeit mit unseren Denkkategorien begreifen ließen! Wer immer biblische Aussagen unserem »Verstehenshorizont« anpaßt, wird Opfer jener uralten Frage: »Sollte Gott gesagt haben?« Das Endergebnis hat ein Universitätsprofessor seinen Studenten mit dem schlichten Satz präsentiert: »Meine Herren, es wackelt alles!« Genau das will der Teufel. Er will die Fundamente zerstören, den Einzelkämpfer und die Gemeinde insgesamt entwaffnen, um dann schonungslos jeden Bereich des menschlichen Lebens zu dämonisieren.

Daraus ergibt sich die Konsequenz: Wir müssen vorbehaltlos alle Aussagen der Heiligen Schrift akzeptieren, ob wir sie verstehen oder nicht, ob sie uns passen oder nicht. Nur wenn wir das Wort Gottes als Schwert fest in unserer Faust haben, haben wir die Chance zu überwinden. In Offenbarung 12, 11 wird gesagt: »Sie haben ihn (den Teufel) überwunden durch des Lammes Blut und durch das Wort des Zeugnisses und haben ihr Leben nicht geliebt bis an den Tod.« Alles in allem: wir dürfen die Aussagen der Bibel nicht unserem Denken – genauer: unseren Wünschen – anpassen; andererseits aber ist es auch nicht mit einer toten Rechtgläubigkeit getan, die lautstark Bekenntnisse deklamiert. Die Bibel will gelebt und im Kampf erprobt sein. Sie ist immer noch »Anweisung zum Leben« (Prof. Dr. Seiß).

Vernebelung. Damit soll eine satanische Taktik angesprochen werden, die deshalb so gefährlich ist, weil sie teuflische Aktionen mit dem Dunst gefährlicher Halbwahrheiten überzieht. Dazu drei Beispiele:

Joga ist im Gespräch. »Joga für alle«, »Joga für Frauen«, »Ein neues Leben durch Joga«, »Joga – ein Weg zur Gesundheit und Wahrheit« – solche und andere Slogans gehören neuerdings zum Tagesprogramm vieler Intellektueller, Künstler und Sportler. Das mörderische Arbeitstempo reißt an den Nerven, und darum sind solche Angebote verlockend. Joga will eine Erneuerung der Kräfte anbieten ohne Medikamente. Während im modernen Arbeitsprozeß der Mensch weithin entpersönlicht wird, will Joga jene Kräfte entdecken helfen, mit denen man die Persönlichkeit ins Gleichgewicht bringen kann. Das alles und vieles andere mehr macht Joga-Übungen auch bei Christen salonfähig. Dabei wird weithin vergessen, daß Joga mit seiner asketischen Heilstechnik auf zwölf verschiedenen Stufen die Erlösung und Versenkung in das göttliche Wesen erreichen möchte. Irreführend sind nicht zuletzt die verwendeten Begriffe. »Heiligkeit« und »Heil« meinen nicht das, was die Bibel darüber aussagt. Der Ansatzpunkt ist jene teuflisch inspirierte Lehre vom guten Kern des Menschen, den man durch Askese und Meditation bis zur Vergottung entfalten kann. »Jede erreichte Stufe der inneren Leere, der völligen Stille, der gewollten Passivität bis hin zur Aufgabe des Bewußtseins bereitet den Joga-Schüler vor, neue Kräfte in sich aufzunehmen. Je mehr er sich diesen Kräften ausliefert, um so freier verfügen sie über ihn. Er ahnt zunächst oft noch nicht, daß er sich damit dämonischen Mächten ausliefert. Mit der Zeit gewinnt er neue Fähigkeiten, empfängt höhere Einsichten, kann Gedanken lesen, erhält telepathische Begabungen und verfügt über okkulte Kräfte« (42/17). Nicht alle wissen – ein Joga-Schüler hat mir das berichtet –, daß die letzte Stufe der Joga-Übungen spiritistisch-dämonische Formen annimmt.

Gruppendynamik. In einer Zeit, die den einzelnen immer mehr isoliert, ist es durchaus verständlich, daß man das »zwischenpersonale Kräftespiel« entdecken möchte, um damit die richtige »Selbstentfaltung der Persönlichkeit« zu ermöglichen. Gruppendynamische Experimente unterwandern in christlichem Gewand anscheinend immer häufiger die Gemeinde der Gläubigen. Nicht alle wissen, daß Moreno, der Vater der Gruppendynamik, geschrieben hat: »Ich habe immer die Idee gehabt, daß die schicksalsvolle Welt, in der wir geboren sind, eine Welttherapie braucht und daß ich mit meiner eigenen Person etwas dazu tun muß, um diese Therapie zu schaffen und zu verbreiten . . . Es gibt in der heutigen Welt nicht nur die zwei altbekannten Weltanschauungen, die sich um die Vorherrschaft streiten, die kommunistische und die demokratische, sondern eine dritte. Ich nenne sie die therapeutische . . . Wenn Gott wieder in die Welt kommen würde, würde er nicht als Einzelwesen kommen, sondern als eine Gruppe, als ein Kollektiv . . . Ich habe versucht, die Saat einer schöpferischen Revolution zu säen. Es gibt nur einen Weg, das Gott-Syndrom (Krankheitsgeflecht) auszumerzen: das Rollenspiel in der Gruppe.« Das ist eindeutig genug. Ganz abgesehen davon, daß man fragen müßte, ob dem einzelnen wirklich an der entscheidenden Stelle weitergeholfen wird, müssen sich verantwortungsbewußte Seelsorger deutlich machen, daß man bei gruppendynamischen Experimenten nicht nur eine neue Form des Miteinanders übernimmt, sondern zugleich Inhalte, die dem Evangelium radikal entgegengesetzt sind.

Professor Dr. Seiß sagte im Blick auf die Gruppendynamik: »Man verliert in der Gruppendynamik wohl seine Maske – sicherlich auch seine fromme Maske –, man sollte aber keinerlei überspannte Hoffnungen an die Gruppendynamik hängen. Unsere Hoffnung ist und bleibt allein Jesus Christus, und nicht die Gruppendynamik.«

Andererseits freilich müssen wir feststellen, daß gruppendynamische Experimente die Gemeinde Jesu herausfordern. Es kann also nicht nur darum gehen, gegenüber der Gruppendynamik feste Positionen zu beziehen und wachsam zu sein. In Hauskreisen und Arbeitsgruppen sollten wir neu entdecken, daß wir in der Bruderschaft nicht nur ergänzt und ermuntert, sondern ebenso korrigiert und ausgerichtet werden.

Wichtig aber ist es zu wissen, daß ähnlich wie bei den Joga-Übungen gruppendynamische Experimente nicht losgelöst werden können von einer dämonisch inspirierten Zielsetzung.

Parapsychologie. Noch einmal sei darauf hingewiesen, daß sich die parapsychologische Forschung mit wissenschaftlichen Methoden darum bemüht, das Gebiet des Okkultismus aufzuhellen. Wie schnell der Okkultismus aber mit Parapsychologie verwechselt werden kann, wird da deutlich, wo man sich informiert gibt und okkulte Praktiken rundweg als parapsychologische Experimente bezeichnet. Wir sollten wissen, daß kein anderer als der Teufel den Okkultismus parapsychologisch an den Mann bringen möchte.

An diesen drei Beispielen sollte aufgezeigt werden, daß Satan weder auf »Filzpantoffeln« die Gemeinde umschleicht noch vor seinen Verführungskünsten die Visitenkarte abzugeben pflegt. Er tarnt sich, verstellt sich als ein Engel des Lichts, kommt mit der Bibel in der Hand, vernebelt seine dämonischen Bereitstellungen. Das alles müssen wir wissen und 1. Petrus 5,8 beachten:

> »Seid nüchtern und wachet, denn euer Widersacher, der Teufel, geht umher wie ein brüllender Löwe und sucht, welchen er verschlinge.«

Satan überlegt sich genau den *Zeitpunkt* seines Angriffes. Jesus wurde vom Teufel versucht, als er 40 Tage und 40 Nächte gefastet hatte. Der Hunger quälte. Wüste. Einsamkeit. Körperliche Ermüdung. Jetzt setzt Satan dreimal zum frontalen Angriff an, um Jesus den Weg nach Golgatha zu versperren.

Der Teufel weiß genau, wann wir körperlich und psychisch indisponiert sind. Wenn die Nerven vom beruflichen Streß überreizt sind, schießt Satan aus dem Hinterhalt. Er hat sich den Zeitpunkt genau überlegt. Nach einem bekannten Satz spielt Satan auf kaputten Nerven Klavier. Nicht nur das: er schädigt mitunter einen Menschen nervlich so lange, bis er ihn mit leichter Hand in seine Gewalt bekommt. Das ist seine Taktik. Das müssen wir wissen, mit unseren körperlichen Kräften sorgfältig umgehen, diszipliniert leben und dabei unsere Grenzen sowohl kennen als auch akzeptieren.

Satan setzt aber gelegentlich auch zum Trommelfeuer an nach einem geistlichen Höhepunkt. Viele Verkündiger des Evangeliums wissen das. Die Predigt ist angekommen. Die Gemeinde spürte die Gegenwart Jesu, und schon lauert Satan darauf, den Segen zu zerstören. Darum sollten wir nach geistlichen Segnungen hellwach sein und nicht in einem gefährlichen Hochgefühl meinen: »Jetzt kann mir nichts passieren«. Eher als wir's uns versehen, kann uns der Teufel eine entsetzliche Niederlage zufügen, weil wir anstatt gewappnet zu sein, leichtsinnig den geistlichen Kampfanzug ausgezogen haben. Als David auf dem Gipfel seiner politischen und militärischen Erfolge, anstatt selbst an der Front zu sein, auf seinem Dachgarten spazierenging, wurde er zum Ehebrecher.

Aber auch vor besonderen missionarischen Einsätzen versucht der Teufel, alles dranzusetzen, um geistliche Aktionen zu verhindern. Er schießt gleichsam aus allen Rohren. Es gibt Schwierigkeiten in der Familie oder in der Gemeinde, am Arbeitsplatz oder mit Nachbarn. Manche Evangelisten werden vor Einsätzen krank oder haben mitunter einen Autounfall. Alles das läßt sich nicht einfach psychologisch wegdiskutieren. Dahinter müssen wir die »listigen Methoden« eines Gegners erkennen, der sich genau überlegt, wann er anzugreifen hat. Er bedient sich der Überraschungstaktik. Dann, wenn wir es gar nicht vermuten, werden wir dämonisch angefochten. Darum sagt Jesus: »Wachet und betet, damit ihr nicht in Anfechtung fallet. Der Geist ist willig, aber das Fleisch ist schwach.« Und Paulus empfiehlt: »Betet ohne Unterlaß«. Das Gebet könnten wir mit jener Funkverbindung vergleichen, bei der uns Christus über die feindlichen Operationen und Angriffsziele informiert. Wer darauf bedacht ist, mit seinem Herrn beständig in »Funkverbindung« zu bleiben, wird von teuflischen Angriffen nicht so leicht überrannt.

Satan greift immer an der *schwächsten Stelle* an. Er ist ein ausgezeichneter Psychologe und kennt uns besser als wir selbst. Ihm sind die leicht verwundbaren Stellen gut bekannt. Er weiß, wo die charakterlichen Minuspunkte sitzen und setzt gerade dort an, wo wir uns nur schlecht in der Hand haben. Bei dem einen wird es der Leistungsstolz sein, bei dem andern die Faulheit. Ob Selbstbewußtsein oder Minderwertigkeitskomplexe, übertriebene Sparsamkeit oder Feigheit – alles das und auch vieles andere mehr ist dem Gegner gut bekannt. An diesen »Nahtstellen« versucht der Teufel seine Durchbrüche.

Petrus war unbeständig, Markus feige, Johannes neigte anscheinend zum Jähzorn und Paulus zum Fanatismus. Damit sollten wir uns nicht trösten, sondern wissen, daß alle diese Männer von ihrem auferstandenen Herrn so umgeformt worden sind, daß bei ihnen der Charakter Jesu ablesbar war. Wer der »Heiligung nachjagt«, darf erleben, daß der auferstandene Herr unsere schwächsten Stellen zu den stärksten machen kann.

Angriff an *vielen Fronten zugleich.* Hiob bekommt eine – schon fast sprichwörtlich gewordene – Hiobsbotschaft nach der anderen: die Knechte werden getötet, Schafe verbrennen, Kamele kommen um, alle seine Kinder sterben an einem Tag. Hiob selbst wird krank. Seine Frau versteht ihn nicht mehr. Gute Freunde werden zu leidigen Hiobströstern. Das 1. Kapitel des Buches Hiob zeigt, daß sich das alles nicht zufällig ereignet. Satan greift gleichzeitig an mehreren Stellen an, um Hiob von Gott loszureißen.

Das ist seine Taktik. Satanische Angriffe sind in der Regel konzentriert und massiert. Der Teufel möchte schon im ersten Anlauf alle Stellungen überrennen. Das kann ihm nicht gelingen, solange wir bei unserem Herrn bleiben. Auch dafür ist Hiob ein sprechendes Beispiel: Aus satanischen Angriffen werden schließlich göttliche Siege. Dazu kommt es, wenn wir uns von unserem Herrn abhängig machen, bei ihm bleiben und uns auch von ihm korrigieren lassen.

Das *Leistungsprinzip.* Wer sich für Jesus Christus entscheidet, trennt sich von der Sünde und möchte nur noch für seinen Herrn dasein. Satan weiß das und jagt nicht wenige in einen geistlichen Leistungszwang, bei dem man zur Karikatur wird. Aus dem geistlichen Kampf wird ein »Krampf«, über den man schon oft und viel gewitzelt hat. Gewiß waren die Galater fromme Leute. Aber ihre Frömmigkeit war vom Leistungsstolz geprägt. Ehern stand über ihrem geistlichen Leben das Prinzip: »Wenn – dann«. – »Wenn wir uns beschneiden lassen, bestimmte Feiertage beachten, den Zehnten pünktlich abliefern, *dann* werden wir von Gott akzeptiert.« Falsch, ganz falsch! Gott liebt uns bedingungslos. Selbst dann, wenn wir versagen, gibt er uns nicht auf. Genau das will der Teufel verdunkeln.

Er möchte, daß wir Dinge tun, die Jesus am Kreuz für uns schon längst getan hat. Ein raffinierter Trick! Satan möchte verhindern, daß wir uns über das »Es ist vollbracht« freuen und es andern weitersagen. Statt dessen will er unser Leben zwischen geistlichen Paragraphen ansiedeln und aus uns »komische Heilige« machen. Wenn ihm das gelingt, wirken wir nicht einladend, sondern abstoßend und dürfen uns nicht wundern, wenn christusferne Menschen vom Evangelium nichts wissen wollen.

Das *Lustprinzip.* Leute, die danach leben, sagen: »Ich tue, was mir Spaß macht.« Also: Man liest die Bibel, solange es Spaß macht. Man betet, solange es Spaß macht. Man ist Mitarbeiter in einer Gemeinde, solange es Spaß macht. Man stellt Zeit und Kraft für Gott zur Verfügung, solange es Spaß macht. Wenn das alles aber keinen Spaß mehr macht – und dieser Zeitpunkt kommt früher oder später –, wird Gott die Freundschaft aufgekündigt. Anscheinend haben die Korinther nach dem Lustprinzip gelebt. Paulus nennt sie fleischlich, mit anderen Worten: egoistisch, selbstbezogen, ich-orientiert. Es gibt Menschen, die sich für Jesus Christus entscheiden, weil sie sich sagen: »Dann habe ich einen, der sich um mich kümmert«. Richtig! Letztlich aber geht es gar nicht darum, daß wir von Gott etwas haben, sondern daß er von uns etwas hat. Wenn dieser entscheidende Gesichtspunkt in der evangelistischen Verkündigung zu kurz kommt, fehlt der entscheidende Akzent. Das Ergebnis ist eine Frömmigkeit, die nach dem Lustprinzip handelt. Jesus sagt:

>Wer mir nachfolgen will, der verleugne sich selbst und
nehme sein Kreuz auf sich und folge mir. Denn wer sein Leben erhalten will, der wird's verlieren; wer aber sein Leben
verliert um meinetwillen, der wird's finden. Was hülfe es dem
Menschen, wenn er die ganze Welt gewönne und nähme doch
Schaden an seiner Seele? Oder was kann der Mensch geben,
damit er seine Seele wieder löse?< (Matth. 16, 24–26).

Wir sollten mißtrauisch sein, wenn man uns ein erfolgversprechen-
des christliches Engagement anbietet, bei dem man – natürlich nicht
offiziell – sein Image polieren kann, einen weiten Aktionsradius bekommt, so etwas wie eine bekannte Persönlichkeit wird. Schneller
als uns lieb ist, kann das der Teufel ausnutzen. Er macht uns zu Leuten, die sich von den Götzen des Lustprinzips und der Erfolgsstati-
stik abhängig machen, in Wirklichkeit aber die Sache Gottes ver-
raten.

Ablenkungsmanöver. Satan ist ein raffinierter Taktiker. Er greift
durchaus nicht immer dort konzentriert an, wo wir das vermuten.
Manchmal lockt er uns mit kleinen Plänkeleien heraus – nicht zuletzt deshalb, damit wir uns verzetteln –, um dann konzentriert an
einer ganz anderen Stelle anzusetzen. Mitunter läßt er sogar zu, daß
wir große geistliche Siege erringen. Aber während wir uns darüber
freuen und auch ein bißchen stolz darauf sind, wie tapfer wir gekämpft haben, rennt er mit voller Wucht an einem Abschnitt unseres Lebens an, der nicht genügend abgesichert ist. Eine gefährliche
Taktik. Wir müssen sie rechtzeitig erkennen und dürfen uns nicht
ablenken lassen.

Als die Apostel in der ersten Gemeinde anscheinend immer häufiger
damit beschäftigt waren, die Verteilung der Almosen zu beaufsich-
tigen, sagten sie eines Tages: »Es ist nicht gut, daß wir den Dienst
der Verkündigung zurückstellen, um auch bei der Verteilung der
Almosen aufzupassen. Seht euch, liebe Brüder, nach sieben Männern aus euren Reihen um, die einen guten Ruf haben und voll Heiligen Geistes und Weisheit sind. Die wollen wir mit diesen Aufgaben betrauen. Wir aber wollen uns weiter dem Gebet, dem Dienst
der Verkündigung widmen« (Apg. 6, 2–4).

Unnötige Angst. Was damit gemeint ist, zeigt John Bunyan anschaulich in einer bestimmten Szene seiner »Pilgerreise«. Der
Christ geht durch den Wald und erschrickt plötzlich, weil ein Löwe
brüllend auf ihn zukommt. Dabei merkt er nicht, daß die Bestie angebunden ist.

Satan, der Lügner von Anfang, brüllt, will uns ängstigen, gebärdet sich als ein übermächtiges Ungeheuer, obschon er weiß, daß ihn »ein Wörtlein fällen« kann. Seit Golgatha ist er »angebunden.« Wir sollten nicht andern ironisch nachplappern: »Aber an einer entsetzlich langen Leine.« Der Teufel ist besiegt. Dabei bleibt es. Er kann nur so weit an uns heran, wie ihm das Christus gestattet. Darum: Keine unnötige Angst! Es gibt viele Stellen in der Bibel, die mit dem Satz beginnen: »Fürchte dich nicht!«

Das letzte Buch des Neuen Testaments nennt den Teufel einen *Verkläger der Brüder*. Als ihr Ankläger beschwert er sich, beschuldigt, wirft etwas vor, zeigt, beweist – so könnten wir wörtlich übersetzen. Seine Taktik besteht darin, daß er uns zunächst zur Sünde reizt und dabei ein Stück Paradies verspricht; haben wir aber eingewilligt, will er uns einreden: »Es hat doch keinen Zweck. Gott kann dir das nicht vergeben. Deine Schuld ist viel zu groß.«

Mitunter erinnert er auch an längst vergebene Schuld. Mit diesem taktischen Manöver möchte er unsere Liebe und unser Vertrauen zu Jesus Christus zerstören. Er will nicht, daß wir kindlich zum Schöpfer Himmels und der Erde »lieber Vater« sagen und uns darüber freuen, daß uns das Blut Jesu von aller Sünde reinigt. Viel lieber möchte er, daß wir uns Gott als einen grausamen Tyrannen vorstellen, der nur darauf bedacht ist, unsere Minuspunkte aufzuaddieren. Mit diesem falschen Gottesbild verfolgt er ein bestimmtes Ziel: Er möchte, daß wir uns von Jesus Christus abwenden.

Es bleibt dabei: »Wenn wir unsere Sünden bekennen, so ist er treu und gerecht, daß er uns die Sünden vergibt und reinigt uns von aller Untugend« (1. Joh. 1, 9). Wenn uns der Teufel eine Niederlage beigebracht hat, dürfen wir sofort um die Vergebung unserer Schuld bitten: »Wir müssen schneller sein als der Teufel« – so sagte es gelegentlich ein erfahrener Seelsorger. Richtig! Niemand, der zu Jesus Christus gehört, sollte liegenbleiben, wenn ihn Satan »niedergeschlagen« hat. Gott will auch nicht, daß wir unsere Wunden bejammern, sondern sofort damit rechnen, daß Jesus Christus alles vergibt und uns erneut auf die Ebene des Sieges stellt. Erich Sauer hat den guten Satz formuliert: »Hinfallen ist menschlich, liegenbleiben ist teuflisch, aufstehen ist göttlich.«

Isolierung. Die Gemeinde Jesu siegt als Mannschaft. Wer sich vom Teufel isolieren läßt, wird »abgeschossen«. Viele scheinen das zu vergessen und merken gar nicht, wie Satan Antipathien, Vorurteile und Mißverständnisse bis zum Haß steigert, um uns dann einzureden: »Setz dich ab.« Er will, daß wir uns über den Bruder ärgern, erinnert beständig an den Splitter im Auge des andern, zeigt überdimensional die Fehler solcher, die auch zu Jesus Christus gehören, und verfolgt dabei immer das gleiche Ziel: Absonderung.

Wenn es dem Teufel gelingt, die Gemeinde in Gruppen aufzuspalten, die – oft erstaunlich rasch – bestehende Kontakte abbrechen und eines Tages gegeneinander kämpfen, hat er die Schlacht gewonnen. Die wenigen »Überlebenden« schießt er dann der Reihe nach unbarmherzig ab. Manche Trennung und gewiß auch viele Tränen wären der Gemeinde Jesu erspart geblieben, hätte sie dieses taktische Manöver des Teufels rechtzeitig durchschaut.

Jesus sagt: »Ein neu Gebot gebe ich euch, daß ihr euch untereinander liebt, wie ich euch geliebt habe, damit auch ihr einander liebhabt. Daran wird jedermann erkennen, daß ihr meine Jünger seid, wenn ihr Liebe untereinander habt« (Joh. 13, 34–35). »Diese Liebe addiert die Fehler der andern nicht auf, weil sie um das eigene Versagen weiß, nicht zuletzt auch damit rechnet, daß unser Herr größer ist als unser Herz, das uns so oft verdammt, und alle Dinge weiß (1. Joh. 3, 20). Diese Liebe rechnet das Böse nicht zu, freut sich nicht der Ungerechtigkeit, verträgt alles, glaubt alles, hofft alles, erduldet alles (1. Kor. 13, 3–7). Diese Liebe will beim Bruder bleiben, koste es, was es wolle – auch dann, wenn das nur unter Opfern möglich ist. Wir alle haben schwache Stunden, die Satan nur zu gern ausnutzt, um uns in die Knie zu zwingen. Und darum können wir auf den Bruder neben uns nicht verzichten.

Infiltration = eindringen, einsickern, einströmen. Satan hat Zeit. Wenn er bestimmte Gebiete unseres Lebens nicht auf einmal zurückerobern kann, versucht er es nach und nach mit kleineren Teilerfolgen. Er bildet gleichsam Brückenköpfe, die er zu Ausgangspositionen für eine breit angelegte Offensive ausbauen kann. Das weite Feld der »Mitteldinge« sind jene Nahtstellen, auf die er gezielt seine Stoßkeile richtet, um dort Geländegewinne zu erzielen.

Wer immer noch fragt: »Darf ein Christ tanzen, rauchen, trinken . . .?«, merkt gar nicht, daß er bereits teuflisch berannt wird. Gewiß gibt es Sünden, die schlimmer sind als alles das zusammengenommen. Wir sind aber falsch beraten, wenn wir diese Dinge verharmlosen. Die Rundfunkseelsorge hat mir mehr als einmal gezeigt, daß das weite Feld der »Mitteldinge« – gemeint ist also alles, was noch nicht Sünde ist, aber zur Sünde werden kann – bei weitem unterschätzt wird. Man könnte den Eindruck haben, daß gerade solche, die lauthals die falsch verstandene christliche Freiheit in alle Welt hinausposaunen, den Jammer über die eigene Gebundenheit übertönen wollen. Schon mancher ist beim Tanz – bildlich gesprochen – ausgerutscht, wurde Sklave des Nikotins oder des Alkohols und geriet dabei in die Zwänge des Lasters. Das alles geschah nicht auf einmal, sondern nach und nach.

Wir sollten hellwach sein und uns in unserem Lebensstil bewußt von einer Welt unterscheiden, die sich im hemmungslosen Sinnengenuß selbst zerstört. Paulus schreibt den Römern: »Nun, liebe Brüder, ermahne ich euch im Blick auf die Barmherzigkeit Gottes: Weiht eure Leiber Gott als ein lebendiges, heiliges und ihm wohlgefälliges Opfer! Das ist euer vernünftiger (wörtlich: logischer) Gottesdienst, den ihr halten könnt. Gestaltet euer Leben nicht nach der Weise (wörtlich: dem Schema) dieser Weltzeit, sondern laßt euch vielmehr umwandeln und eine neue Gesinnung schenken! Dann werdet ihr auch imstande sein zu prüfen und zu erkennen, was Gottes Wille ist, das heißt, was in seinen Augen gut, schön und vollkommen ist« (Röm. 12, 1–2).

Resignation. Teilerfolge des Teufels führen zur Entmutigung. Man rechnet nicht mehr mit dem Sieg Jesu. Resignation gibt es aber auch dann, wenn wir keine Erfolge sehen. Darüber hinaus haben wir uns einer Entmutigung zu erwehren vor großen Siegen, die Jesus für uns bereithält. Dazu ein Beispiel:

> »Der junge Norweger Hans Nielsen Hauge zog aufgrund einer spontanen Christusvision, die er auf freiem Felde erlebte, als Erweckungsprediger im Jahr 1800 in eine verrufene Gegend, das Numetal. Auch dort wollte er das Licht Christi in den Herzen der einsamsten Bauern entzünden. Während er auf seinem Pferd dahinritt, überfielen ihn immer wieder Anfechtungen. Er fühlte die Nähe des Satans körperlich hinter sich her. Am liebsten wäre er umgekehrt. Aber er zwang sich, den Weg fortzusetzen. Wüste Gedanken fallen ihn immer wieder stoßweise an, so daß ihm ist, »als ob der Teufel hinter ihm im Sattel säße«. Aber mit letzter Kraft schüttelt er die Angst von sich ab. »Vorwärts will ich, vorwärts muß ich!« ruft er und reitet scharf drauflos, bis er im ersten Kirchspiel des Tales ankam. Aber gerade dort ist ihm eine besonders gesegnete Wirkung beschieden worden. So hat der Apostel Nordnorwegens »die Kraft des bösen Feindes« als die »Kraft eines rauhen Nordwindes, der durch sein Wehen kalt und gefrieren macht, tötet und starr macht« (Nikolaus von Cusa) zwar gespürt, aber im Sieg Christi überwunden (1/79).

In Jakobus 4, 7 ist zu lesen: »Widersteht dem Teufel, so flieht er von euch! Naht euch zu Gott, so naht er sich zu euch!« Es gibt Situationen, in denen wir allen Empfindungen zum Trotz den Auftrag unseres Herrn auszurichten haben. Satan flieht. Er weicht übrigens auch, wenn wir geschützt durch das Blut Jesu ihm im Namen Jesu gebieten.

Satan hat viele Methoden erprobt. Er weiß, mit welcher Taktik er jeweils anzugreifen hat. »Groß' Macht und viel List sein' grausam' Rüstung ist.« Dieser Satz Martin Luthers – sicherlich aus eigener Erfahrung gesprochen – kann von vielen bestätigt werden. Und doch sollten wir uns nicht in erster Linie auf den übermächtigen Feind konzentrieren, sondern auf Jesus Christus, den Sieger von Golgatha. Er hat der Schlange den Kopf zertreten. Niemand kann ihm seinen Triumph streitig machen. Vor dem kyrios zittert das Heer der Dämonen. Alle Gewalt ist ihm gegeben im Himmel und auf Erden.

> »Er hat den Schuldzettel, dessen Inhalt uns verklagte, zerrissen, beseitigt, ja ans Kreuz genagelt. Er hat alle Mächte und Gewalten entwaffnet, an den öffentlichen Pranger gestellt und am Kreuz über sie einen Triumph davongetragen« (Kol. 2, 14–15).

> »Der Sohn Gottes ist gekommen, um die Werke des Teufels zu zerstören« (1. Joh. 3, 8).

An diesem Sieg will Jesus seine Gemeinde beteiligen. Darum kann Paulus den Korinthern schreiben:

> »Die Waffen, mit denen ich streite, sind nicht die sonst üblichen, wohl aber starke Gotteswaffen. Mit ihnen sind wir in der Lage, Bollwerke niederzuwerfen, ja jede Festung zu zerstören, die sich gegen die Erkenntnis Gottes erhebt« (2. Kor. 10, 4. 5).

Menschen, die Jesus Christus verpflichtet sind und ihr Leben an ihn gebunden haben, leben mithin nicht defensiv, sondern offensiv. Befähigt werden sie dazu von ihrem auferstandenen Herrn, der ihnen Sieg geben will »an allen Orten« (2. Kor. 2, 14).

Freilich ist das nur möglich in der geistlichen Waffenrüstung, die Paulus in seinem Brief an die Epheser beschreibt (Eph. 6, 13–17):

> »Darum nehmt die volle Waffenrüstung Gottes, damit ihr am bösen Tage widerstehen, alles gut durchführen und als Sieger das Feld behalten könnt. Steht darum zum Kampf bereit; umgürtet eure Hüften mit Wahrheit, zieht an den Panzer der Gerechtigkeit, bindet eure Schuhe fest an eure Füße in der Be-

reitschaft, die Heils- und Friedensbotschaft weiterzugeben. Habt in allen Lagen den Schild des Glaubens bei euch, mit dem ihr alle Feuerpfeile des Bösen unschädlich machen könnt. Schließlich nehmt den Helm des Heils und das Schwert des Geistes, nämlich das Wort Gottes. Bei allem betet zu jeder Zeit im Heiligen Geist. Dabei seid wachsam in großer Ausdauer und treuer Fürbitte für alle Heiligen.«

Damit wir das, was Paulus hier meint, besser verstehen, sei zunächst noch einmal darauf hingewiesen, daß Satan nicht mit offenem Visier kämpft, sondern mit Ränken, Schlichen, Tarnungen aller Art. Er bedient sich dabei bewährter Methoden, wörtlich: der Umwege, um uns zu überlisten. Berechtigt und dringlich ist darum der Appell: »Werdet stark in dem Herrn und in der Kraft seiner Stärke.« Man könnte auch übersetzen: ». . . in der Machtäußerung seiner inneren Stärke.« Weil der Feind übermächtig und mit einer raffinierten Taktik angreift, müssen wir uns so eng an Jesus anschließen, daß er uns mit seiner Auferstehungskraft unmittelbar beschenken kann. Es gilt, hellwach nicht nur den Angriff selbst, sondern bereits den dämonisch getarnten Aufmarsch zu erkennen.

Die Waffenrüstung ist da – wörtlich: die Ganzausrüstung Gottes. Dieser Begriff steht im ganzen Neuen Testament nur hier und in Lukas 11, 22. Während Epheser 6, 11–17 modern ausgedrückt – den Kampfanzug solcher meint, die für Jesus kämpfen, bezeichnet Lukas 11, 22 die Rüstung des Feindes. Der geistliche Waffengang ist demnach kein Spiegelgefecht, sondern ein bewaffneter Nahkampf – genau übersetzt: Ringkampf. Mit der »Ganzausrüstung« will Paulus die volle Rüstung eines römischen Legionärs beschreiben, bestehend aus Schild, Helm, Brustpanzer, Beinschiene, Schwert und Lanze. Fritz Rienecker schreibt dazu in seinem Epheser-Kommentar:

> »Die Ausrüstung des Gläubigen gleicht nicht der eines Leichtbewaffneten (kleiner Schild), der leicht beweglich sein muß, um schnell angreifend und ebenso schnell fliehend den Feind hier und dort zu bedrängen sucht; der Gläubige ist ein Schwerbewaffneter (großer Schild). Diese Schwerbewaffneten waren die Kerntruppe des antiken Heeres, welche die Entscheidung herbeizwangen, die nur siegten oder fielen. Wegen der schweren Rüstung war eine Flucht unmöglich« (43/407).

Diese Rüstung müssen wir »anziehen, in sie hineingehen, hineinkriechen«. Die ursprüngliche Wortbedeutung lautet: sich hineintauchen. Der Kampfanzug ist also nicht ein Dreß, den man im Bedarfsfall aus dem Schrank holt und im übrigen sorgfältig pflegt, sondern eine Rüstung, mit der wir ständig bekleidet sein müssen: Tag und Nacht, Stunde um Stunde. Nur so können wir den dämonischen Überfällen standhalten und das »Feld« behalten. Es gibt »böse Tage«, satanisch beherrschte Zeiten, die man nur in der geistlichen Waffenrüstung durchstehen kann. Wir müssen sie »aufnehmen«: »In diesem Ausdruck liegt, daß man sich bücken muß, daß es mit Beschwerlichkeiten für den Gläubigen verbunden ist, die geistliche Ganzrüstung, die Heiligung ›anzulegen‹« (43/411).

An der Hüfte gilt es, *gegürtet* zu sein. (Dieses Wort steht bei Paulus nur hier; dann findet es sich in den bedeutsamen Parallelen zu dieser Stelle: Luk. 12, 35. 37 und Apg. 12, 8). Da man im Hause das Gewand umgürtet hatte, bezeichnet das Gürten die Bereitschaft zur Tätigkeit, besonders zum Wandern. Der Gürtel, der das Gewand zusammenhält, ist der wichtigste Teil der antiken Kleidung (43/414). Sowohl für den Soldaten als auch für den antiken Kämpfer ist der Gürtel in der Kampfsituation geradezu unentbehrlich. Der römische Legionär befestigte am Gürtel sein Schwert. Kein Schwert ohne Gürtel; aber auch umgekehrt: kein Gürtel ohne Schwert! Ohne Bild: Das Schwert des Geistes – das Wort Gottes – und die innere Wahrhaftigkeit gehören zusammen. »In dem Ausdruck ›Wahrheit‹ ist dasjenige vorhanden, was allein ewige Realität hat und ist, was darum ganz allein gilt und ewige Norm ist, von dessen Anerkennung und Aufnahme das ewige Geschick abhängt« (43/114). Wahrhaftig sind wir dann – das entspricht der Wortbedeutung –, wenn wir unverhohlen, aufrichtig, zuverlässig und echt sind.

Der Panzer der Gerechtigkeit. »Das Wort Gerechtigkeit bezeichnet eine Eigenschaft. Neben einer profanen Bedeutung als der Eigenschaft des Richters ist es im Neuen Testament stets ein religiöser Wertbegriff. Weil es von Gott und den Gläubigen gleichermaßen ausgesagt werden kann, ist es mit manchen anderen biblischen Worten gleichzustellen und entspringt den tiefsten Tiefen des Glaubens. In Epheser 6, 14 ist der Akzent ein wenig verschoben. Der Ausdruck kennzeichnet das Verhalten des Menschen, der der göttlichen Rechtsentscheidung, der göttlichen Norm entspringt.

Diese Norm, das Lebenselement des Glaubens, ist aber, daß der Christ in Gott wurzelt, daß er aus der oberen Welt die Kräfte, die Antriebe, die ganze Art und Richtung seines Lebens erhält. So liegt in dem Wesen dieses Wortes, daß ein gerechtes, ein rechtes Verhalten zu den Menschen, zur ›Umwelt‹, nur dann möglich ist, wenn man ein gerechtes, ein rechtes Verhältnis zu seinem Gott und Heiland hat« (43/355). Der Panzer der Gerechtigkeit besteht nicht aus antrainierten Tugenden. Er ist das »Kleid des Heils« (Jes. 61, 10) oder »Christi Blut und Gerechtigkeit«, das also, was die Väter des Glaubens »Schmuck und Ehrenkleid« genannt haben. Wenn wir geistlich siegen wollen, müssen wir dafür sorgen, daß sich keine Sünde einschleicht. Bildlich gesprochen: der Panzer der Gerechtigkeit darf keine Löcher haben, in die Satan seine »feurigen Pfeile« hineinschießt. Wir sollten alle miteinander neu entdecken, wie wichtig und heilsam zugleich ein rechtverstandenes »Beichtgespräch« ist, bei dem man Sünden erkennt und bekennt und dabei gleichsam schadhafte Stellen des Panzers ausbessert.

Die Bereitschaft, das Evangelium weiterzusagen, vergleicht Paulus mit geschnürten *Schuhen*. Dieses Bildwort kann man sprachlich nur ungenau wiedergeben. Wörtlich müßte man sagen: sich untergebunden habend in bezug auf die Füße. Gemeint ist der »Bereitschaftszustand des Evangeliums des Friedens« (43/414). Gewiß kann man auch barfuß kämpfen – aber nicht in jedem Gelände. Unser Herr will aber, daß wir in allen Bereichen kampfbereit sind und dabei nicht nur die Stellung halten, sondern zugleich Widerstandsnester des Feindes ausheben. Das geschieht, wenn wir in Wort und Tat anderen das Evangelium des Friedens bezeugen.

Der Langschild des Glaubens. »Auch dieser Begriff steht im Neuen Testament nur hier und bezeichnet den großen römischen, viereckigen Langschild, der ungefähr die ganze Gestalt des Kämpfers verdeckte. So ist auch der Gläubige durch seinen Glauben ganz verdeckt. Der Feind kann ihn nirgends verwunden. Ursprünglich ist thyreos der Türstein, der vor den Ausgang gesetzt wird, um diesen zu verschließen. Der Glaube ist auch gleichzeitig die Tür, durch die man ins Reich Gottes hineinkommt. Der Gläubige ist einer, der mit dem Tau des Vertrauens sich fest verbunden weiß mit seinem Gott« (43/415).

Satan schießt mitunter ein ganzes Bündel quälender Zweifel auf uns ab, die man mit feurigen Pfeilen vergleichen könnte. Sie können alle »ausgelöscht«, also unschädlich gemacht werden, wenn wir uns als Leute verstehen, die am Kreuz mit dem Blut Jesu freigekauft und mit Christus gekreuzigt sind. Auch dann, wenn Denken und Fühlen die Realität unseres auferstandenen Herrn nicht registrieren, dürfen wir glaubensfroh trotz aller Zweifel buchstabieren: »Wisset, daß ihr nicht mit vergänglichem Silber oder Gold erlöst seid von eurem eitlen Wandel nach väterlicher Weise, sondern mit dem teuren

Blut Christi als eines unschuldigen und unbefleckten Lammes«
(1. Petr. 1, 18–19). Dieser Langschild deckt uns ab, wenn Satan auf
uns seine Zweifel abfeuert. Müßten wir übrigens nicht viel häufiger
gerade dann, wenn wir angefochten werden, mit den Zusagen unseres Herrn rechnen? Bibelkenner sollen ausgerechnet haben, daß es
in der Heiligen Schrift mindestens 36 000 Verheißungen gibt – also
für jeden Tag hundert. Machen wir sie uns zu eigen?

Der Helm des Heils. Eigentlich handelt es sich hier um ein Wort,
das »um den Kopf gehend« bedeutet. Statt Heil könnte man auch
Rettung sagen. Im griechischen Götzendienst bedeutete dieses
Wort: »Das alte Leben ist abgelaufen, und die Göttin verpflanzt den
Würdigen in ein neues Leben des Heils.« Dieser Wortinhalt kann
voll und ganz auf das neue Leben übertragen werden. Unser Herr
hat uns hineingepflanzt in eine neue Wirklichkeit. Außerdem besagt
der Begriff »Rettung«, daß »alle göttlichen Heilsgüter, obschon in
der Gegenwart gegeben, doch in ihrer vollen Entfaltung und Ent-
äußerung der Zukunft angehören« (43/115). Mit diesem Gedanken
können wir im Gefecht gewissermaßen unseren Kopf schützen.

Nicht zu Unrecht wird behauptet: »Säe einen Gedanken, und du
erntest ein Wort; säe ein Wort, und du erntest eine Tat; säe eine Tat,
und du erntest ein Schicksal.« Satan weiß um diese Gesetzmäßig-
keit, und darum zielt er auch auf den Kopf. Er will unsere Gedanken vergiften. Gelingt ihm das, sind wir schnell »niedergeschlagen«
und liegen sehr bald am Boden. Darum müssen wir uns den Helm
des Heils umbinden. Weil wir erlöst sind, haben wir es nicht nötig,
in irgendeine okkulte Praktik einzuwilligen. Wer sofort den ersten
Gedanken an irgendeinen okkulten Grenzübergang weit von sich
weist, hat einen wichtigen Teilsieg errungen.

Wir können es uns einfach nicht leisten, auf den Helm des Heils zu
verzichten. »Der Helm hat die Aufgabe, die Schwertschläge des
Feindes aufzufangen und abzuschwächen. Nie wird der Christ in
seinem Glaubenskampf davor bewahrt bleiben, daß er nicht auch
›eins einstecken muß‹, daß ihn ein Schlag trifft. Aber dann haben
wir das Heil in Christus, das die Wucht des Schlages auffängt. Man
kann auch übersetzen ›Helm der Erlösung‹. In solchen Stunden
dürfen wir uns dessen vergewissern, daß wir erlöste Menschen sind
– errettet aus Sünde, Tod und Teufel. ›Denn dein Heil steht allein
bei mir, spricht Gott‹« (Hos. 13,9) (43/418).

Das Schwert des Geistes. Man kann auch übersetzen: »Dolch des
Geistes.« Machaira ist ursprünglich das kurze, dolchartige Schwert,
das man im Nahkampf verwendete. Es handelt sich dabei um die

letzte Waffe, die der Kämpfer noch besitzt, wenn er alles andere verloren hat – auch der Geist ist für den Gläubigen das letzte Mittel, zu dem er greifen kann« (43/415).

Wer die Bibel solange angeblich wissenschaftlich kritisiert, bis aus dem Schwert des Geistes ein harmloses Taschenmesser geworden ist, darf sich nicht wundern, wenn er von der Dämonie zum geistlichen Krüppel geschlagen wird. Die ganze Heilige Schrift ist Gottes Wort ohne Wenn und Aber. Sie ist nun einmal im Nahkampf mit den Mächten der Finsternis die unaustauschbare Offensivwaffe. Die Seelsorge an okkult Belasteten hat das tausendfach gezeigt. Und darum sollten wir uns nicht darauf einlassen, im Namen der intellektuellen Redlichkeit die Bibel zu entblättern.

Noch einmal sei darauf hingewiesen, daß wir auch nicht das Recht haben, den biblischen Begriff »Blut Jesu« einfach durch »Tod Jesu« zu ersetzen. Wenn es dem Heiligen Geist gefallen hat, zwischen diesen beiden Begriffen zu unterscheiden, steht es uns gut zu Gesicht, diese Formulierungen so stehenzulassen, wie sie sind. Im Nahkampf mit satanischen Mächten können wir auf die Kraft des Blutes Jesu nicht verzichten.

Vier Gesichtspunkte zur geistlichen Waffenrüstung

1. Christen – Menschen also, die durch den Heiligen Geist das neue Leben empfangen haben – sind keine Paradesoldaten, die in Galauniformen vor Touristen eine Show abziehen, sondern Nahkämpfer in der Frontsituation.

2. Wir sollten nicht geistlich abrüsten, sondern aufrüsten, weil die okkulte Invasion längst begonnen hat.

3. Alle Teile der »Ganzausrüstung Gottes« sind gleich wichtig: ob Panzer oder Helm, Schild oder Schwert, Gürtel oder Schuhe. Auf einen Teil dieses Kampfanzuges zu verzichten ist nicht nur leichtsinnig, sondern zugleich lebensgefährlich.

4. Der geistliche Kampf ist nicht nur defensiv, sondern in erster Linie offensiv zu führen. »Wir sollen nicht nur Schwertschläge hinnehmen. Wir sollen sie selber austeilen. In der Macht seiner Stärke wollen wir kämpfen. Wir wollen versuchen, im tapferen Glaubenszeugnis und im Gebet der Finsternis die kostbaren Menschenseelen zu entreißen. Wir wollen versuchen, in der Macht geistlichen Wesens die Sache des Reiches Gottes vorwärtszutreiben« (43/418). Der auferstandene Herr will, daß wir dem »Starken« seine Rüstung abnehmen und »Beute« verteilen (Luk. 11, 22).

Kein Sieg ohne Gebet, aber auch keine geistliche Kampfausrüstung ohne *Gebet*. Epheser 6, 18 könnte man so beginnen: »So kämpft nun richtig, indem ihr durch vielerlei Gebet und Bitten zu jedem Zeitpunkt im Geiste flehet und indem ihr zu diesem Zweck wachsam seid in aller Beharrlichkeit und Flehen für alle Heiligen.«

Dazu noch einmal Fritz Rienecker:

> »Gebet ist Kampf. Das alttestamentliche Vorbild eines solchen Gebetskampfes ist Jakobs Ringen mit dem Engel am Jabbok (1. Mose 32, 24 ff.).
>
> Gebet ist eine Waffe. Nicht ohne Grund schließt Paulus seiner Beschreibung der geistlichen Rüstung diese Aufforderung zum Gebet an. Es ist, als wollte er sagen: »Hier ist eure beste Waffe.« Als Mose und sein Heer gegen die Amalekiter stritten (2. Mose 17, 8 ff.), da half es dem Volk Israel nichts, daß es mehr oder minder gut ausgerüstet war, da half es ihm aber auch nicht, daß es das auserwählte Volk war, das Volk seines Eigentums. Da half ihm einzig und allein, daß oben auf einsamem Berge ein Mann, unterstützt von zwei Glaubensbrüdern, die Hände zum Himmel emporhob.
>
> Gebet zu jedem Zeitpunkt. »Wir sind im Kampfe Tag und Nacht.« Nicht nur zu jeder Stunde. Nein, ob gute oder schlechte Laune, ob Glaubensfreudigkeit oder Niedergeschlagenheit – betet!
>
> Betet im Geist! Man kann auch übersetzen: durch den Geist. Nur Menschen, die wiedergeboren sind – also geistbegabt – können recht beten (Joh. 4, 24). Andere vermögen im besten Falle ein Gebet zu sprechen.
>
> Ausdauerndes Gebet für alle Heiligen (43/420).

Wir müssen anhaltend, konzentriert, gezielt beten, zumal wir auch in den Gebeten vor den listigen Anläufen des Teufels nicht sicher sind. Jesus mahnt: »Wachet und betet, daß ihr nicht in Anfechtung fallt« (Matth. 26, 41). Gott bekennt sich zum anhaltenden Gebet. Von Hanna wird berichtet: »Da sie lange betete vor dem Herrn« (1. Sam. 1, 12). Von Kornelius wird gesagt, daß er »immer betete« (Apg. 10, 2). Auch bei David ist das beharrliche Gebet zu finden (Dan. 6, 10). Menschen, die zu Jesus Christus gehören, sollten sich im weltumspannenden Gebet üben und dabei sowohl an globale Anliegen denken als auch an kleine, örtlich begrenzte.

»Nur wenn wir gewissenhaft ›für alle Heiligen beten‹, wird die Gemeinde in göttlicher Glaubenslebendigkeit bestehen und gedeihen« (43/422).

Augustinus hat gesagt: »Einmal gesungen ist zweimal gebetet.« Das trifft weithin zu. Wie wichtig es ist, Gott auch in der geistlichen Kampfsituation zu loben, zeigt ein Bericht aus 2. Chronik 20. Feindliche Truppen sind aufmarschiert. Israel ist in großer Gefahr. Da entschließt sich der König, den Herrn zu suchen. Zu lesen ist: »Josaphat aber fürchtete sich und richtete sein Angesicht darauf, den Herrn zu suchen, und er ließ in ganz Juda ein Fasten ausrufen.« Das bleibt nicht ohne Erfolg, Menschen kommen aus allen Städten Judas, um den Herrn zu suchen. Gott antwortet. Jahasiel darf prophetisch sagen: »So spricht der Herr zu euch: Ihr sollt euch nicht fürchten und nicht verzagen vor diesem großen Heer, denn nicht ihr kämpft, sondern Gott.«

Dann wählt Josaphat eine Strategie, die auch der neutestamentlichen Gemeinde zeigen kann, wie wir teuflischen Anfechtungen wirksam begegnen können: »Und er beriet sich mit dem Volk und bestellt *Sänger* für den Herrn, daß sie im heiligen Schmuck Loblieder sängen und vor den Kriegsleuten herzögen und sprächen: Dankt dem Herrn, denn seine Barmherzigkeit währet ewiglich.« Die Auswirkung: »Und als sie anfingen mit Danken und Loben, ließ der Herr einen Hinterhalt kommen über die Ammoniter und Moabiter und die vom Gebirge Seir, die gegen Juda ausgezogen waren, und sie wurden geschlagen.«

In allen Anfechtungen dürfen wir wissen: Der Herr kämpft für uns. Jesus Christus hat am Kreuz den Teufel und das ganze organisierte Heer dämonischer Mächte ein für allemal besiegt. Wenn wir – ähnlich wie damals die Leute im Alten Testament – singend in den Kampf ziehen und den Sieg glaubend vorwegnehmen, ehren wir unseren Herrn und überzeugen uns davon, daß vor dem Namen Jesu die Hölle zittert.

Ja, Jesus siegt, obschon das Volk des Herrn
noch hart darniederliegt.
Wenn Satans Pfeil ihm auch von nah und fern
mit List entgegenfliegt,
löscht Jesu Arm die Feuerbrände;
das Feld behält der Herr am Ende.
Ja, Jesus siegt!

Literaturverzeichnis

1 Wilhelm Horkel: »Botschaft von Drüben«
  Verlag Goldene Worte, Stuttgart
2 Paul Müller: »Die unsichtbare Welt«
  Hänssler-Verlag, Neuhausen-Stuttgart 1968
3 Hermann Leitz: »Engel gibt es«
  Verlag der Liebenzeller Mission, Bad Liebenzell, 4. Auflage 1969
4 Paul Bauer: »Horoskop und Talisman«
  Quell-Verlag, Stuttgart, 1963
5 Reinhold Ruthe: »Medien, Magier, Mächte«
  Aussaat-Verlag, Wuppertal, 1968
6 J. Staffort Wright: »Der Christ und das Okkulte«
  R. Brockhaus Verlag, Wuppertal, 1974
7 Gerhard Bergmann: ». . . und es gibt doch ein Jenseits«
  Schriftenmissions-Verlag, Gladbeck/Westf., 1971
8 Walter Freitag: »Das Dämonische in den Religionen«
  (Aufsatz)
9 »Das Bertelsmann Lexikon«, Band 3
  C. Bertelsmann Verlag, Gütersloh, 1954
10 »Der Gesundheits-Brockhaus«
  F. A. Brockhaus, Wiesbaden, 1953
11 R. Brasch: »Dreimal schwarzer Kater«
  Deutscher Taschenbuch Verlag, München, 1973
12 Dr. Kurt E. Koch: »Seelsorge und Okkultismus«
  Evangelisations-Verlag, Berghausen b. Karlsruhe, 1955
13 Dr. Kurt E. Koch: »Die Magie«
  Evangelisations-Verlag, Berghausen
14 Richard Kriese: »Besiegte Schwermut«
  Verlag der Francke-Buchhandlung, Marburg
15 Prof. Dr. Walther Hinz: »Moderne Jenseitsforschung«
  (Aufsatz)
16 »Lexikon zur Bibel«
  R. Brockhaus Verlag, Wuppertal, 1960
17 »Theologisches Begriffslexikon zum Neuen Testament«, Band II/2
  Theologischer Verlag Rolf Brockhaus, Wuppertal, 1971
18 Hans Rohrbach: »Naturwissenschaft, Weltbild, Glaube«
  R. Brockhaus Verlag, Wuppertal, 1967
19 Fritz Rienecker: »Das Evangelium des Matthäus«
  R. Brockhaus Verlag, Wuppertal, 1953
20 Alfons Rosenberg: »Praktiken des Satanismus«
  Glock & Lutz, Nürnberg
21 Ralph Luther: »Neutestamentliches Wörterbuch«
  Furche-Verlag, Hamburg, 1951
22 Fritz Rienecker: »Das Evangelium des Lukas«
  R. Brockhaus Verlag, Wuppertal, 1966
23 Werner de Boor: »Das Evangelium des Johannes«, 2. Teil
  R. Brockhaus Verlag, Wuppertal

24 Werner de Boor: »Die Briefe des Paulus an die Philipper und an die Kolosser«
R. Brockhaus Verlag, Wuppertal, 1957

25 Werner de Boor: »Die Briefe des Paulus an die Thessalonicher«
R. Brockhaus Verlag, Wuppertal, 1960

26 Adolf Pohl: »Die Offenbarung des Johannes«, 1. Teil
R. Brockhaus Verlag, Wuppertal, 1969

27 »Evangelisches Kirchen-Lexikon«
Verlag Vandenhoeck & Ruprecht, Göttingen

28 W. C. van Dam: »Dämonen und Besessene«
Paul Pattloch Verlag, Aschaffenburg, 1970

29 Johann Christoph Blumhardt: »Die Krankheitsgeschichte der Gottliebin Dittus«
Ludwig Appel Verlag, Hamburg, 1950

30 »Theologisches Begriffslexikon zum Neuen Testament«, Band II/1
Theologischer Verlag Rolf Brockhaus, Wuppertal, 1969

31 Kurt Hutten: »Impulse«, Nr. 4 IX/69
Evangelische Zentrale für Weltanschauungsfragen

32 Friedrich Zündel: »Johann Christoph Blumhardt«
Brunnen-Verlag, Basel, 1942

33 Kurt Hutten: »Informationen« Nr. 54 IX/73
Evangelische Zentralstelle für Weltanschauungsfragen

34 »Theologisches Wörterbuch zum Neuen Testament«
Band II
Verlag W. Kohlhammer, Stuttgart, 1935

35 Resene Rojas: »Vom Spiritisten zum Evangelisten«
Zeitschrift »Offene Türen« 2/74

36 Watchman Nee: »In der Welt – nicht von der Welt«
R. Brockhaus Verlag, Wuppertal

37 Fritz Laubach: »Der Brief an die Hebräer«
R. Brockhaus Verlag, Wuppertal, 1967

38 Werner de Boor: »Der erste Brief des Paulus an die Korinther«
R. Brockhaus Verlag, Wuppertal, 1968

39 F. Godet: »Kommentar zu dem ersten Brief an die Korinther«
Verlag Carl Meyer, Hannover, 1886

40 Gudrun Gebhardt: »Teufelsaustreibung als Knüller?«
(Beitrag im Evangeliums-Rundfunk)

41 Dr. A. Mader: »Die Herausforderung an die Macht des Bösen«
»Die Gemeinde« Nr. 3/62 (Aufsatz)

42 Richard Kriese: »konkret gefragt – konkret geantwortet«
Verlag R. Brockhaus, Wuppertal, und Verlag des Bibellesebundes, 1974

43 Fritz Rienecker: »Praktischer Handkommentar zum Epheserbrief«
Verlag der Vereinsbuchhandlung G. Ihloff & Co., Neumünster/Holstein, 1934

44 Otto Riecker: »Das evangelistische Wort«
Hänssler-Verlag, Neuhausen-Stuttgart